菊与刀

JU YU DAO

[美] 鲁思·本尼迪克特◎著

东阳◎编译

北方联合出版传媒（集团）股份有限公司

万卷出版公司

图书在版编目（CIP）数据

菊与刀 /（美）本尼迪克特著；东阳编译 .— 沈阳：万卷出版公司，2015.5（2022.1 重印）
（典藏 / 吴昊主编）
ISBN 978-7-5470-3487-3

Ⅰ.①菊… Ⅱ.①本… ②东… Ⅲ.①民族文化－研究－日本 Ⅳ.① K313.03

中国版本图书馆 CIP 数据核字（2014）第 313264 号

出版发行：北方联合出版传媒（集团）股份有限公司
万卷出版公司
（地址：沈阳市和平区十一纬路25号 邮编：110003）
印 刷 者：北京一鑫印务有限责任公司
经 销 者：全国新华书店
幅面尺寸：178mm × 254mm
字 数：220千字
印 张：17
出版时间：2015年5月第1版
印刷时间：2022年1月第2次印刷
责任编辑：赵新楠
封面设计：范 娇
版式设计：范 娇
责任校对：高 辉
ISBN 978-7-5470-3487-3
定 价：65.00元

联系电话：024—23284090
邮购热线：024—23284050
传 真：024—23284521

经典之藏，心灵之旅

读书是一件辛苦的事,读书又是一件愉悦的事。读书是求知的理性选择,同时,读书又是人们内在自发的精神需求。不同的读书者总会有不同的读书体验，但对经典之藏，对精品之选的渴求却永远存在。

传统上，读书是求学的手段，千百年来，人类知识的传承，最重要的总是通过书籍的记载与传述。因为有了书，人类才可以文脉延续，薪火相传。西哲说：书籍是人类进步的阶梯。因而，先贤们都把读书当作高尚而庄重的事情，赋予读书神圣、光荣的使命感。故此，韦编三绝、悬梁刺股，以及凿壁、囊萤、映雪等等，就成了刻苦求学的典型,千百年来成为人们效法的楷模。于是,寒门学子挑灯夜读,富家子弟潜心求学，或诚心拜师，或自学成才，诸如此类的事例，就成了激励学子上进求学的传说故事而广泛流传。

书籍除了自身寓含的教化功能外，还能让人感到身心的愉悦和快乐。在文化生活极度匮乏的年代，人们极力去寻找各种承载文明的载体，来填塞文化需求的饥渴。一本残破小书，可以在上百人的手中传递和阅读，看完后仍意犹未尽，不忍释卷。彼时，人们读书如饥似渴，却并无黄金屋、颜如玉一类的功利目的，有的只是内心的精神需求，读书的愉悦与快乐正在于此。仲春季节，读书间隙，推窗而立，鸟语花香扑面而来，内心深处则有禾苗拔节的哔剥之声回响；炎炎夏日，一卷在手，品茗读书，摇扇驱蚊，自然能感受到心灵的清凉和愉悦；秋风瑟瑟，听窗外传来淅淅沥沥的雨声，啜一口酽茶，想起“风声雨声读书声”的名联，便会发出会心的微笑；数九严冬，寒意砭骨，围炉夜读或雪夜捧卷，书香入腹，情暖人心，又能体验到视通万里、思接千载的悠悠遐思。

无论是求学求知还是寻求精神上的愉悦，读书都是我们的一种心灵之旅，是接受自我内心的召唤和灵魂的导引上路，让自己再次起飞得到新生的力量。变换的风景，奇异的遭遇，萍逢的客人……这一切旅途中可能发生的事件，都会在我们读过的书籍中出现，它们强烈地超出了我们已知的范畴，以一种陌生和挑战的姿态，敦促我们警醒，唤起我们好奇。在我们被琐碎磨损的生命里，张扬起绿色的旗帜；在我们刻板疲惫的生活中，注入新鲜的活力。

正因为读书之益，读书之趣，我们才对书籍本身挑剔起来。试想，灵魂之伴侣如何可以等闲视之呢？一本书的好坏，总会有无数人来品评，既有芸芸众者即兴点评，又有专家学者细心解析，然而，书籍最终的裁定者是历史而不是某一种潮流。随着时光的淘汰，留下来的经典之作渐渐走进更多人的视野，留在人们的案头，成为经典之藏。

“典藏”之作正如伴随我们的益友，多闻、博大、精彩而有趣，这样的益友，需要人们用心地品读，细心地筛选，最终把最好的“朋友”留在自己的身边。我们的“典藏”正是帮助读者挑“益友”的一种尝试，希望能把经典的、有价值的或者有趣的书籍放在读者的案头，让它们像朋友一样陪伴每一位读者走上自己的心灵之旅。

当我们打开书本，走进属于自己的心灵世界，自然能够体验那种君临一切的奇特感觉。此时心如止水，宁静安然，恰如室外无言的星月，美文佳句不期而至时，或击案称绝，或吟哦出声，甘之如饴。愿这“典藏”之作能给我们的心灵留下一块绿荫，助大家在自己的漫漫行旅中搭起一座可供休憩的风雨亭，对抗庞大、芜杂、纷繁的外界侵扰。

目　录

内容简介

菊与刀，一如樱花与武士：恬淡静美的“菊”是日本皇室家徽，凶狠决绝的“刀”象征着武士道文化。美国学者鲁思·本尼迪克特运用文化人类学的方法，用“菊”与“刀”来揭示日本人的矛盾性格，即日本文化的双重性（如爱美而黩武、尚礼而好斗、喜新而顽固、服从而不驯等）。由此入手，进而分析日本社会的等级制及有关习俗，指出日本幼儿教育和成人教育的不连续性是形成双重性格的重要因素。该书启人深思,引人入胜，是了解日本民族的经典读本。

日本，一个资源匮乏的弹丸岛国，何以能一手造就了一场世界大战，另一手造就了二战后世界最大的经济奇迹？战中的日本为什么要扮演令人发指的侵略者？日本的野心到底有多大？在成为唯一一个被原子弹轰炸的国家后，日本又是怎样迅速复兴崛起的？当今经济衰退、政局混乱的日本，是否还秉持大国情怀……在本书中，所有问题都能得到解答。

尽管本书的写作属于委托研究，作者也没到过日本，但她把战时被拘于美国的日本人作为调查对象，同时大量参阅书刊和日本文学及电影，笔触探入到日本人生活方式的许多层面，进一步追寻日本民族文化的内在成因，这使得本书叙述生动、论析有力，语言富有智慧和幽默感。

第一章

任务——研究日本

在美国曾经全力以赴与之作战的所有敌人中，日本人的脾气是最让人琢磨不透的。这个强大对手的行动和思维习惯竟然与我们截然不同，以至于我们必须认真加以对待，这种情况在所有战争中是独一无二的。正如1905年的沙俄一样，我们的敌人是一个既不属于西方文化传统、又经过充分武装和训练的民族。西方国家所公认的那些基于人性的战争惯例，对于日本人来说显然是不存在的。这就使得太平洋上的战争不只是一系列岛屿登陆作战和困难卓绝的后勤工作，了解“敌性”成为一个主要的问题。为了对抗日本，我们就必须了解他们的行动。

困难是巨大的。在日本闭关锁国的大门被打开以来的75年间，人们总是使用一系列令人极为迷惑的“但是，又……”之类的词句来描述日本人，这远不是对世界其他民族的描述所能相比的。一个严肃的观察家在论及其他非日本民族时，通常是不会既说他们彬彬有礼，末尾又会补上一句说：“但是，他们又很蛮横、倔强、傲慢。”同样，他不会既说该民族十分顽固，又说：“但是，他们又能非常容易地适应激烈的革新”；不会既说该民族性格温顺，又说他们不轻易服从上级管控；不会既说他们忠诚、宽厚，又宣称：“但是他们又心存叛逆，满腹怨恨”；不会既说他们天性勇敢，又描述他们是如何的怯懦；不会既说他们的行动完全出自对别人评价的考虑，即自己的面子，又说他们具有真诚的善良；不会既说他们在军队中接受机器人一般的训练，又描述那个军队的士兵是如何不服管教，甚至还会犯上作乱；不会既讲这个民族热忱倾慕西方文化,又渲染他们顽固的保守主义。他不会既写一本书，讲这个民族是如何普遍爱美，如何对演员和艺术家给予崇高荣誉，如何醉心于栽培菊花；又另外再写一本书作补充，说该民族是如何崇尚刀剑和武士的至高荣誉。

然而，上述所有矛盾却成为一些日本论著中纵横交错的经纬脉络，而且全都千真万确。刀与菊，一幅绘画的两个组成部分。日本人生性极其好斗而又非常温和，黩武而又爱美，倨傲自大而又彬彬有礼，顽固不化而又柔弱善变，容易被驯服而又不愿受人摆布，忠贞而又易于叛变，勇敢而又懦怯，保守而又非常欢迎新的生活方式。他们十分介意别人对自己行为的感受，但又会在别人对其劣迹一无所知时被罪恶所征服。他们的军队既接受彻底的训练，却又具有反抗性。

既然了解日本已成为美国的当务之急，那么我们就不能对这些矛盾以及其他许多同样使人烦躁的矛盾置之不理了。严重的事态一而再地在我们面前出现。日本人接下来将采取什么样的行动？能否在不进攻日本本土的情况下迫使其投降？我们是否应该直接轰炸皇宫？从日军俘虏身上，我们可以期望获得些什么？在对日军及日本本土进行宣传时，我们要宣传些什么才能拯救美国人的生命，并且削弱日本人那种不全部死光就要顽抗到底的意志？这些问题在日本国内也引起了相当大的对峙。如果和平降临，日本人需要永远实行军事管制来维持秩序吗？我军是否需要准备在日本丛林里的要塞中与那些疯狂的负隅顽抗分子进行战斗？在世界和平有可能到来之前，日本会不会爆发一次法国或者俄国式的革命？而谁又将领导这次革命呢？或者，日本民族只有灭亡这一条路吗？对于这些问题的判断，我们必定是众说纷纭的。

我在 1944 年 6 月接受委托从事研究日本的工作。我受命使用作为一个文化人类学家所能使用的所有研究技术，以求弄清日本民族是什么样的民族。那一年的夏初，我国刚刚展开对日本的大规模反攻。在美国，许多人认为对日战争至少还要持续三年，也许十年，甚至更长时间。在日本，有的人则认为这次战争会成为百年战争。他们说，美军虽然取得了局部胜利，但是新几内亚、所罗门群岛距离日本本土还有几千英里。日本的新闻公报根本不承认日本海军的失败，日本国民还仍然以为他们才是胜利者。

然而，在进入六月份以后，形势开始有了变化。欧洲开辟了第二战场，最高司令部两年半以来给予欧洲战场的军事优先权已经没有必要，对德战争的胜利已是指日可待。在太平洋上，我军已经在塞班岛登陆。这是预告日军终将彻底失败的大战役。在此之后，我们的士兵便逐渐进入与日军短兵相接的状态。而且，在新几内亚、瓜达尔卡纳尔、缅甸、阿图、塔拉瓦（Tarawa）、比亚克（Biak）等战役中，我们已经清楚地知道，我们所面对的敌人是多么可怕。

因此，到了 1944 年 6 月，我们对有关我们的敌人——日本的许多疑问都急需做出解答。这些疑问，不管是军事上的还是外交上的，也无论是出自最高决策的要求还是为了在日军前线散布宣传小册子的需要，都必须提出正确透彻的见解。在日本发动的全部战争中，我们必须了解的不仅是东京当权者们的动机和目的，不仅是日本的漫长历史，也不仅是经济、军事上的统计数据资料。我们必须弄清楚的是，日本政府从他们的人民那里能够获得哪些指望？我们必须了解日本人的思维和感情的习惯，以及这些习惯所形成的模式；此外还必须弄清楚这些行动、意志背后的制约力。我们必须把美国人采取行动的那些前提暂且搁置，并且尽可能谨慎地下结论，说在那种情况下，我们要怎样做，日本人也怎样做。

显然，我所接受的任务是艰巨的。美国与日本正处在交战状态。在战争中把一切都归咎于敌国，这很容易；但要想知道敌人自己心目中对人生的看法，就非常难了。而这个任务又必须完成。问题是日本人将如何行动，而不是我们在处于他们的情况下该如何行动。我必须努力把日本人在战争中的行为，作为了解他们的“正值”即有用的资料来加以利用，而不是作为“负值”即不利条件来对待。我必须观察他们对战争本身的进行方式，并且暂且不把它当作军事问题，而是当作文化问题来看。与往常一样，日本人在战时的行为也有其本国特色。他们对待战争表现出了哪些生活方式和思维方式的特征？他们的领导人激励士气、消除国民恐慌和疑惑，以及在战场上调兵遣将的方式——所有这些都显示出了他们自以为可以利用的力量是什么？我必须认真研究战争中的每一个细节，来观察日本人如何一步步地暴露自己。

但是，我们两国正在交战，这一事实难免对我极其不利。这意味着我必须放弃实地调查的念头，而这种调查才是文化人类学者最重要的研究方法。我无法到日本本土去，在日本人的家庭中生活，用自己的眼睛去观察他们日常生活中的各种行为，并且区分出哪些是关键性的，哪些是非关键性的。我无法观察他们在做出决定时的复杂过程。我无法观察他们是怎样培养下一代的。约翰·恩布里（John F. Embree）写的《须惠村》是人类学家通过实地观察后写出的唯一一部有关日本村落的专著，很有价值，但我们在 1944 年遇到的有关日本的许多问题，在那本书里却还没有提到。

尽管有上述重重巨大困难，但作为一个文化人类学家，我却相信还有其他的研究方法和必要条件可以利用。至少我可以利用文化人类学家最为倚重的方法——与被研究的人民直接接触。在我们国家中，有许多在日本长大的日本人。我可以通过询问他们亲身经历的许多具体事例的方式，发现他们怎样进行判断的方法，并且根据他们的叙述来填补我们知识上的许多空白；我认为，这种知识对于一个人类学家了解任何一种文化都是必不可少的。当时，其他一些从事日本研究的社会科学家，则是利用图书文献来分析历史事件和统计资料，并从日本的文字宣传或口头宣传的词句中寻求其发展规律。我却坚信，他们所企求的答案，有很多都隐藏在日本文化的规则及其价值之中，因此，从生活在这种文化的人们中进行研究，将会得出更加满意的答案。

这并不意味着我不看书，不请教曾在日本生活过的西方人士。论述日本的丰硕文献以及在日本居住过的许多西方优秀的观察家对我的帮助非常大，这是那些到亚马逊河发源地或新几内亚高原等地对无文字部落进行研究的人类学家们所没有的。那些民族没有文字，无法用文笔来表现自我，西方人对这方面的论述也是凤毛麟角、浅尝辄止，没有人知道他们过去的历史。所以，那些实地调查的学者们必须在没有任何先驱学者的帮助下，探索他们的经济生活方式、社会阶层状况以及宗教生活中的最高信仰，等等。但是，我研究日本却有许多学者的成果可以继承，在这些成果文献中充满了生活细节的描述。欧美人士详细记载了他们的生动经历，日本人自己也撰写了许多不寻常的自我纪实。与其他东方民族不同，日本人有着强烈描写自我的冲动，既写他们的生活琐事，也写他们的全球扩张计划，其坦率程度实在令人惊异。当然，他们也有所保留。没有一个民族会像日本这样做。日本人描述日本会略去许多重要事情，因为他们太熟悉这些了，就像呼吸空气一样，已经习以为常而没什么察觉了。美国人写美国时也一样。尽管如此，日本人仍然是喜欢暴露自己的。

在阅读这些文献时，我采用如达尔文所说他在创立物种起源理论时的那种读书方法，即特别注意那些无法了解的事情。对议会演说中那一大堆观念的堆砌罗列，我必须要了解些什么？他们为什么对一些无足轻重的行为进行大肆攻击，而对骇人听闻的暴行却不以为意，这种态度的背后到底隐藏着什么？我一边阅读，一边不断提问，“这幅绘画的毛病到底在哪里？”为了理解这些，我必须要知道些什么？

我还看了不少在日本编写、摄制的电影——宣传片、历史片以及描写东京和农村现代生活的影片，然后再和一些在日本看过同样影片的日本人一起仔细讨论。他们都是以与我不同的眼光来看待电影中的男女主角以及反派角色的。当我被一些情节搞得迷惑不解时，他们却显然不会跟我一样；而且，他们对剧情、动机的理解与我也不一样，他们是从整部电影的结构来理解的。比如阅读小说，我的理解和在日本长大的他们就有很大差距。在这些日本人中，有些人会为日本的风俗习惯进行辩解，有些人则痛恨日本的一切。很难说哪一种人使我更受教。但他们所描绘的日本生活规范的景象却是一致的，不管他们是欣然接受，还是痛加排斥。

如果只是直接从其所研究的文化对象（人民）那里搜集资料并寻求解释，人类学家所做的也不过是那些在日本生活过的所有出色的西方观察家们所做过的事。一个人类学家的贡献如果只是这样，那就别指望他能对以往外国居住者有关于日本的卓越著述作出什么新的贡献。但是，文化人类学家由于所接受的训练中具有某些特殊能力，所以这样看来，花费一些精力，试图在这一拥有众多学者和观察家的领域中增添他的贡献是值得的。

人类学家[1]知道许多种亚洲和大洋洲的文化。日本有许多社会习俗和生活习惯，甚至与太平洋岛屿上的原始部落非常相似。这些相似，有些是在马来诸岛，有些是在新几内亚，也有些是在波利尼西亚。当然，根据这些相似来推测日本于这些地方在古代也许有过移民或相互接触的可能性是很有趣的。但这对我来说，了解文化相似性之所以有价值，却并不在于这类可能发生的历史关联，而是在于能够凭借这些类似或差异来获得理解日本生活方式的启示。因为，我懂得这些风俗习惯在简单的文化中是如何起作用的。我对亚洲大陆的泰国、缅甸和中国也多少有一些知识性的了解，因而可以把日本与其他民族进行比较，这些民族都是亚洲伟大文化遗产的一部分。人类学家在有关原始民族的研究中已经反复地证明，这种文化比较是多么有价值。一个部落的正式习俗也许 90% 是与邻近部落相同，却可以做些修改来适应与周围任何民族都不相同的生活方式和价值观念。在这一过程中会排斥某些基本习俗，不论其所占整体的比率多小，都可能使该民族的未来朝向独特的方向发展。对于一个人类学家来说，研究这种在整体上具有许多共性的各民族之间的差异是最有益处的。

人类学家还必须使自己最大限度地适应自身文化与其他文化之间的差异，其研究技术也必须为解决这一特殊问题而加以磨炼。他们凭借经验知道，不同文化的人们在遇到某些情况并必须对其含义作出判断时，不同的部落和民族之间其方式的差异是巨大的。在某些北极乡村或热带沙漠地区，他们会遇到以血缘责任或财务交换为基础的部落习俗，远不是任何奔放的想象力所曾设想到的。人类学家必须进行调查，不仅要调

---

[1] 这里前后的“人类学家”“文化人类学家”都是指作者自己。——译者注

查亲属关系或交换关系的细节，还要弄清这种习俗在部落行为中的后果，以及每一代人如何从小就受其制约，身体力行，世代相传，正如其祖先所做的那样。

人类学家对于这种差异、制约及其后果的关注，在研究日本时也可以加以利用。现在，所有人都感受到美国与日本在文化上根深蒂固的差异。我们甚至出现这种关于日本的说法：凡是我们干的，他们就一定会反其道而行之。如果一个研究者相信这种说法，而简单地认为，两者差异太离奇，根本不可能了解那种民族，这当然是危险的。人类学家根据自己的经验充分证明，即使最离奇的差异也不会妨碍研究者对它的理解。人类学家比其他社会学家能够更好地把差异作为一种"正值"即有用的资料来利用，而不是当作"负值"。制度和民族之间的差异表现得越是离奇，他们就越会加以注意。对于所研究的部落的生活方式，他对任何东西都不会视为理所当然，这就使得他不会只注意少数选出的事例，而是面向每件事物。在有关西方各民族的研究中，缺乏比较文化学训练的人往往忽视许多行为的整个领域。他们总是过于想当然，对日常生活中的细小习惯以及人们对熟悉事物的公认说法都不予以研究。然而，正是这类习惯或公认说法大面积地投射在这一民族的银幕上，影响着该民族的未来，其作用远远超过外交官所签订的各种条约。

人类学家必须发展研究日常琐事的技术，因为，他所研究的部落中的这些日常琐事与他自己国家相应的事物相比完全不同。当他想理解某一部落中被视为最恶毒的或另一部落中被视为最胆怯的行为时，当他试图了解他们在特定情况下将如何行动、如何感受时，他就会发现，必须深入进行观察并注意细节。这些，在对文明民族进行研究时常常并不大注意。人类学家有充分的理由相信，这些才是最关键的，并且也知道如何进行挖掘。

这种方法值得运用于研究日本。因为只有高度注意一个民族生活中的人类日常琐事，才能充分理解人类学家这一论证前提的重大意义：即在任何原始部落或最先进的文明民族中，人类的行为都是从日常生活中学来的。无论其行为或意见是如何奇怪，一个人的感觉和思维方式总是与他的经验相联系。我越是对日本人的某种行为感到迷惑不解，就越认为在日本人生活中一定有造成这种奇特行为的某种极为平常的条件在发挥作用。我的研究越深入到日常交往细节中，就越有用处。人正是在日常细节中不断学习成长的。

作为一个文化人类学家，我还确信这样的前提，即：最孤立的细小行为，彼此之间也有某些系统性的联系。我非常重视数以百计的单项行为是如何构成一个总体模式。一个人类社会总是必须为它自身的生活进行某种设计。它对某些情况的处理方式以及评价方式表示赞同和认可，那个社会中的人就把这些结论视作全世界的基本结论。无论困难有多大，他们都把这些结论融为一体。人们既然接受了赖以生活的价值体系，就不可能同时在其生活的另一部分按照截然相反的价值体系来思考和行动，否则就势必陷入混乱和不便之中。他们将力求更加和谐一致。他们为自己准备了各种共同的理由和共同的动机。在一定程度上的和谐一致是必不可少的，否则整个体系就将瓦解。

这样，经济行为、家庭活动、宗教仪式以及政治目标就像齿轮一样都相互啮合在一起。一个部门发生比其他部门更剧烈的变化，其他部门就会受到巨大压力，而这种压力正是来自实现和谐一致的需要。在追逐权力统治的无文字社会，对权力的意志不仅表现在经济交往以及与其他部落的关系之中，也同样表现在宗教活动之中。在有古代文字经典的文明民族中，教会必然保留着过去年代的语录。然而无文字的部落却不是这样。

但是，随着经济、政治权力的公开认可不断增强，在那些与之相抵触的领域，教会就放弃了自己的权力。词句虽然得以保留，内容则已经改变。宗教教义、经济活动和政治并不是处在被各自围栏隔离开来的小池之中，他们总是越过假想的围栏进行互相交流，以至掺杂混合在一起而无法分开。因为这是永恒的真理，学者们越是把他的调查扩散到经济、性生活、宗教以至婴儿抚育等领域，就越能探究他所研究的社会中所发生的事情。他就能有效地在生活的各个领域设立假设并搜集资料，就能学会把任何民族所形成的要求——不论是用政治的、经济的还是用道德的术语来表达——理解为他们从其社会经验中学来的思维方式和习惯的表现。因此，我这本书并不是一本专门论述日本宗教、经济生活、政治或家庭的书，而是探讨日本人有关生活方式的各种观点。[1] 它只是描述这些观点的自我表达，而不论其当时的活动。它是一本探讨日本为什么成为日本民族的书。

20世纪我们所面临的障碍之一就是仍然怀有模糊不清以至偏颇的观念，这种障碍不仅出现在对日本如何成为日本民族，而且对美国如何成为美利坚民族，法国如何成为法兰西民族，俄国如何成为俄罗斯民族也是这样。各国间由于缺乏这方面的知识而彼此误解，有时，纠纷仅仅是因为细微的毫厘之差，我们却担心是无法调解的分歧。而当一个民族基于其整个经验和价值体系，在思想上已经形成了一套与我们的设想截然不同的行动方针时，我们却夸大而又不切实际地谈论什么共同的目标。我们根本就不找机会去了解他们的习惯和价值是什么。如果去了解，我们也许就会发现，

---

[1] 原文为 assumptions，直译应为“认定”（认为理所当然，但尚未经过证明）或“假定”。为了保证意思清楚明白，都翻译成“观点”。——译者注

某一行动方针不一定必然是坏的，因为它并不是我们了解的那一种。

我们不能完全指望各民族关于自己思想和行动的说法。每个民族的作家都努力描述他们的民族，但这往往很难。任何民族在观察生活时所使用的镜片都与其他民族不同。人们在观察事物时，也很难意识到自己是透过镜片观察的。任何民族都把这些视作理所当然，任何民族所接受的焦距、观点，对该民族来说，仿佛就是上帝安排的景物。我们从不指望戴眼镜的人会弄清镜片的度数，我们也不能指望各民族会分析他们自己对世界的见解。当我们想知道视力情况时，我们就培训一位眼科大夫，他就会测出镜片的度数。毫无疑问，有朝一日，我们也会承认，社会科学工作者的任务就是为当代世界各个民族做类似眼科大夫那样的工作。

这项工作，必须同时具备某种强硬的心肠和宽容的态度。有些善意人士有时会指责强硬心肠。这些鼓吹“世界大同”的人们坚信并且向世界各地的人们灌输这种信念：即“东方”和“西方”，黑人和白人，基督教徒和伊斯兰教徒等这些差异都是表面现象，实际上，只要是人，想法都是相似的。这种观点有时被称作“四海之内皆兄弟”。但是我却不理解，为什么信奉“四海之内皆兄弟”，就不能说日本人有日本人的生活方式，美国人有美国人的生活方式。看来这帮心肠软的先生们有时似乎认为，全世界各民族都是用一张底片洗印出来的，倘若不然，国际亲善主义就无从建立。但是强迫接受这种单一性作为尊重其他民族的条件，就好比强求自己的妻子儿女要跟自己一模一样，这就未免太神经质了。硬心肠的人认为差异应当存在，他们尊重差异，他们的目标是确立一个能够容纳各种差异的安全世界。美国可以是地道的美利坚而不威胁世界和平，法国、日本也是如此。企图通过外部压力来抑制这类人生态度的成长，对于所有那些自己也不相信差异就是悬在人类头上的达摩克利斯剑[1]的研究者来说，这类想法都是荒谬的。他们也不需要担心采取这种立场就会使世界僵死不变。鼓励文化上的差异，并不意味着使世界静止。英国在伊丽莎白时代之后有安妮女王时代及维多利亚时代，但并未因此丧失英国国性。这正是因为英国人一直是英国人，因此能够适应不同的时代，承认不同的标准和民族气质的存在。

对民族的差异进行系统研究，既需要有某种强硬心肠，也需要有某种宽容。人们只有自己具有坚定不移的信仰，才会有不寻常的宽容。只有这时，宗教的比较研究才能得以发展。他们也许是耶稣教徒或者阿拉伯学者，或是不信教的人，但绝对不是偏执狂热的人。文化上的比较研究也是一样，如果人们还在战战兢兢地保卫着自己的生活方式，并且只相信自己的生活方式是世界上唯一的解决办法时，文化的比较研究就无法发展。这种人绝对不会明白，获得其他生活方式的知识会增加对自身文化的热爱。他们置身于愉快和充实的体验之外。他们是如此保守自持，以至于只能要求其他民族采纳他们的特殊方式，除此之外别无他选。作为美国人，他们就强迫所有民族都接受我们所喜欢的信条。但是，其他民族很难接受我们所要求的生活方式，就好比我们无法学会用十二进位制来代替十进位制进行计算，或者无法学会像东非某些原住民那样以金鸡独立式的姿势进行休息一样。

---

[1] 达摩克利斯剑（Damo Gles Sword），源自古希腊传说，达摩克利斯是叙拉古僭主迪奥尼修斯一世（前430—前367）的宠臣。相传迪奥尼修斯曾请达摩克利斯赴宴，让他坐在黄金的宝座上，用金银器皿给他盛上各种美食佳肴，但在宝座上空却用马鬃悬了一把闪光的利剑。达摩克利斯抬头望见这把利剑时，大惊失色。因为这把千钧一发的利剑随时都会掉下来，给他带来杀身之祸。后来，“达摩克利斯剑”就成为“迫在眉睫的危险”的同义词。——译者注

因此，本书是一本阐述日本习惯（预期的和公认的）的书。它将论述日本人对自己的要求，诸如他在哪些情况下能期望得到恭维，在哪些情况下则不能；什么时候会感到惭愧，什么时候会感到尴尬等等。本书所论述的事项，如果说最理想的根据，也许就是平凡的街谈巷议者，什么人都有。这并不意味着这些人都曾置身于书中提及的每一特殊情况，而是说这些人都会承认在那种情况下就会如何如何。如此进行研究，其目的是要描绘出思想、行为深处的态度。也许未达到这种目的，但这是本书的理想。

在这项研究中，研究者很快就会发现，即使再增加多少调查材料，也不会提供更多的确实性。譬如，调查某人在什么时候对谁行礼，就没有必要对整个日本人进行统计研究。这种公认的习惯性行为，任何一个日本人都可以向你证明，再有几个准确的例证就可以了，不需要通过成千上万的日本人获得同样的结论。

研究者如果想弄清日本生活方式所赖以建立的那些观点，那么他的工作就远比统计证实要艰巨得多。人们迫切要求他报告的是，这些公认的行为和判断是如何形成日本人观察现存事物的镜片的。他们必须阐述日本人的观点如何影响他们观察人生的焦距和观点，还必须努力使那些用完全不同的焦距来观察人生的美国人也能听明白。在这种分析工作中，最有权威的法庭并不一定就是“田中先生”——即普通的日本人。因为“田中先生”并不能说清楚自己的观点。更何况在他看来，似乎没有这个必要为美国人写的那些东西做出解释。

美国人对社会的研究，很少去注意研究文明民族建立文化的各种前提。大多数的研究都认为这些前提是不言自明的。社会学家和心理学家都全神贯注在意见和行为的“分布”上，他们擅长的研究方法是统计法。他们对大量调查资料、调查问卷、交谈者的回答、心理学的测定等进行统计分析，试图从中找出某些因素的独立性或相互依存的关系。在舆论调查的领域中，可以在全国通用、运用科学方法选出的有效的抽样调查技术，在美国已经达到高度完善。通过这种方法，就可以了解对某一公职候选人或某项政策分别有多少支持者和反对者。支持者或反对者又可以按乡村或城市、低薪阶层或高薪阶层、共和党或民主党来进行分类。在一个实行普选、并且由国民代表进行起草颁布法律的国家里，这种调查结果具有实践的重要性。

美国人可以用投票方式调查美国人的意见，并了解调查的结果。但他们能够这样做，是因为有一个非常明显却无人提及的前提条件，那就是他们都熟悉美国的生活方式并且认为它是天经地义、理所当然的。舆论调查的结果只不过是对我们再增加一些已知的事情而已。要了解另一个国家则必须先对那个国家民众的习惯和观点进行系统的质量的研究，然后实行投票方式才能有用处。通过审慎的抽样调查，可以了解支持政府和反对政府的人各有多少。但是，如果不事先弄清他们对国家抱有怎样的观念，那么抽样调查结果也什么都不能告诉我们。只有在了解了他们的国家观之后，我们才能弄清各个派别在街头或国会中到底在争论些什么。一个民族对政府所持的观点，要比标注各政党势力的数字具有更普遍、更持久的重要性。在美国，不管是共和党还是民主党，都认为政府几乎是一种无法摆脱的祸害，它限制个人的自由。对一个美国人来说，政府官员并不比在民间事业中任职的人拥有更高的社会地位，也许战争年代例外。这种国家观与日本人简直不可同日而语，甚至与欧洲许多国家也有很大差异。我们首先要必须了解的正是他们的这类看法。他们的观点表现在风俗习惯、对成功者的评论以及有关他们民族历史的神话、民族节日的辞令中。虽然根据这些间接表现也可以进行研究，但必须是系统地研究。

正如我们对选举要研究赞成票、反对票各占的百分比一样，我们对某一民族在生活中所形成的基本观点以及他们所赞同的解决方式也能够进行仔细详尽地研究。日本正是这样的国家，他们的基本观念非常值得我们进行研究。我的确发现,一旦我们弄清了西方人的观念与他们的人生观不相符，掌握了一些他们所使用的范畴和符号，那么西方人眼中经常看到的日本人行为中的许多矛盾就不再是矛盾了。我开始明白，为什么对某些急剧变化的行为，日本人却认为是在完整一贯的体系中的组成部分。我可以试图说明其中的原因了。我在和日本人一起工作时就发现，他们最初用的那些奇特词句和概念，一下子变得具有重大含义，并且充满长年积蓄的感情。这与西方人所了解的道德观、罪恶观有着巨大的差异。而他们的体系则是独特的，既不是佛教的，也不是儒教的，而是日本式的——包括日本的优点和不足。

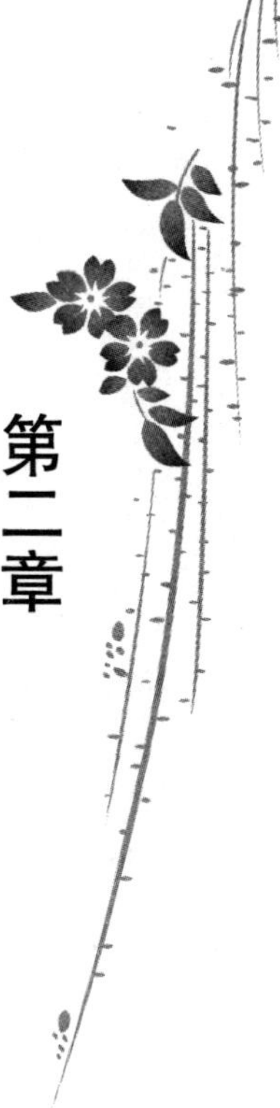

第二章 战争中的日本人

每个文化传统中都有其关于战争的信条，其中有些是西欧各国所共同具备的，尽管各自也都有些特点，诸如号召全力进行战争的动员方式，在局部失败时如何坚定信心，战死和投降者的某种稳定比率，对战俘的某些行动规则等。这些在西欧国家的战争中都是可以预料的，因为这些国家都同属于一个文化大传统，战争也包括在内。

日本人与西方人在战争惯例上的所有差异，都是用来了解他们的人生观以及对人所有责任的看法的资料。我们的目的在于对日本的文化及行为进行系统地研究，至于那些不符合我们的信条的东西在军事上是否重要，我们不需要管它。他们的每一个行为都可能很重要，因为他们提出了与日本人性格有关的许多问题需要我们来解答。

日本为其战争的正义性进行辩护的那些前提条件与美国恰恰相反。日本衡量国际形势的观点与我们也不同。美国把战争的起因归结于日本、意大利和德国三个轴心国以征服的行为非法地破坏了国际和平的侵略行径。轴心国所占领的地方，无论是“满洲国”、埃塞俄比亚还是波兰，都证明他们推行的是压迫弱小民族的罪恶方针。他们践踏了“自己生存也让别人生存”的原则，或者至少是侵犯了对自由企业“开放门户”的国际准则。日本对战争原因则有另外的看法。他们认为，只要各国拥有绝对主权，世界上的无政府状态就不会结束，日本必须为建立等级秩序而战斗。当然，这一秩序的领导只能是日本，因为只有日本是唯一真正建立起自上而下的等级制的,也是最了解“各得其所”的必要性的国家。日本在国内实现了统一，平定了叛乱，建筑了公路、电力、钢铁产业。据官方公布的数字，日本的青少年中有 99.5% 都接受公共学校的教育。因此，它应该帮助落后的兄弟邻邦——中国。“大东亚”各个国家是同一人种，日本应当首先将美国从世界的这一区域内驱逐出去，使其“各得其所”，其次是英国和俄国。其他各国都应该在国际等级结构中确定其位置,才能形成统一的世界。在下一章中，我们将深入研讨这种受到高度评价的等级制度在日本文化中所具有的含义。这是日本民族创造出来的、最符合其口味的幻想。但对日本来说，最大的不幸就在于那些被日本占领的国家，并没有用同样的观点来看待这一理想。尽管如此，即使是在战败后，日本也还不认为应该从道德上排斥“大东亚”这一理想。另外，在日本战俘中，即便最不好战的人也很少指责日本对大陆和西南太平洋地区所怀有的目的。今后在一个相当长的时间里，日本必将保持它某些固有的态度，其中最重要的一项就是对等级制的信仰和信赖。这一点，与我们热爱平等的美国人是水火不相容的。但是，我们却必须了解等级制对日本意味着什么，有什么好处。

日本对于胜利的渴望所寄托的基础也不同于美国的一般见解。它叫嚷着日本必胜，精神必将战胜物质。他们说：“美国是个大国，军备力量确实优越，但这又算得了什么？这些都是早已经知道的，根本就没有放在眼里。日本人从他们的一家大报纸——《每日新闻》上，读到了以下一段话：“我们如果害怕数字就不会开战。敌人的丰富资源并不是在这次战争中创造的。”

即使是在日本打胜仗的时候，日本的政治家、大本营以及军人们都反复强调说：“这次战争并不是军备之间的较量，而是日本人信赖精神与美国人信赖物质的战争。”在我们打胜仗的时候，他们还是反复地说：“在这场较量中，物质力量注定必将失败。”这一信条在塞班岛、硫磺岛溃败时，毫无疑问成了很方便的借口，但这并不是专门为失败而准备的说辞。在日军夸耀胜利的几个月当中，它一直起到了进军号角的作用，并且早在偷袭珍珠港以前，它就是一个深入人心的口号。在 30 年代，前陆军大臣、狂热的军国主义分子荒木大将在名叫《告日本国民书》的宣传小册子中写道，日本的“真心使命”在于“弘扬皇道于四海，力量悬殊不足忧，吾等何惧于物质”。

当然，像许多备战的国家一样，他们实际也在担忧。在整个 30 年代中，国民总收入用于军备的比例惊人上升。在偷袭珍珠港的那年，国民总收入将近一半被用在陆海军的军备上。有关民用的行政支出只占政府总支出额的 17%。日本与西方各国的区别并不在于日本对物质军备毫不关心。但是，军舰和大炮只不过是永世长存的“日本精神”的表面象征，犹如武士的佩刀是他的道德品质的象征一样。

美国一贯追逐强大，日本则一贯重视非物质资源。日本也像美国一样开展增产运动，但日本增产运动的基础却在于其独特的前提条件。他们说，精神就是一切，是永存的；物质虽然也是不可或缺的，但却也是次要的、瞬间的。日本的广播电台经常叫嚷着说：“物质资源是有限的，没有源源不绝的物质，这是永恒的真理。”这种对精神的信赖被原原本本地应用于战争的日常行动。在他们的战术手册中有一句口号：“以吾等之训练对抗敌军数量上之优势，以吾等之血肉对抗敌军之钢铁。”这并非是为这次战争而特意制定的，是他们的传统口号。他们在军队手册的第一页上就用粗体字印着“必读必胜”四个字。他们的飞行员驾驶小型飞机以自杀的方式进攻撞击我们的军舰,就是精神战胜物质的无数教材。他们把这命名为“神风特攻队”——所谓“神风”，是指在公元 13 世纪成吉思汗东征时，其船队遭遇飓风而全军覆灭，这次“神风”拯救了日本。

甚至在民间，日本当权者也推行精神优越于物质条件这一信条。例如，老百姓不是在工厂里工作了 12 小时，又被通宵达旦的轰炸搞得筋疲力尽了吗？他们就会说：“身体越累，意志、精神就越昂扬”，“越是疲倦，就越能锻炼人。”老百姓冬天在防空洞不是很冷吗？大日本体育会就在广播中命令大家做御寒体操，说这一套体操不仅能代替取暖设备和被褥，而且可以代替一般老百姓为维持正常体力所需而又比较匮乏的粮食。他们说：“当然，也许会有人说，在现在食品缺少的时候谈不上做什么体操，这句话不对。食物越是不足，我们就越要用其他方法来增强我们的体力。”这就是说，必须用额外消耗体力的方法来增强体力。美国人对体力的观点，总是看昨天是否有 8 小时或 5 小时的睡眠，饮食是否正常，是不是寒冷，再计算可以消耗多少体力。日本人的计算方法则根本不考虑什么体力贮存的问题，他们认为那是物质主义。

在战争中，日本的广播更加极端，甚至说在战斗中，精神可以战胜死亡这种生理上的现实。日本一家广播电台就曾播送过一个英雄飞行员战胜死亡的神话：

“空战结束后，日本的飞机以三四架的小编队飞回机场。一个大尉在最先回来的一批之中。在从自己的飞机上下来后，他站在地上，用双筒望远镜注视着天空。当他的部下返回时，他一架一架地数着,脸色有些苍白,但却十分镇定。看到最后一架飞机返回,他写了报告，向司令部走去。到了司令部，他向司令官作了汇报。然而，他刚一汇报完就倒下了。在场的军官们急忙跑上前去帮忙，但他已经断气了。经过检察，发现他的身体已经冰凉，他的胸口上有弹伤，是致命的弹伤。一个刚断气的人身体不可能是冰冷的，而大尉的身体却凉得像冰块一样。大尉肯定是早就死了，是他的精神支持他作了这次汇报。可以肯定，是已逝的大尉所怀抱的强烈责任感创造了这样的奇迹。"

当然，这在美国人看来，肯定是一段胡编滥造的荒诞奇谈。然而，受过教育的日本人对这种广播却并不发笑。他们坚信，日本的听众肯定不会认为这是荒诞无稽的故事。他们首先指出一点：这个广播如实地说明，这位大尉的英雄事迹是"一个奇迹般的事实"。为什么不能有奇迹？灵魂是可以训练的。这位大尉显然是一位自我修炼已到极致的高手。既然日本人都懂得"镇定的精神可以千年不灭"，那为什么就不能在一位以"责任"为其全部生命的核心信念的大尉身上停留几个小时呢？日本人深信，通过特殊的修炼，可以使一个人的精神达到最高境界。这位大尉学会了，并且收到了效果。

作为美国人，我们完全可以对日本人的这一系列极端行为不屑一顾，将其视作为贫穷民族的推脱搪塞之辞，或者是受骗者的幼稚妄想。但我们如果越是真的这样看待，我们就越难在战争时期或平时对付日本人。他们的信条是用一定的禁忌、排斥和一定的训练方法根深蒂固地培植在日本人心中的，这些信条绝不仅是孤立的怪癖。只有了解了这些，美国人才能了解日本人在战败时承认"光有精神是不够的"；"企图用'竹枪'来守住阵地是幻想"这些话的真正含义。而更重要的是，我们才有可能估量他们这番自白的含义，即在战场上和工厂中，经过与美国人的精神进行较量后，日本人的精神力量是不够的。正如他们在战败后所说的那样，在战争中，他们“完全是凭借主观意识的”。

日本人在战争期间对各种事情的说法（不仅是关于等级制以及精神力量至高无上的说法），都为比较文化研究者提供了素材。他们夸大而不切实际地谈论安全、士气等仅仅是精神准备的问题。不论遇到什么灾难——城市的空袭也罢，塞班岛的溃败也罢，菲律宾失守也罢，政府对日本老百姓所作出的解释总是：这些早在预料之中，没什么值得担心的。收音机仍然在进行着夸张地宣传，显然指望日本人继续相信，他们仍然居住在一个全部都预计到的世界之中。他们认为此举可以使老百姓镇静下来。“美军占领基什加岛（Kjska）使日本本土处于美军轰炸范围之内，但是我们对此早有预料，并做了必要的准备。”“敌人肯定会以陆、海、空三军的立体战术向我们发动攻击。对这些，我们在制订计划时早就加以考虑了。”就连那些希望日本早日停止这场没有希望的战争的日本俘虏也认为，轰炸不可能摧毁本土日本人的士气，“因为他们对此早就有了思想准备”。在美军开始对日本城市进行轰炸时，飞机制造业协会副会长在电台广播中说：“敌机终于飞到我们头顶上空来了。然而，我们飞机制造业者一直预料着这类事态将会来临，并对此已做好万无一失的准备，所以完全不值得忧虑。”一切都在预料之中，全都筹划好了，并且万无一失。只有从这一信念出发，日本人才能继续坚持自己那种必不可少的主张——所有的事情都是我们主动期盼的，绝对不是被动的，不是别人强加在自己身上的。“我们不应该认为自己是消极地受到了攻击，而应该认为是主动地把敌人吸引到我们身边来的。”“敌人，你要来就来吧。”他们绝不会说：“要发生的事终于发生了。”而是会说：“我们所期待的终于来临了。我们欢迎它的到来。”海军大臣在国会演说中引用了 19 世纪 70 年代的伟大武士西乡隆盛的遗言说："有两种机遇，一种是偶然碰上的，另一种是自己创造的。当面临无比艰难的时候，必须自己去创造机遇。"另外，据电台报道，当美军突入马尼拉市中心时，山下（奉文）将军"微微一笑，得意地说，敌人现在已经成为我的囊中之物了……""敌军在仁牙因湾（Lingayen Bay）登陆后不久，马尼拉市随即迅速陷落，这正是山下将军的神机妙算，事态的发展正符合将军的部署。山下将军的作战计划正在继续实施中。"换句话说，败得越惨，事态就发展得越顺利。

像日本人一样，美国人也走极端，只不过是走向另一个极端。美国人全力以赴投入战争是应战，因为这场战争是别人强加给我们的。我们遭到了攻击，所以要给对方一点厉害瞧瞧。凡是考虑如何才能使美国大众情绪稳定的发言人，在谈及珍珠港、巴丹半岛的溃败时绝不会说："这些都是我们在计划中充分考虑到的。"相反，我们的官员会说："这是敌人肆意强行袭击造成的，我们就要给他们一点颜色看看。"美国人把自己的全部生活调整到经常应对挑战上，并且随时准备应战。日本人的信念则宁愿建立在万事预先都有安排的生活方式上，在他们那里，最大的威胁莫过于没有事先料到。

日本人在作战行动中经常宣传的另一个主题也显示了日本生活方式。他们经常说："全世界的目光是如何注视着他们"，所以，他们必须充分发扬日本精神。美军在瓜达尔卡纳尔岛登陆时，日军向其部队下达的命令是，他们现已经处在"全世界"的注视之下，必须表现日本男儿本色。日本海军官兵有一条诫令：在遭到鱼雷攻击被命令弃舰时，必须以最出色的姿态转移到救生艇上，否则"会遭到世人的耻笑，美国人会把你们的丑态拍成电影，拿到纽约去放映"。这关系到他们在全世界的观感。在日本文化中，对这一点的重视也是根深蒂固的。

在关于日本人的态度中，最引人注目的问题就是对天皇陛下的态度。

天皇对其臣民到底拥有多大的控制力呢？有几位美国权威人士指出，在日本整个封建时代的七百余年中，天皇一直是有名无实的傀儡元首。每个人所尽忠的对象都是各自直接的主君——“大名”，以及在大名之上的军事大元帅——将军。对天皇忠诚与否，几乎根本没人关心。天皇被幽禁在与外界隔绝的宫廷之中，其活动和仪式都受到将军所制定的规章制度的严格限制。甚至如果一个地位很高的封建诸侯对天皇表示敬意，就被视为是背叛。对于日本一般老百姓来说，天皇几乎不存在。一些美国学者坚称，日本只能从它的历史层面来加以理解，为什么一个在还活着的老百姓记忆中模模糊糊、默默无闻的天皇，能够被拥戴起来，成为日本这样保守的民族重新集结力量的真正中心？他们说，那些反复强调天皇对其臣民有永恒不变的统治权的日本评论家是过于夸大其词了，他们的坚持只能证明其论据的脆弱。因而，美国的战时政策没有理由要对礼遇天皇给出一个合理的解释，而恰恰相反，对日本近来编造的这种邪恶的元首观念，我们完全有理由施以猛烈的攻击。天皇是日本现代国家神道的核心，如果我们向天皇的神圣性进行挑战并且予以摧毁，那么，日本的整个结构就会坍塌。

许多熟悉日本并且读过来自前线的或日本方面的报道或文献的，有才干的美国人则持有相反的意见。在日本生活过的人都非常清楚，没有什么比用言辞侮辱或攻击天皇更会刺痛日本人、并且激起他们的士气了。他们绝不相信，日本人会把我们攻击天皇看作是攻击军国主义。在第一次世界大战后，他们亲眼看到，“德谟克拉西”[1]的口号非常响亮，军国主义名声却很不好，以致军人外出到东京市区时都要谨慎地换上便装，但就是在那些年代，对天皇的崇敬依然是狂热的。这些曾居住在日本的人士声称，日本

[1] 作者在这里特意模仿日本人发音，把“德谟克拉西”拼作 de-mok-ra-sie。——译者注

人对天皇的崇敬，与“希特勒万岁”是不能相比的，后者只不过是纳粹党兴衰的晴雨表，是与法西斯的一切罪恶紧密联系在一起的。

日军俘虏的证词印证了上述观点。日军俘虏与西方的军人不同，他们没有受过在被俘后可以说什么、不能说什么的教育，因此，他们对各种问题的回答，显然缺乏统一性。对这种情况不训练显然是来自日本的不投降主义。直到战争结束前几个月，这种状况也没有改变，但那时只限于一部分军团和地方部队。俘虏的证词之所以值得重视，是因为它们代表了日本军队意见的一个横断面。他们并不是一些因士气低落而导致投降的士兵，也不是因为投降而丧失了典型代表性的士兵。除了极少数以外，他们几乎都是在受伤或失去知觉后，因无力抵抗而被俘的。

那些顽强抵抗到底的日军俘虏，把他们的极端军国主义归根于天皇，认为自己是在“遵奉圣意”，是为了让“陛下放心”，“为天皇而献身”，“天皇指引国民参加战争，服从是我的天职”。然而，反对这次战争及日本未来侵略计划的人，也同样会把他们的和平主义归因于天皇。对所有人来说，天皇就是一切。厌倦战争的人称天皇为“爱好和平的陛下”，他们强调天皇“始终是一位自由主义者，是反对战争的”，“是被东条英机欺骗了”。“在满洲事变时，陛下表示反对军部”。“战争是在天皇不知道或没有许可的情况下发动的。天皇不喜欢战争，也不允许让国民卷入战争。天皇并不知道他的士兵受到怎样的虐待。”这些证词和德国战俘完全不同。德国战俘不管他们如何对希特勒手下的将军或最高司令部背叛希特勒的行为表示不满，他们仍然认为，战争和备战的责任必须由最高的战争赔偿者——希特勒来承担。但是，日本战俘则明确表示，对皇室的忠诚与对军国主义以及侵略战争的政策不是一回事。

但是，对他们而言，天皇和日本是密不可分的。“没有天皇的日本就不是日本”“日本的天皇是日本国民的象征，是国民宗教生活的中心，是超越宗教的信仰对象。”即使日本战败，天皇也不能因战败而受谴责。“老百姓不会认为天皇应该对战争负责。”“如果战败，也应该由内阁和军部首脑来负责，天皇是没有责任的。”“即使日本战败，所有的日本人仍然会继续尊崇天皇。”

这些一致认为天皇超越全部批判的论调，在习惯于认为凡是人都会受到怀疑和批判的美国人看来，简直就是骗人的鬼话。但是很显然，这些直到战败还仍然是日本的舆论。即使审讯战俘最有经验的人，也认为不需要在每份审讯笔记上都写下“拒绝诽谤天皇”的字样。因为所有战俘都不愿意诽谤天皇，包括那些和盟军合作、为我们向日军进行广播的人在内。从各地汇集来的许多审讯战俘的口供中，只有三份委婉地表示反对天皇，其中只有一份居然讲到“保留天皇在位将是一个错误”，另一份则说天皇“是一位意志薄弱者，只不过是个傀儡”，第三份则只猜测说，天皇可能会让位于皇太子。如果日本废除君主制，青年妇女也许能指望获得她们羡慕已久的、像美国妇女那样的自由吧。

因此，日本军部首脑利用全体日本人的这种一致崇敬，把“天皇恩赐”的香烟分赏给部下；在天长节时，率领部下遥向东方三拜，高呼“万岁”；在“部队日夜受到轰炸时”，和部下一起早晚共诵天皇亲自在“军人救谕”中向军队颁赐的“圣旨”，“奉诵声在森林中回荡”。军国主义分子极力利用人们对天皇的忠诚，他们号召所属官兵要“奉诏必谨”、“免除圣虑”，要“以崇敬之心回报陛下的仁慈”，要“为天皇而献身！”但是，这种对天皇意志的遵从也是一把双刃剑。正如许多日本战俘所说的那样，日本人“只要天皇有令，纵然只有一杆竹枪，也会毫不犹豫地投入战斗。同样，只要是天皇下令，也会立即停止战斗。”“如果天皇下诏，日本在第二天就会放下武器。”“连最强硬好战的满洲关东军也会放下武器。”“只有天皇的圣旨，才能使日本国民承认战败，并情愿为重建家园而生存下去。”

对天皇无条件的无限忠诚，对天皇以外的任何人和集体都加以批判，这两者形成了鲜明的对比。在日本的报刊杂志或战俘的供词中，有不少是对政府和军部领导人的批判。对于他们前线的指挥官，特别是那些不能与部下一起同生共死的人，战俘们都破口大骂；对于那些自己坐飞机逃跑，而撇下在战场上顽抗到底的士兵的指挥官更是恨之入骨。他们经常赞扬一些军官，而对另一些军官严厉谴责，对日本事物毫不缺乏辨别善恶的痕迹。甚至日本国内的报纸、杂志也在指责“政府”，要求有更强有力的领导和更大的协同努力，并且指责政府不能令人满意。他们甚至抨击政府限制言论自由。1944 年 7 月，东京一家报纸刊登的一篇有新闻记者、前国会议员、日本极权主义政党——大政翼赞会领导人物参加的座谈记录，便是其中最好的一个例子。座谈中有位发言者说：“我认为振奋日本民心的方法有很多，但其中最主要的一条就是言论自由。近几年来，日本国民不敢直言不讳地说出自己的心里话。他们害怕讲了些什么后会受到责怪。他们满腹猜忌，只是表面上应付应付，变得胆小如鼠。这样根本别谈什么发挥全体国民的力量。”另一位发言者对此更进一步加以发挥道：“我几乎每天晚上都和自己选区的选民座谈到深夜，就各种事情征求他们的意见。但他们却唯唯诺诺不肯开口。言论自由完全被否定了。这确实不是一种激发人们斗志的好办法。在所谓战争时期特别刑法和治安维持法下，国民深受其限制，变得胆小如鼠，简直像封建时代的老百姓一样。因此本能够发挥的战斗力，却直到现在都仍然没有发挥出来。”

这样，即使在战争时期，日本人对政府、对大本营以及对他们的直接上司都进行了批判。他们并没有无条件地承认等级制的优越性。然而，唯独天皇没有受到批判。然而，为什么直到近代才得以确立的天皇的至高无上性会受到如此尊重？日本人的性格中有什么样的怪癖会使天皇获得这种神圣不可侵犯性？只要天皇一声令下，日本人就会“挥舞竹枪”战斗至死。同样，只要敕令一下，日本人也会老老实实承认战败，接受被占领。日本战俘的这些话是真的吗？会不会是他们故意欺骗我们的无稽之谈？或者确实是真的？

有关日本人作战行动的这些重要问题，从反物质主义的偏见到对天皇的态度，不仅关系到前线，也关系到日本国内。另外还有一些其他的态度，则更与日本军队相关。其中之一就是对日军战斗力消耗的态度。当美国把海军勋章授给台湾海峡机动部队指挥官乔治·爱斯·麦肯因将军时，日本的广播电台对此表现出极大的惊讶，其态度与美国人截然相反。广播内容如下：

> “对司令官约翰·爱斯·麦肯因[1]受勋的官方理由并不是由于他击退了日军。我们不了解他们为什么不这样说，因为尼米兹的公报已宣称他击退了日军。（中略）麦肯因受勋的理由是，他成功地解救了两艘损坏的美国军舰并把它们安全地护送到基地。这条小报道的重要性在于它是真实的事实，而不是虚构的。（中略）我们并不怀疑麦肯因将军的确救了两艘军舰。我们希望你们了解的只是这一奇特事实：在美国，救了两艘军舰就能授勋。”

美国人对所有的救援行动，对陷入困境者的任何帮助都深为感动。如果勇敢的行为能使受难者获救，就是英雄行为。日本人对勇敢行为的理解则排斥这类救援。甚至我们在 B29 轰炸机和战斗机上配备救生器具，日本人也斥之为“胆怯”。他们的报纸、广播反复谈论这个话题，只有视死如归的冒险才是最高尚的，而小心谨慎则是没有价值的。这一态度也明显地反

[1] 麦肯因的名字与前面文本不相同（前文为乔治，此处为约翰），可能是作者原文照引了日方当时的误传。——译者注

映在对待伤病员和疟疾患者的时候。在他们看来，这些士兵就是废物。当时医疗服务非常差，甚至不足以维持正常的战斗力。时间一长，补给上的困难致使本来就很匮乏的医疗设施更加难以维持。但这还不是事情的全部。日本人对物质主义的蔑视在这里起了重大作用。日军士兵被教导说，死亡本身就是精神的胜利，而我们这样对病患者的照顾，就好比轰炸机上的安全设备一样，反而成了对英雄主义的干扰。首先，在日常生活中，日本人也不像美国人那样习惯于光顾内外科医生。在美国，对伤病患者的怜悯要远胜于对其他福利设施的关心，这一点几乎连和平时期来美国旅游的欧洲人也会经常谈论，但这些在日本却是陌生的。总而言之，在战争中，日本军队中没有一个受过抢救伤员的训练，能够在战火中搬运伤员进行抢救的救护班；也没有如前线救护所、后方野战医院以及远离前线的康复医院这样系统的医疗设施，而对医疗品补给的关注就更加令人慨叹了。在某些紧急情况下，伤病员干脆直接被杀掉。尤其是在新几内亚和菲律宾，日本人常常不得不从有医院的地点撤退，但他们却根本没有在尚有条件的情况下预先转移伤病员的习惯。只是在部队真正执行所谓"有计划的撤退"，或是在敌人已经出现在眼前时，他们才想到采取一些措施。那时，负责的军医往往在临走时，先将伤病员全部枪杀，或是让伤病员自己用手榴弹自尽。

对伤病员的这种态度既然是日本人对待本国同胞的基本原则，那么，这一点对处理美军战俘上也起到了同样重要的作用。按我们的标准来看，日本人不仅对战俘这样，而且对他们自己的同胞也同样虐待。前菲律宾上校军医哈罗鲁得·格拉特里（Harald W.Glattly）说，他作为战俘在台湾被监禁三年期间，"美军战俘所受到的医疗护理超过了日军士兵。俘虏营中的盟军军医可以照顾盟军俘虏，而日本人却一个军医都没有。有一段时间，日军给他们自己人治病的唯一一个医务人员是一个下士，后来升了中士。"

这位上校一年只能看到一两次日本军医。[1]

日本这种关于兵员消耗理论最极端的表现就是他们的不投降主义。西方任何军队在尽了最大努力而面临寡不敌众、毫无希望时，便向敌军投降。他们仍然认为自己是光荣的军人，而且根据国际协议，将通知本国，让其家属知道他们还活着。无论是作为一个军人还是平民，或者在他自己的家庭中，他们都不会因此而受辱。然而，日本人却不是这样。他们的荣誉就是战斗到死，在绝望的情况下，日本士兵应当用最后一颗手榴弹自杀或者赤手空拳冲入敌阵，进行集体自杀式的进攻，但绝不应该投降。万一在受伤后丧失知觉而当了俘虏，他就会感到“回国后再也抬不起头来了”。他丧失了名誉，相比于从前的生活而言，他已经是个“死人”了。

当然，日本军队有上述内容的命令，但在前线却显然不用对此进行特殊的正式教育。日军忠实实践着这条军纪，以至在北缅会战中，被俘与战死者的比例为 142:17166，也就是 1:120。而且，这 142 名被俘者中，除少数人以外，在被俘时都是已经负伤或者昏迷。单独一个人或两三个人一起来“投降”的就更少了。在西方国家的军队中，阵亡者如果达到全军兵力的四分之一或三分之一时，该部队通常都会停止抵抗。投降和阵亡人员的比率大约是 4:1。而在霍兰迪亚（Hollandia），日军第一次大规模投降，其比率为 1:5，这和北缅战争时相比的 1:120 已经是巨大的进步了。

所以，对日本人来说，那些成为战俘的美国人，单是投降这件事就足够可耻的了。即使没有受伤、疟疾、赤痢等，也已经是个“废物”而被排除在“完好的人”的范畴之外。许多美国人都曾经谈到，在俘虏营里，美国人发笑该是多么危险，又是如何刺激了看守军兵的。在日本人看来，当

---

[1] 1945 年 10 月 15 日《华盛顿邮报》报道。——原注

了战俘就已经是奇耻大辱了，美国人却居然不明白，这对他们来说简直是无法忍受。在美国战俘必须服从的命令中，有许多是日本军官要求俘虏营的看守们也必须遵守的。急行军或是乘坐拥挤得像沙丁鱼罐头一般的运输船转移，对日本兵说来已经成了家常便饭。有些美国人还说，日本哨兵反复地严格要求他们隐瞒自己的违章行为，而最大的犯罪就是公开违抗。在俘虏营，战俘白天外出筑路或上工厂做工时，禁止从外边带回食物，但这个规定常常是形同虚设，因为只要把水果、蔬菜包起来就可以。但是，如果一旦被发现，那就属于猖狂的犯罪，就意味着美国人在蔑视哨兵的权威。公然挑战权威，即便是一句“顶嘴的话”，也要受到严厉惩罚。即使在日常生活中，日本人也严禁顶嘴，在军队中，对顶嘴的行为一定要遭到严惩，俘虏营中确实存在许多暴行和虐待。我们把作为文化习惯结果的行为和暴虐行为加以区分，并不是对暴虐行为加以宽恕。

特别是在交战初期，日军士兵确信敌军将虐待并杀掉所有战俘，因此更加以投降为耻。在日本各地，广为流传着一个谣言，说美军用坦克碾死了瓜岛上的俘虏。有些日军士兵本打算投降，但我军很怀疑，因审慎而将其杀害，而这种怀疑常常有一定道理的。一个除了死亡以外别无他路的日军士兵，常常以与敌人同归于尽为荣，甚至在被俘后也常常这么干。就像一个日军战俘所说的那样：“既然已经下定决心要把自己献给胜利的祭坛，如果不是壮烈牺牲那才是奇耻大辱。”这种可能性使我军倍加警惕，这同样也减少了日军投降的人数。

投降是可耻的，这已经在日本人的思想深处烙下深深的印记。这与我们的战争惯例完全不同，而他们则视之为理所当然。在他们眼里，我们的行为也同样不可理解。有些美军战俘要求把自己的姓名告知本国政府，以便让家属知道自己还活着。他们大吃一惊，并且非常蔑视。巴丹半岛的美军会向他们投降，至少日本一般士兵是想不到的，他们以为美军会像日军一样奋战到底。他们实在无法理解，美国人为什么丝毫不以被俘为耻。

西方士兵和日本士兵之间有一种最戏剧性的差别，莫过于日军在被俘后竟然与盟军合作。他们的头脑中根本没有适应这种新环境的准则。他们丧失了名誉，也就丧失了作为日本人的生命。直到战争快要结束的前几个月，才有极少数人要求回国，不论战争的结局怎样。有些人要求处决自己，说："如果你们的习惯不允许这样做，那么我就做一个模范战俘。"他们比模范战俘还要好。有些老兵和多年的极端国家主义者给我们指出弹药库的位置，仔细说明日军兵力配置，为我军撰写宣传品，与我军飞行员同乘轰炸机指点军事目标。好像他们在生命中翻开了内容与旧的一页完全相反的崭新一页，但他们却表现出了同样的忠诚。

当然，并不是所有的战俘都这样。有少数人顽固不化。而且不管怎样，必须先具备一些有利条件，才可能有上述行为。有些美军指挥官很警惕，不敢接受日本人表面上的协助，以至有些战俘营根本就不打算利用日军战俘可能提供的服务。但在接受日军战俘合作的战俘营中，原先的怀疑则必须消除，而逐渐取而代之的是对日军战俘的信赖。

美国人并没有预料到战俘们会做出如此 180 度的大转变，这与我们的信条是格格不入的。但日本人的行为则好像是：选定一条道路便全力以赴，如果失败，就很自然地选择另一条道路。他们这种行为方式，我们在战后能否加以考虑和利用？或者这只是个别士兵在当了俘虏后的特殊行为？正如日本人在战争期间其他行为的特殊性强迫我们思考一样，它提出了有关整个生活方式（他们被这种生活方式所制约）以及他们各种制度的作用、他们所学到的思维和行动习惯等许多问题。

第三章 各得其所，各安其分

如果要想充分理解日本人，首先必须弄清他们的“各得其所”（或“各安其分”）这句话的含义。他们对秩序、等级制的信赖，跟我们对自由平等的信仰相比就像南北两极一样相距甚远。在我们看来，很难赋予等级制以正当性，并把它作为一种可行的社会结构。日本人对等级制的信赖建立在对人与其同伴以及个人与国家之间的关系所持的整个观念之上，必须对他们的民族习俗，诸如家庭、国家、宗教信仰及经济生活等作一番描述，只有这样我们才能了解他们对生活的看法。

正如对国内问题的看法一样，日本人对国际关系的所有问题也都以等级制这种观念来看待。在过去的十年间，他们把自己描绘成已经高踞于国际等级制的金字塔顶端，现在，这种地位虽然已经被西方各国所取代，但他们对现状的接受情况仍然深植于等级制观念。日本的外交文件一再表明他们对于这一观念的重视。在 1940 年日本签订的日德意三国同盟条约前言中说：“大日本帝国政府、德国政府和意大利政府确信，使世界各国‘各得其所’乃持久和平之前提……”天皇在签订该条约时所颁发的诏书再次谈及这一点。诏书说：

“弘扬大义于八方，缔造神舆为一宇，实我皇祖皇宗之大训，亦朕夙夜所眷念。今世局动乱不知胡底，人类蒙祸不知何极。朕所珍念者，惟在早日勘定祸乱，光复和平……袭三国盟约成立，朕心甚悦。

“唯万邦各得其所，兆民悉安其业，此乃旷古大业，前途尚遥……”❶

在偷袭珍珠港的当天，日本特使向美国国务卿赫尔（Cordell Hull）递交的声明中，也极为明确地提到这点：

“……使万邦各得其所乃帝国坚定不移之国策……与上述使万邦各得其所之帝国根本国策背道而驰，帝国政府断然不能容忍。”

这一备忘录是针对数日前的赫尔备忘录而发的，赫尔在备忘录中强调了美国所尊重的最基本的原则，正如等级制适用于日本一般。赫尔国务卿提出了四项原则，即：各国主权及领土完整不可侵犯；互不干涉内政；信赖国际合作及和解；平等原则。这些都是美国人信奉平等以及不可侵犯的权利要点，也是我们认为不仅在国际关系中，即便是在日常生活中也必须同样遵循的准则。对美国人而言，平等是企盼一个更美好世界的基础，是最崇高、最道德的基础。对我们而言，它意味着拥有不受专制压迫、不受干涉和强制的自由；意味着在法律面前人人平等和人人都有改善自己生活

❶ 据日译本日文翻译。——译者注

条件的权利。这就是当今世界正在有组织地实现的基本人权的基石。即使在我们自己破坏这一原则时，我们也支持平等的正义性；我们以极大的义愤向等级制宣战。

这是美国人自建国以来始终如一的观点。这个原则被杰斐逊写入《独立宣言》，还成为写入宪法之中的《权利法案》的基础原则。一个新国家的公开文件中写的这些正式语句之所以重要，正是因为它们反映了这个大陆的人们在日常生活中所形成的生活方式，是一种与欧洲人不同的生活方式。有一份重要的国际报道文献，这就是年轻的法国人阿列克斯·托克维（Alexis de Tocqueville）于 19 世纪 30 年代初访问美国后所写的有关平等问题的著作。[1] 他是一位聪明而敏锐的观察家，能在美国这个陌生的世界中发现许多优点。对他而言，美洲大陆完全就是另一个世界。年轻的托克维生长于法国贵族社会，在当时仍然很活跃并且很有影响力的人士的记忆里，这个贵族社会最初受到法国大革命的震撼和冲击，随之而来的则是新的、猛烈的《拿破仑法典》。他高度评价新奇的美国生活秩序，并且表现了宽容的态度，但他是从法国贵族的观点来观察的。他的书向旧世界报道了即将到来的新事物。他相信，美国是人类发展的前沿，这种发展也将发生在欧洲，尽管两者间会略有差异。

因此，他对这个新世界作了详细地报道，认为人们只有在这里才真正认为彼此平等。他们的社会交往建立在一个新的、和谐的基础之上，人们都以平等的身份交谈。美国人从不拘泥于等级礼节等小节，既不要求别人施予这些礼节，也不对别人回敬这些礼节。按照他们的说法，自己没有接受任何人的恩惠。那里没有古老贵族式的或是罗马式的家族，在旧世界占

---

❶ 指托克维尔著《论美国的民主》一书。——译者注

统治地位的社会等级制也消失了。据他说，这些美国人信奉的就是平等，只有这一点才可信，甚至有时对自由也会在不经意间忽视，而平等却为生命所系。

通过外国人的眼睛，描述一百多年前的我们祖先的生活，美国人在读了以后也深受鼓舞。在我国，尽管有许多变化，但基本轮廓并未变。读了这部著作之后，我们认为，1830 年的美国已经是我们所了解的美国。在这个国家里，过去有，现在也仍然有像杰斐逊时代的亚历山大·汉密尔顿[1]那样偏爱贵族式社会秩序的人。但即使汉密尔顿之流也承认，在这个国度中，我们的生活方式绝非贵族式生活。

因此，在珍珠港事件前夕，我们对日本所宣布的作为美国太平洋政策基础的这些最高伦理基础，也说出了我们最信奉的原则。我们确信，沿着我们所指的方向前进的每一步都将改善这个仍不完善的世界。而日本人宣布其信奉“各得其所”的信念时，也是根据其社会经验所培育起来的生活准则。多少个世纪以来，不平等已经成为日本民族有组织的生活准则，既是最容易地预计，也是被最广泛接受的，承认等级制的行为对他们来讲就像呼吸一样自然。不过，这还不是一种简单的西方式权威主义。行使统治权的人也好，被其他人统治的人也好，都是按照与我们截然不同的传统来行事。现在日本人承认美国权威处于等级制的最高点，我们就更有必要对他们的习惯有最清晰的观念。只有这样，我们才能清楚地描绘出他们在现今情况下所能采取的行动方式。

尽管日本近年来逐渐西方化了，它依然是个贵族社会。人们在每一次

[1] 亚历山大·汉密尔顿（Alexander Hamilton，1755—1804），美国联邦党领袖之一。历任华盛顿的秘书和参谋、财政部长、军队检察长等职。1804 年与副总统艾伦·伯尔决斗，重伤致死。——译者注

寒暄、每一次相互接触时，都必须表示出双方社会距离的性质和程度。每当一个日本人向另一个日本人讲到“吃”或“坐”时，都必须按照对方与自己亲疏的程度或对方的辈分，使用不同的词汇。光是“你”这个词就有好几个，在不同的场合必须用不同的“你”；动词也有好几个不同的词根。换言之，像许多其他太平洋上的民族一样，日本人也有“敬语”，在使用时还伴有适当的鞠躬和跪拜。所有这些动作都有详细的规矩和惯例，不仅要懂得向谁鞠躬，还必须懂得鞠躬的程度。对某一个主人来说，是非常适度的鞠躬，在另一位和鞠躬者的关系略有不同的主人身上，就会被认为是一种无礼的行为。鞠躬的方式有很多，从跪在地上、双手伏地、额头触碰手背的最高跪拜礼，直到简单地动动肩、点点头。一个日本人必须学习在哪种场合该行哪种礼，而且从孩童时期起就得学习。

不仅等级差别要经常以适当礼仪来确认（虽然这是非常重要的），性别、年龄、家庭关系、过去的交往等都必须要考虑在内。甚至在两个相同的人之间，在不同情况下也要表示不同程度的尊敬。一个老百姓对其亲密好友可以无须鞠躬行礼，但如果对方穿上军服，那么身穿便服的朋友就必须向他鞠躬。遵守等级制是一种艺术，要求平衡多种因素，在特定情况下，这些因素有些可以相互抵消，有些则正好截然相反。

当然，也有互相之间不太拘泥于礼节的人。在美国，这是指各自家庭生活圈子里的人们。当我们回到自己家中时，就会把一切形式上的礼节都抛掉。但是在日本，恰恰要在家里学习礼仪并细致地观察礼仪。孩子在还在母亲背上时就应当被母亲教授礼节，在幼年摇摇晃晃刚会走时，要学的第一课就是学习尊敬父兄。妻子要给丈夫鞠躬，孩子要给父亲鞠躬，弟弟要给哥哥鞠躬；女孩子则不论年龄大小，要向哥哥和弟弟鞠躬。鞠躬并非徒有形式，它意味着：鞠躬的人原打算自己处理的事，现在则承认对方有权干涉；受礼的一方也承认要承担与其地位相应的某种责任。以性别、辈分以及长嗣继承等为基础的等级制，是家庭生活的核心。

孝道是中国和日本所共同具有的崇高的道德准则，这是不言而喻的。中国人关于孝道的阐述早在 6、7 世纪之间就伴随着中国的佛教、儒教伦理学以及中国的世俗文化传入日本。但是，关于孝道的性质则为适应日本家庭的不同结构，而不可避免地有所改动。在中国，甚至现在，一个人仍然必须对其大宗族尽忠。这个大宗族可能有成千上万个成员，宗族对全体成员都拥有裁决权，并受到这些成员的拥护与支持。当然，中国幅员辽阔，各地情况各有不同，但在大部分地区，一个村庄的居民大部分同属于一个宗族。中国人口有四亿五千万人之多，但只有一百多个姓氏。同一姓氏的人，多少都承认彼此是同宗。某一地区的居民，可能全部都同属于一个宗族。而且，远离家乡、住在城市里的家庭也可能与他们是同宗。像广东那种人口稠密的地区，宗族成员全部联合起来，经营、维持着壮观的氏族宗祠，并在祭祖的日子里，共同向同一个祖先所繁衍的数以千计的祖宗牌位行礼拜祭。每个宗族都有自己的财产、土地和寺院，并设有基金以资助有前途的宗族子弟学习。它联系并了解分散在各地的成员，每十年左右就刊印一次经过认真增订的族谱，记载着有权分享祖宗恩惠者的姓名。它有世代相传的家规，当宗族与政府当局意见不一时，甚至可以拒绝把本族犯人交给后者。在封建帝制时期,这种半自治性质的大宗族共同体。在这个地区，只是偶尔在名义上受国家管理，那些由不断更改的政府所指派的、自在逍遥的官员才是外人。

然而在日本，情况就大不相同了。直到 19 世纪中叶，只有贵族和武士家族可以使用姓氏。姓氏是中国宗族制度的根本，没有姓氏或相当于姓氏的东西，宗族组织就无法发展起来。在某些宗族中，族谱就是这种相当于姓氏的东西之一。但在日本，只有上层阶级持有族谱，而且那种族谱的记录，就像“美国革命妇女会”（Daughtersof American Revolution）[1]一样，是从现在活着的人开始向上追溯的，而不是由古至今地列举始祖所传的后裔，这两种方法是截然不同的。再加上，日本是封建国家，其尽忠的对象并不是宗族大集团，而是封建领主。那个领主是当地的君主，这显然和中国那种任期短暂的官员不同，后者在这一地区始终是外人，两者相差很大。在日本，重要的在于这个人是属于萨摩藩，还是属于肥前藩。一个人的联系纽带就是他所属的藩。

使民族制度化的另一种方法，就是在神社或圣地参拜远祖或是氏族神。对于这类活动，日本那些没有姓氏和族谱的“庶民”也能参与。但日本却没有祭祀远祖的仪式，在“庶民”参与祭祀的神社里，村民们集中在一起，不需要证明他们是出于同一个祖先。他们被称作是该神社祭神的“孩子”[2]，其之所以如此称呼，是因为他们住在这位祭神的封地上。正如世界各地的村民一样，这些祭拜者——村民们由于世代定居在这里，彼此当然有着亲戚关系，但并不是出自一个共同祖先的亲密的氏族集团。

与神社不同，日本人对祖先的崇拜是在家庭房间里的“佛坛”上进行的，那里只设立六七个最近去世的亲属灵牌。在日本所有社会阶层中，人们每天都在这种佛坛前祭祀着至今怀念的父、母、祖父母以及一些近亲，并且供上食品，佛坛上供奉的是类似墓碑的灵牌。即使曾祖父、曾祖母的墓碑上的文字已经无法辨认，也不再重新刻写，三代以上的墓地甚至会被迅速淡忘。日本的家族联系淡薄得几乎与西方相接近，也许与法国的家族最相近。

---

[1] 1890年在华盛顿建立。会员限于参加独立战争者的后裔。——译者注

[2] 日文称“氏子”。——译者注

因此,日本的“孝道”只局限在直接接触的家庭内部。充其量只包括父亲、祖父、伯父、伯祖父及其后裔，其含义就是在这个集团中，每个人应当确定与自己的辈分、性别、年龄相适应的地位。即便包括较大集团的豪门望族，其家族也会分成独立的支系，次子以下的男孩必须另立门户，成为“分文”。在这个狭小的、直接接触的集体之内，要求“各安其分”的规定非常细密。直到长者正式隐退（隐居）之前，集体内的后辈都必须要严格服从他的指令。即便是在今天，一个拥有几个成年儿子的父亲，在他自己的父亲尚未隐退以前，自己无论干什么都必须请示年迈的父亲，以求获得允许。哪怕孩子已经三四十岁了，父母还是要一手包办他们的婚姻。父亲作为一家的男性之长，用餐时他首先举筷，沐浴时也是他首先入浴，全家人都要向他毕恭毕敬地行礼,他则只需要点头受礼。在日本有一则流传极为广泛的谜语，用我国的解谜形式（Conundrum form）来翻译则是：“为什么儿子向父母提意见就像和尚要求头上蓄发一样?”(佛教僧侣必须接受剃度)答案是：“不管怎么想，绝对办不到。”

“各安其分”不仅意味着辈分差别，而且意味着年龄差别。日本人在表述极端混乱的秩序时，常说“非兄非弟”[1]，就像我们所说的：“既非鱼又非鸟”(neither fish nor fowl)。在日本人看来，长兄应该如鱼得水那样地保持其性格，长子是继承者。旅游者们谈到“日本的长子自幼就学会一套责任不凡的气度”。长子拥有与父权相差无几的特权，在过去，弟弟肯定在不久后就会成为依赖长子的人。现在，特别是在农村和乡镇，按照古老规矩而留在家中的是长子，次子和三子也许会进入广阔天地，受到更多的教育，取得更多的收入。但是古老的等级制仍然极其牢固。

---

[1] Neither elder brother nor younger brother 肯定是“兄たり难く弟たり难し（难兄，难弟）的译文，作者应该是误解原意。——译者注

甚至在现如今的政治论坛上，传统的兄长特权在大东亚政策的讨论中也表现得淋漓尽致。1942 年春天，陆军省一个中佐发言人就共荣圈问题作了如下的发言：“日本是他们的兄长，他们是日本的弟弟。这一事实要使占领地区的居民们都家喻户晓。对当地居民过多地体恤会在他们心理上造成一种滥用日本好意的倾向，以至于对日本的统治产生坏的影响。”换句话说，什么事对弟弟有好处，要由哥哥来决定，并且在强行做这类事时不能“过分体恤”。

无论年龄大小，性别决定了一个人在等级制中的地位。日本妇女走路时要跟在她丈夫身后，其社会地位也比丈夫低。即使她们穿上西服，和丈夫并肩而行，进门时走在丈夫前面，一旦换上和服，就仍然要退到后面。在日本的家庭中，女孩子只能静静地眼看着礼品，关怀和教育费全部都被其兄弟占有。即使有几所为青年女性开设的高等学校，那里的课程重点也是放在教导礼仪和举止规范上，在智力训练上根本无法与男性学校相比。有一位女校校长对该校中上流家庭出身的学生讲到应该学一点欧洲语言时，其理由竟然是希望她们将来可以掸去她们丈夫们用的书上的灰尘，正确地插入书架。

尽管如此，与其他亚洲大部分国家相比，日本妇女还是拥有很大自由，而且这也不单纯是日本西方化的一种现象。她们从未像中国上层妇女那样缠足，可以自由进出店堂，在大街上行走，完全不用将自己隐藏在深闺里，这一点使印度妇女羡慕不已。在日本，妻子掌管全家的采购和金钱。在钱财短缺时，她必须挑选一些家庭中日常应用的衣物及其他零碎用品送进当铺。使唤佣人的是主妇，她对儿子婚姻有很大发言权；在当了婆婆以后更是一手掌管家务，就好像她前半生从未当过唯命是从的媳妇似的。

在日本，由辈分和性别而产生的特权是很大的。但是，与其说行使这一特权的人是独断专制者，不如说是受托者。父亲或兄长要对全体家庭成员负责，包括活着的、去世的以及即将要出生的。他必须做出重大决定并且保证其得以实行。不过，他并不是拥有无条件的权力。他的行为必须对全家的荣誉负责。他必须使儿子及弟兄们能够牢记他们家族的遗产——包括精神遗产和物质遗产——并要求他们对得起这份家产。即使是一个农民，也会祈求祖先保佑他的高尚责任。他所属的阶级地位越高，对家族的责任就越重。家族的需求要高于个人的需求。

遇到重大事件时，无论门第如何，家长都要召集家族会议，在会上进行讨论。例如，一个有关订婚的会议，家族成员可能会从很远的地方赶来参加。做出决定的过程并不因人而异。一位妻子或弟弟的意见也可能产生决定性的影响。假如户主无视众人的意见而独断专行，那么他将陷入非常困难的境地。当然，在会议上做出的决定对被决定命运的本人来说可能很难从命。但是，那些一直服从家族会议决定的长辈，会毫不让步地要求晚辈像他们自己当年一样服从。他们这种要求背后的约束力，与普鲁士那种在法律上和习惯上所给予父亲对妻子儿女的专横权力是不相同的。其强制性并不因此而减弱，但效果则不同。日本人在家庭生活中并不学习尊重专制权力，也并不会轻易地养成对专制权力屈服的习惯。不论那种要求有多么苛刻，家族意志是以全体成员都关心的名义，也就是以这种最高价值来要求服从，是以一种共同忠诚的名义来要求服从的。

每个日本人最初都是在家庭中学习等级制的习惯，然后再将其所学到的这种习惯运用到经济生活以及政治生活等广泛领域。他懂得一个人要向“适得其所”的人表示全部敬意，不管他们在这个集团中是否真正具有支配力。一位受妻子支配的丈夫或者受弟弟支配的哥哥，在正式关系上照样是要受到妻子或弟弟尊重的。各种特权之间的外部界限不会因为有某人在背后操纵而受到破坏，表面关系也不会为了适应实际支配关系而有所改变，它依然是不可侵犯的。这些，有时甚至会给不拘于正式身份而运用实权的人带来某种策略上的便利，因为这样会较少引起别人的攻击。日本人通过家庭生活的经验懂得了一个道理，即做出一个决定，其最有力的支持就是整个家族都确信这个决定能够维护家族的荣誉。这个决定并不是恰巧处于家长地位的专制者随意强加的命令，日本的家长更像一位物质和精神财产的管理人，这些财产对全体成员都非常重要，要求他们将个人意志从属于它的要求。日本人反对用武力威胁，但并不因此而减弱对家族要求的服从，也不会因此而对有特定身份的人降低敬意。即使家族中的年长者极少会成为强有力的独裁者，家族中的等级制也仍然能维持。

上述关于日本人家族等级制的粗浅介绍，对于在人际关系上有不同标准的美国人来说，还远远不能使他们理解日本家族中那种公认的强有力的感情纽带。日本家族中有一种相当牢固的连带性，这种连带性如何获得，是本书研究的课题之一。要想了解他们在政治、经济生活等广泛领域中等级制的要求，首先就要认识他们是怎样在家庭中透彻地学习这种习惯。

日本人生活中的等级制习惯，在阶级关系上像在家庭中一样地强烈。纵观整个历史，日本一直都是个等级森严的阶级社会。一个有几百年等级制习惯的民族，既有其显著的长处，也有其明显的短处。在日本，等级制一直是其自有文字历史以来生活中的准则，甚至可以向上追溯到公元 7 世纪。那时，日本已经从无等级的中国吸取生活方式，使之适应其自身的等级制文化。在 7 世纪到 8 世纪时，日本的天皇及其宫廷已经开始着手，要用中国那种使日本使节赞叹不已的高度文明习俗来充实日本的事业。他们投入无与伦比的巨大精力进行这项事业，在那以前，日本连文字都没有。7 世纪时，日本采用了中国的表意文字来记述它自己那种与中国完全不同的语言。在那之前，日本有一种宗教，四万个神祇镇守山岳和村庄，给人们赐福。这种民间宗教历经无数变迁而延续至今，成为了现代的神道。7 世纪时，日本从中国大规模地引进佛教，作为“保护国家的至善”宗教[1]。在此之前，无论官方还是私人，日本都没有巨大的永久性建筑。于是，天皇仿照中国的京城建造了新的奈良城。日本各地还仿照中国式样，建造了许多壮丽的佛教伽蓝（寺院）和僧院，天皇还采用了使节们从中国学来的官阶品位和律令。在世界历史上，很难在什么地方找到另一个自主的民族如此成功地有计划地汲取外国文明的营养。

不过，日本从一开始起就没能复制中国那种无等级的社会组织。日本所采纳的官位制，是中国授予那些经过科举考试合格的行政官员的；而在日本却授给了世袭贵族和封建领主，这些就成了日本等级制的组成部分。日本不断被分裂成许多半独立的藩国，领主们经常嫉妒对方的势力，许多社会习俗也都与领主、家臣、侍从的特权有关。无论日本如何坚持不懈地从中国汲取文化，却终究未能采纳足以取代其等级制的生活方式，例如中国的官僚行政制度以及把各种身份、职业的人联合到一个庞大宗族之中的中国式宗族制度。同样，日本也未能接受中国那种世俗皇帝的观念。日语中称皇室中的人为“云上人”，只有这个家族的人才能继承皇位；而中国经常改朝换代，日本却一次也没有发生过。天皇神圣不可侵犯，天皇本人就是神圣。把中国文化引进日本的天皇及其宫廷大臣们，肯定无法想象中国在这些方面做了哪些安排，也想不到他们作了哪些改动。

因此，尽管日本从中国输入了各种文化，但这些新的文明只不过为此后几百年间世袭领主与家臣之间的冲突——即争夺统治权开辟了道路。8

❶ 所引奈良时代编年史中的话。日文是：圣武天皇在陆奥国，黄金出，乃下诏曰：“闻佛言，护国者必胜”等等。——译者注

世纪末叶，贵族藤原氏掌握了大权，把天皇赶下台。后来，封建领主们反对藤原氏的统治，整个日本陷入内战。群雄之中，著名的源赖朝征服了所有的对手，在“将军”这个古老的军事头衔下成为了全国的实际统治者。“将军”的全称是“征夷大将军”，像日本的通例一样，只要源赖朝的子孙能够控制其他封建领主，这个称号就由源氏家族世袭。天皇已徒有虚名，他的重要性仅在于将军必须接受他象征性的封赐。他完全没有行政权力，实际权力都掌握在幕府手中，它以武力来对付不肯服从的各地领属国，以维护自己的统治。每个封建领主，即“大名”，都有自己的武装家臣，即“武士”。这些武士完全听从大名的调遣，在动乱的年代，他们时刻准备着向敌对的大名或最高统治者将军的“地位”发起挑战。

公元 16 世纪时，内乱成了流行病。经过几十年的动乱之后，伟大的武将德川家康击败所有敌手，于 1603 年成了德川家族的第一代将军。德川家族世袭将军职位约 260 年，直到 1868 年，天皇与将军的“双重统治”被废除，近代时期开始，德川政权才宣告结束。漫长的德川时代在许多方面都是日本历史上最值得重视的时期之一。它在日本国内维持了一种武装和平的局面，直到最后崩溃前，都有效地实施了为德川氏政治目的服务的中央集权制。

德川家康曾面临一个非常棘手的难题，也没有找出一个容易解决的办法。一些强藩的藩主曾在内战中反对他，直到最后惨败后才归顺。这就是所谓的“外样”（即旁系大名）。他允许这些大名继续控制自己的领地和家臣——在日本的封建领主中，这些大名在其领地上也确实继续享有最高的自治权。但是，他却不让这些旁系大名享有德川家臣的荣誉，不准许他们在幕府担任任何重要的职务。重要职务全都保留在“谱代”（嫡系大名），即内战中拥护德川者手中。为了维持这一困难的政局，德川家康的策略是防止藩主（即大名）积蓄力量，防止任何可能威胁到将军统治的联合。因此，德川氏不仅没有废除封建体制，而且为了维持日本的和平和德川氏的统治，还极力加强这一体制，使之更加巩固。

日本的封建社会划分为复杂的阶层，每个人的身份都是由世袭固定的。德川氏巩固了这种制度，并且对各个阶层成员的日常行为作了详尽的规定。每一户的家长都必须在门口张贴有关其阶层地位和世袭身份的标志。他的衣着、食物以及可以合法居住的房舍，都要遵循世袭身份的规定。在皇室和宫廷贵族（公卿）之下，日本有四个世袭等级，其顺序是士（武士）、农、工、商，其下还有贱民。贱民中人数最多、最为人所知的是“秽多”，即从事各种污秽职业的人。他们是清道夫、掩埋死囚者、剥取死兽皮和鞣制者等。他们是日本的“不可接触者”（untouchables），更准确地说，他们根本就不算人，因为，甚至通过他们居住部落的道路也不计入里程，仿佛这块土地及其居民根本不存在。这些人生活极其贫困，虽然准许他们从事所批准的职业，但却被排斥在正式社会组织之外。

商人的地位仅仅在贱民之上。不管美国人多么惊诧，这都是一个封建社会中的高度现实。商人阶级总是封建制度的破坏者，一旦商人受到尊敬而繁荣，封建制度就会衰亡。17 世纪时，德川氏颁布了世界上任何国家都未有过的严峻的锁国令，从根本上铲除了商人的基础。日本曾经在中国和朝鲜的整个沿海地区进行海外贸易，商人阶层随之必然发展。德川氏规定，凡是建造或驾驶超过一定大小的船只者都要处以极刑，以阻碍这种趋势的发展。被德川氏准许建造或驾驶的小船，既不能航行到大陆，也不能运输商品。国内交易也受到严格限制，各藩藩界均设有关卡，严格禁止商品进出。另外有一些法律规定商人的社会地位低下，《奢侈取缔令》中规定了商人的穿戴、雨伞以及在婚丧时的费用限额。商人不能和武士住在同一区域内，并不受法律保护能免受特权阶层——武士之刀的凌辱。德川氏企图将商人永远置于卑贱地位的政策，因此在货币经济中无疑要失败，而当时的日本正是靠货币经济运转的。但德川氏却试图逆这一趋势而行。

武士和农民是维持封建社会安定的两个阶级，德川幕府把他们分别冻结起来。在德川家康平定天下以前，伟大的名将丰臣秀吉就已经用著名的"缴刀令"，完成了这两个阶级的分离。他收缴了农民的武器，并且规定只有武士才有佩刀的特权。武士再不能兼作农民、工匠或商人。即使身份最低的武士也不能合法地从事生产，因此也就成了寄生阶级中的一分子，每年从农民的赋税中抽取年贡米作为俸禄。大名把征收的谷米按份额分给每个武士家臣。武士完全不用考虑生活来源，他完全成了依赖领主的人。在日本历史的早期，封建大名与手下武士之间的牢固纽带，是在各藩国之间兵连祸结的战争中结成的。在天下太平的德川时代，这种纽带就变成经济性的了。与中世纪欧洲的骑士不一样，日本的武士既不是拥有领地和农奴的小首领，也不是有钱的士兵。他们是依靠俸禄生活的人，其俸禄额在德川初年即按照其家格的高低决定的。武士的俸禄并不富裕，根据日本学者估计，整个武士阶级的平均俸禄几乎与农民的所得相同，只够维持最起码的生活。[1]对武士家族来说，如果几个继承人共同分享这点俸禄，那就很伤脑筋了。结果，武士就限制自己的家族规模，对他们而言，最令人难堪的就是威望取决于财富和外观，所以，他们的信条是，俭朴才是最高的美德。

武士和另外三个阶级即农、工、商之间，有一条巨大鸿沟。后三个阶级是"庶民"，而武士则不是。武士的佩刀不单只是装饰，而是其特权和阶级的标志。他们对庶民有使用佩刀的权利，这在德川时代以前就已经形成传统。德川家康所颁布的法令中规定："对武士无礼、对上级不逊的庶民，

---

❶ 引自 Herbert Norman, Japan's Emergence as a Modern statep（中译本译作《日本维新史》）——译者注

可以立刻斩杀”[1]，这也只是确认旧的习惯而已。他根本没有考虑到要在庶民与武士阶级之间建立相互依存的关系，他的政策建立在严格的等级规定上。庶民阶级和武士阶级都归大名统率，并直接与他相联系。这两个阶级各自处于不同的阶梯之上，每个阶梯又各有一套从上到下的法令、规则、统治和相互义务。在两个阶梯之间的人有不可逾越的距离，有时出于形势，两个阶级之间需要一再地架起桥梁，但这毕竟不是这一体系本身所固有的。

在德川时代，武士已经不仅仅只是舞刀弄剑，他们日益成为藩主财产的管理人和各种风雅艺术的专家，如古典的能乐、茶道等。所有文书均由他们处理，藩主的谋略也靠他们的巧妙手腕来实施。两百年的和平是一段很长的岁月，个人舞刀弄剑的机会非常有限。就像商人不顾严格的等级规定而发展了追求舒适高雅的城市生活方式一样，武士虽然也时刻准备拔刀应战，但也发展了各种风雅艺术。

关于农民，法律上虽无明文保障他们免受武士的欺凌及强加的沉重年贡和各种限制，但仍然有某些安全保障。农民对农田的所有权受到保护，而在日本，有土地就有威望。德川统治时期禁止土地永久转让，与欧洲封建主义不同，德川时期制定的这条法律并非保障封建领主，而是为了保障每个耕作者的利益。农民拥有一种其所珍视的永久权利，在耕作土地时，就像今天他们的后裔在稻田里一样地不辞辛苦。尽管如此，农民仍然是养活整个上层寄生阶级的阿特拉斯[2]。这个寄生阶级大约有二百万人，其中包

[1] 《家康遗训百条》内说：“士乃四民之长，农工商辈对士不得无礼。无礼，即心中无士也。对心中无士者，士不妨击之。”而在宽保三年《御定书百条》中也规定：虽对步卒无礼，不得已而杀之，经审按后属实者也无妨。——译者注

[2] Atlas，希腊神话中大力神。——译者注

括将军的政府、大名的机构、武士的俸禄等。农民要上交实物税，也就是要将一定比例的收获量上缴给大名。同样是水稻农业国，泰国的传统赋税是 10%，德川时代的日本却是 40%，而且实际交纳的还要更高，在有些藩中甚至高达 80%，此外，还经常有强迫徭役和无偿服务消耗农民的精力和时间。同武士一样，农民也限制自己的家庭规模。整个德川时代，日本全国人口总数的增长几乎是停滞的。在一个长期和平的亚洲国家，这样停滞的人口统计数字足以说明那个时期的统治状况。无论是靠年贡生活的武士还是生产者阶级，这个政权对两者都实行了斯巴达式的严格限制，但在每个下属与其上级之间也有相对的可依赖性。人们都很清楚自己的义务、特权和地位。如果这些受到损害，即便最贫困的人也会提出抗议。

即使处于极度贫困，农民也进行过反抗，不仅是对封建领主，而且也对幕府当局。德川氏统治的二百五六十年间，此类农民起义不下一千次。其起因并非由于“四公六民”的传统重赋，而是抗议不断增长的赋税。在无法忍受的情况下，他们成群结队涌向藩主，但请愿和裁判的程序却是有秩序的。农民们写好请求改正繁重的赋税和苛刻的法令的请愿书，递呈给藩主内臣。如果请愿书被内臣扣压，或者藩主置之不理，他们便派代表去江户把状子呈送给幕府的将军。在一些有名的起义中，农民在江户城内的大道上拦截幕府高官乘坐的车子，直接呈递上状子以保证不被扣压。尽管农民呈递状子要冒非常大的风险，但幕府当局收到状子后则会立即审查，其判决多半会有利于农民。[1]

然而，幕府对于农民的请求所作出的判决并没有满足日本对法律和秩序的要求。农民的抱怨也许是正当的，国家尊重他们也是可取的，但是，

---

[1] 博顿、休合著：《日本德川时代的农民起义》，日本亚洲学会丛刊第 2 辑，第 16 种，1938 年刊。——原注

农民起义领袖已经侵犯了等级制的严峻法令。尽管判决结果对农民有利，可是农民起义者已经破坏了必须忠贞这一基本法律，这是不容忽视的。因此，他们要被判处死刑，不管他们的目的多么正确。甚至农民们自己也承认这种无法逃脱的命运。这些被判处死刑的人是他们的英雄，人们聚集刑场，起义领袖被投入油锅、被砍头或被钉上木架，农民群众目睹行刑也绝不暴动。这是法令，是秩序。他们可以在事后建祠堂，以殉难烈士的身份供奉他们。但对于处刑，他们却认为这是他们所赖以生存的等级制法令的核心，必须接受。

简言之，德川幕府历代将军都力图巩固各藩的等级结构，使每一个阶级都依靠封建领主。大名在每个藩中都居于等级制的最高地位，对其属下可以行使特权。将军在行政上最主要的任务就是控制大名。他采取一切手段去防止大名之间结盟或推行侵犯计划。各藩藩界设有哨所关卡，查验过往行人，严禁“出女入炮”，以防止大名私运妇女出境或偷运武器入境。[1]大名不经将军许可不能联姻，以防止导致任何政治联盟的危险。各藩之间的通商也受到阻碍，甚至彼此之间不能架桥。另外，将军还派出许多密探了解各地大名的财政收支，一旦某一藩主金库充盈，将军就会要求他承担耗费钱财物资的土木建筑工程，以使其财政状况降回到原来的水平。在各种规定中最有名的一项就是，每一年，大名必须在京城（江户）住上半年，当其返回自己领地时，也必须把自己的妻子留在江户（东京）作为将军手中的人质。幕府就是如此费尽心机以确保自己的权势，并加强它在等级制中的统治地位。

---

❶ 诺曼（Herbert Norman）著：《日本近代国家的诞生》，第 66 页注③。所谓禁止“出女入炮”，是指禁止大名私送妻妾出江户、私运武器入江户。——译者注

当然，将军并不是这一等级制拱桥中的拱心石，因为他是奉天皇之命来掌握政权的。天皇和他的宫廷世袭贵族（公卿）被迫隐居在京都，没有实权。天皇的财政来源甚至比最小的大名还低，甚至连宫廷的所有仪式也由幕府严格规定。尽管如此，即便是有权有势的德川将军，也丝毫没有废除这种天皇和实际统治者并列的双重统治。双重统治在日本并不是什么新鲜事，自从 12 世纪以来，大元帅（将军）就以被剥夺了实权的天皇的名义统治这个国家。有一个时期，职权分化更严重，徒有虚名的天皇把实权托付给一位世袭的世俗首领，后者的权力又由其世袭政治顾问[1]来行使。经常有这种权力的委托和再委托。在德川幕府即将崩溃的末年，培里将军也没料到将军背后还有天皇。美国的第一任驻日使臣哈里斯（Townsend Harris）于 1858 年和日本谈判第一个通商条约时，也只好靠自己来发现还有一位天皇。

实际上，日本人关于天皇的概念和太平洋诸岛上一再被发现的那种概念相同。他是神圣首领，可以自由选择是否参政。在一些太平洋岛屿上，他自己行使权力；而在另外一些岛屿上，他则将权力委托给别人。但他本身却是神圣的。在新西兰各部落中，神圣首领是神圣不可冒犯的，以至吃饭时不能亲自动手而必须由专人伺候，这伺候他吃饭用的汤匙都不许碰到他那神圣的牙齿。在外出时，他必须由人抬送，因为凡是被他神圣的双脚接触过的土地都自动地成为圣地，而归神圣首领所有。他的头部尤为神圣，任何人都不可触摸。他的话可以传达到部落诸神的耳朵里。在某些太平洋岛如萨摩亚岛、汤加岛上，神圣首领与世俗生活之间完全没有关系。世俗的首领掌管一切政务。18 世纪末到过东太平洋汤加岛的詹姆斯·威尔逊

---

[1] 指执权。——译者注

（James Wilson）在写到那里的政府时说，它“和日本最为相似，在那里，神圣首领是军事将领的某种政治犯”。汤加岛的神圣首领不参与政务，却执掌宗教仪式，他要在果园中接受采下的第一颗果实并领导举行仪式，然后，人们才能吃这些果实。神圣首领去世时，讣告时要用“天堂空虚了”这种词句，并在庄严的仪式中葬入巨大的王墓。但他却完全不干预政治。

即使在政治上毫无实力，即使是所谓“军事将领的某种政治犯”，按照日本人的定义，天皇在等级制中也仍然占有一个“恰当地位”。对日本人来说，天皇积极参与世俗事务并非是衡量天皇身份的尺度。在征夷大将军统治的长达几个世纪的年代中，日本人始终如一地珍视天皇和他在京都的宫廷。只是从西方的观点来看，天皇的作用才是多余的。但处处都习惯于严格的等级地位角色的日本人，却持不同的看法。

上自天皇，下至贱民，日本封建时期极其明确的等级制在近代日本也留下了深刻痕迹。从法律上宣告封建制度结束距今只不过才 75 年，根深蒂固的民族习惯是不会从一个人的一生中消失的。在下一章中，我们将会看到，尽管国家的目标有了根本的改变，但是近代日本的政治家们也在审慎地计划，以求大量保存这一制度。与其他独立民族相比，日本人更加受这样一种世界所制约，在这个世界里，行为的细节规范规定得就像一幅精密地图，社会地位是规定了的。两百多年间，在这个世界里，法令和秩序是靠铁腕来维持的。在这期间，日本人学会了把这种繁密的等级制等同于安全稳定。只要他们停留在既知领域之内，只要他们履行已知的义务，他们就能够信赖这种世界，盗贼就能得到控制，大名之间的内战就能受到制止。臣民如果能证明别人侵犯了他们的权利，他们就可以像农民受到剥削一样提出诉讼。这样做虽然个人有风险，但却是大家公认的。历代德川将军中最开明者甚至设置了“诉愿箱”（控诉箱），任何一个公民都可以把自己的抗议投入箱中，只有将军持有打开这个箱子的钥匙。在日本，只要这种行为是现存行为规范所不允许的，就有真正的保证足以纠正侵犯性行为。人们非常相信这种规范，并且只要遵守它就一定安全。一个人的勇气和完美表现在与这些规范保持一致，而不是反抗或修改这些规范。在它宣布的范围内，它是一个可知的世界，因而在他们的眼中也是一个可以信赖的世界。它的规则并不是摩西十诫中那些抽象的道德原则，而是极其详细的规定：这种场合该如何，那种场合又该如何；武士族该如何，平民又该如何；兄长该如何，弟弟又该如何；诸如此类。

在这种制度之中，日本人并没有像一些生活在强力等级制统治下的民族那样变成温顺的民族。重要的是要承认，日本各个阶层都受到某种保障。甚至贱民阶层也得到保证垄断他们的特种职业，他们的自治团体也是经过当局认可的。每个阶层所受的限制很大，但又是有秩序和安全的。

日本的等级限制还具有一种像印度等国所没有的某种灵活性。日本的习惯具有一些明确的手段来调节制度，使之不致破坏公认的常规。一个人可以用好几种办法来改变他的等级身份。在货币经济下，高利贷主和商人必然会富裕起来，这时，富人就使用各种传统的方法跻身于上流阶层。他们利用典押和地租成为“地主”。的确，农民的土地是不准转让的，但是，日本的地租非常高，因此把农民继续留在土地上对地主又是有利的，高利贷主们则住在那块土地上收取地租。这种土地“所有”权在日本既有利又有势，他们的子女与武士阶层通婚，他们自己也就变成了绅士。

另一个变通等级制的传统方法就是过继和收养，它提供了一条“购买”武士身份的途径。尽管德川氏横加限制，但是商人还是富了起来。随后，他们就千方百计地让自己的儿子过继给武士当养子。日本人大多招女婿而很少收养子。入赘的女婿称“婿养子”，成为岳父的继承人。当然他付出的代价也是很大的，他的姓氏将从生父家的户籍中抹去，转入妻子家的户籍，姓妻子家的姓并且和岳母一起生活。虽然代价高，但获益也不浅。富有的商人家的后代成了武士，穷困拮据的武士家庭则与富贾结成亲戚。等级制并未破坏，依然如故。但经过变通手段，为富者提供了上层等级的身份。

因此，日本的等级制可以在不同等级之间通婚，其公认的手段有好几种，其造成的结果，富裕的商人逐渐渗入下层武士阶层。这种情况，为加深西欧与日本间的一个显著差异起到很大作用。欧洲各国封建制度的崩溃是由于有一个逐渐发展、力量日益增强的中产阶级的压力，这个阶级统治了现代工业时代。日本却没有产生这样强大的中产阶级，商人和高利货主以公开兜许的方法“购买”上层阶级的身份，商人和下级武士结成了联盟。在欧洲与日本的封建制度都处于苟延残喘之时，日本竟然容许比欧洲大陆更大的阶级流动性，这一点着实令人惊奇，然而，日本的贵族和市民阶级之间几乎没有任何阶级斗争迹象，就是这种情况最令人信服的证据。

说日本这两个阶级的共同目标对双方都有利是很容易的。但是，在法国也可能对双方都有利；在西欧，也有过两三个类似的例子；但阶级的固定性在欧洲却非常顽强。在法国，阶级冲突竟然导致贵族的财产被剥夺；而在日本，他们却彼此接近起来。推翻衰朽幕府的联盟就是由商人、金融阶层和下级武士组成的，日本到近代仍然保留贵族制度，如果没有被容许的阶级流动手段，这种情况是很难出现的。

日本人喜好并且信赖他们那一套繁密的行为规范，是有其一定理由的。这种规范保证了遵循者的安全，它允许抗议对非法的侵犯，并且可以进行调节以适应自己的利益。它要求互相履行义务。在 19 世纪下半叶德川幕府崩溃时，日本没有任何集团主张废除这些规范。那里没有发生“法国大革命”，甚至连“1848 年式的革命”（指“二月革命”）也没有发生。然而，形势已经无法挽回。从一般平民直到幕府将军，所有阶级都欠商人和高利贷的债。人数众多的非生产阶级和巨额财政支出已经无法维持现状。财政窘迫的大名已无力支付其武士侍从的定额俸禄，整个封建纽带的网络已只能被人嘲弄。他们企图靠对农民增收本已经很重的年贡来避免沦亡，寅收卯贡，常年预征，农民已经贫困至极。幕府也濒临破产，难以维持现状。当 1853 年培里司令官率舰队前来时，日本国内危机已达到顶点。在他强行闯入日本之后，又于 1858 年签订了《日美通商条约》，当时日本已经处于无力抗拒的地位。

当时响彻日本的口号是“一新”，即“恢弘往昔”，“王政复古”，这与革命是相对立的，甚至也不是进步的。与“尊王”这个口号联在一起并同样广为流行的口号是“接夷”。国民支持回到锁国政策黄金时代的政治纲领，只有极少数领导人懂得这条道路是如何行不通，他们努力奋斗却反遭暗杀。似乎毫无迹象足以表明日本这个不喜欢革命的国家会改弦易辙，会顺应西方模式，更不用说五十年后竟能与西方国家一较短长。但这一切还是发生了。日本发挥了与西欧各国完全不同的固有长处，达到了高层人士和一般舆论都没有要求过的目标。19 世纪 60 年代的西方人，如果能从水晶球中看到日本的未来，他们是绝对不会相信的。因为当时地平线上似乎并没有一片乌云足以预示二十年后会有一股风暴横扫日本诸岛。但是不可能的事情竟然发生了。日本那落后的、受等级制束缚的民众急速转向一条崭新的道路，并坚定地走了下去。

第四章

明治维新

“尊王攘夷”，即“王政复古，驱逐夷狄”，是宣告近代日本到来的战斗口号。这一口号的目的在于使日本免遭外国侮辱，并恢复到天皇和将军“双重统治”以前的 10 世纪的黄金时代。京都天皇朝廷最为反动，天皇派的胜利，在天皇支持者的心目中就是要使外国人屈辱，并把他们驱逐出去；就是要重新恢复日本传统的生活方式；就是要剥夺“改革派”在国内外事务上的发言权。强大的外样大名成了倒幕派的先锋，他们想通过“王政复古”取代德川氏而统治日本，只要求更换当权者。农民们盼望多保留一些自己收获的稻谷，却讨厌“改革”。武士阶层则希望保持俸禄，并能挥刀上阵建立功勋。在财政上支持王政复古派军队的商人们，希望推行重商主义，却从来没有指责过封建制度。

1868 年，倒幕势力取得胜利，宣告王政复古，“双重统治”结束。当时，按照西方的标准来看，胜利者将推行的才是一种特别保守的孤立主义政策，但新政府一开始就采取了相反的方针。在成立后不到一年，它就取消了大名在各藩的征税权。它收回了“版籍”，把原来按“四公六民”分成中交给大名[1]的“四成”收归政府。但这种剥夺并不是无偿的，政府发给每个大名相当其正常收入一半左右的俸禄，同时还免去他们抚养武士及公共建设的费用。武士也和大名一样，从政府领取俸禄。在以后的五年中，政策又从法律上废除了等级间的不平等以及作为等级、地位的服饰等外观标志，甚至下令“散发”[2]。贱民被解放了，禁止土地转让的法令被废除了，各藩之间的关卡被撤除了，佛教的国教地位被取消了。到了1876年，该政策又把大名及武士的俸禄折成偿还期为五年至十五年的秩禄公债一次发给[3]，其数额则按每个人在德川时代所领取的固定俸禄额而定。这一笔钱用来供他们有可能创办新式的非封建性企业。“这是早在德川时代已经证迹俱在的商业金融巨子与封建土地贵族那种特殊结合的最后确立。”[4]

新生的明治政府的这些重大改革是不得人心的。在当时，一般人对1871年至1873年侵略朝鲜（“征韩”）的热忱程度远比对这些措施更普遍。明治政府则不仅没有动摇其彻底改革的方针，并且否决了侵略朝鲜的计划。政府的施政方针与绝大多数为建立明治政府而奋战的人的愿望强烈对立，以致在1877年，这些对立派的伟大领导人西乡隆盛组织

---

❶ 大名：德川幕府时代封地（“知行地”）万石以上的高级武士，也就是各藩藩主，或者称“诸侯”。——译者注

❷ 指“散发脱刀令”，1871年公布。准许自由剪发，废除佩刀，以破除旧习，提倡“文明开化”。——译者注

❸ 此处原著及日译本均不准确。应为“一次发给相当五年至十四年俸禄额的秩禄公债”（自第六年起每年抽签还本付息，三十年内付清）。——译者注

❹ 诺曼：《日本近代国家的诞生》，第96页。——译者注

了大规模的反政府叛乱。他的军队代表了尊王派维持封建制度的全部愿望，明治政府则在“王政复古”实现后第一年就背叛了这种愿望。政府招募了一支由一般平民组成的义勇军，击溃了西乡隆盛的士族军队。不过，这次叛乱也足以证明，当时政府在国内激起了多么强烈的不满。

农民的不满也同样强烈。从1868年到1878年，即明治最初十年间，至少爆发了190次农民起义。直到1877年，新政府才缓缓成立，减轻压在农民身上的重税，所以，也难怪农民们感到新政府的眼里根本没有他们。农民们还反对建立学校、征兵制、丈量土地、散发令、给贱民以平等待遇、官方对佛教的极端限制、改用阳历以及其他许多改变他们久已习惯的生活方式的措施。

那么，是谁使这个“政府”进行了如此激烈而且不得人心的改革呢？是封建时代就已经孕育日本那些特殊习俗的下级武士和商人的“特殊联盟”。这些武士作为大名的心腹家臣磨炼了政治手段，经营和管理着各藩的诸如矿山、纺织、造纸等垄断企业；而这些商人则购买了武士身份，并在武士阶层中普及了生产技术知识。这种武士和商人的联盟迅速把那些富于信心的干练人才推上前台，为明治政府出谋划策并且组织实施。不过，问题并不在于他们出身于哪个阶级，而在于他们为什么能如此精明能干并且敢于实践。19世纪下半叶刚刚脱离中世纪的日本，其国力的衰弱程度犹如今天的泰国，却能产生一批洞察形势的领导人，成功地推行了一个最需要政治手腕的大事业，超过任何民族所曾做过的尝试。这些领导人的长处和不足都来源于传统日本人的民族特性，本书的主题就是要探讨这种民族特性的历史和现状。这里，我们只能暂先了解一下明治政治家是如何完成这一事业的。

他们根本没把自己的任务看成是意识形态的革命，而是当作一项事业。

他们心中的目标就是要使日本成为世界上一个举足轻重的强国。他们并不是偶像破坏者，既没有把封建阶级骂得一无是处，也没有剥夺其财产，而是以丰厚的报酬作为诱饵进行诱导，使他们转而永远支持政府。他们最终改善了农民的境遇。其之所以晚了十年，与其说是出于从阶级立场上拒绝农民对政府的要求，还不如说是由于明治初期国库的匮乏状况。

不过，那些执掌明治政权的精明强干的政治家，拒绝所有废除等级制的思想。“王政复古”使天皇位居顶峰，废除了将军，简化了等级制。“王政复古”后的政治家又废除了藩，消除了忠于藩主和忠于国家之间的矛盾。这些变化并没有从根本上否定等级制的习惯，只是赋予了一个新的位置。那些被称为“阁下”的新领导人为了向国民推行他们的卓越政纲，甚至加强了中央集权的统治。他们交替使用施加压力和给予恩惠的办法，恩威并施，以求贯彻目的。但是，在公共舆论不赞成改用太阳历、设立公共学校以及废除对秽多等贱民的不平等待遇等政策时，他们却丝毫也没有要去迎合的意愿。

自上施予的恩惠之一就是1889年天皇赐给人民的《大日本帝国宪法》。它给予人民在国家中的地位，并设立了议会。这部宪法是“阁下”们在对西方各国宪法进行了研究批判之后精心拟定的。不过，宪法起草者“采取了所有预防步骤，以防止人民的干涉和舆论的侵扰”[1]，负责起草宪法的机构[2]是隶属于官内省的一个局，所以是神圣不可冒犯的。

明治的政治家们非常清楚自己的目的。1880年，宪法草拟者伊藤博文

---

❶ 金子坚太郎子爵语，见诺曼：《日本近代国家的诞生》，第188页。——译者注

❷ 指制度取调局。——译者注

公爵派遣木户（孝允）[1]侯爵前往英国，就日本目前遇到的问题听取斯宾塞（Herbert Spencer）[2]的意见。经过漫长的交谈，斯宾塞形成书面意见寄致伊藤。关于等级制的问题，斯宾塞写道，日本在其传统习俗中有一个无与伦比的、国民福利的基础，应当加以维护和培育。他说，对长辈特别是对天皇的传统义务是日本的一大优点。日本将在“长辈”的领导下稳步前进，并能克服很多在个人主义国家中无法避免的种种困难。这封信验证了他们的信念，明治的大政治家们对此非常满意，他们力图在现代世界中保持日本那种“适得其所”的优点，并不想破坏等级制的习惯。

无论是政治、宗教或者经济，明治的政治家们在各个活动领域中都明确规定国家和人民之间“各安其分”的义务。其整个安排与美国和英国截然不同，以至我们经常会忽视最基本的要点。当然，上面有强有力的统治，完全不用服从公众舆论的指挥。等级制上层人物手中掌握着政府，但绝不包括选举产生的人物。在这一阶层中，人民丝毫没有发言权。在1940年，政府最高层的组成者都是一些可以随时“谒见”天皇的重臣、天皇身边的顾问以及以天皇御玺任命的官员，后者包括阁僚、府县知事、法官、各局

---

[1] 伊藤博文一行赴欧是在1882年。在此五年前即1877年，木户孝允已死，因此，木户不可能承担此任。这里应该指的是金子坚太郎子爵。金子奉伊藤之命，率随员中桥德五郎、木内重四郎、水上浩躬、太田奉三郎等，于1889年携英文本日本宪法前往欧洲，征求各方家意见，并会见了斯宾塞。见金子坚太郎：《帝国宪法之由来》，第40页。——译者注

[2] 斯宾塞（Herbert Spencer，1820—1903），英国著名进化论社会学家，所著《社会学原理》曾被我国学者严复翻译，名为《群学肄言》。——译者注

长官及其他高官。由选举产生的官员是无法达到等级制中这样高的地位的。由选举产生的议员，对遴选、任命内阁成员及大藏省或运输省局长就更没有什么发言权。普选产生的众议院代表国民的意见，虽然有对政府高官提出质询或批评的某种特权，但对任命、决策或预算等则没有丝毫真正的发言权，也没有法律的创议制。众议院还受到由不经过选举产生的贵族院的制约，半数的贵族院议员是贵族，另外有四分之一由天皇敕选。贵族院对法律的批准权与众议院几乎相等，这就又规定了一种等级性的控制。

就这样，"阁下"们就能保证掌握日本政府中的高级职位。但是，这绝不意味着日本在"各安其分"的体制下没有自治。在所有亚洲国家中，不管在何种政治体制下，上面的权力总在向下伸展，而在中途与下面的地方自治权碰上。不同国家之间的差异则在于民主范围达到什么程度，负多少责任，地方的领导是否能对整个地方共同体负责，或者是否会被地方势力所垄断以致损害公众利益。像中国一样，德川时代的日本最小的单位约五到十户，后来被称作"邻组"[1]，这是居民中最小的责任单位。这一"邻组"的组长对组内事情有领导权，保证组内成员行为端正，遇有可疑行为必须报告，发现在逃犯则要交给政府。明治时期的政治家们最初废除了这一套，但后来又恢复起来并称之为"邻组"。在市镇中，政府有时积极培植"邻组"，但在今天的农村中则几乎已经不起什么作用。相比之下更重要的单位是"部落"，部落既没有被废除，也没有被作为一个行政单位编入政府体系，它是国家权力尚未涉及的领域。这种由十五户左右的人家组成的部落，直至今天，每年更换部落长，仍在发挥着组织的机能。部落长的任务是"管理部落的财产；监督部落对遇丧或遭受火灾的家庭给予援助；安排耕作、盖房、修

[1] 德川时代称为"五人组"。——译者注

路等公共作业的适当日程，遇有火警则负责响铃；休息日则敲钟击梆，以示通告。”[1]与其他亚洲国家不同，日本的部落长不负责征收其共同体的国家赋税。因此，他们不必担此重任。他们所处的地位也没有什么矛盾，是在民主责任范围内起作用。

近代日本行政机构正式承认市、町、村的地方行政。由公选的“长者”们推选一位首领，代表本地区与代表国家的中央政府或府县公署交涉办事。在农村，这个首领经常是一位老居民，一位拥有土地的农民家族中的成员。在当了村长后，虽然经济上多少要受些损失，但他却相当有权势。他与长者们共同负责管理村里的财政、公共卫生和学校，特别是财产登记和了解每个人的情况。村公所是个相当繁忙的地方，它负责管理国家拨下来的小学教育补助费，征集由本村负担、数额远比国家补助费要大的教育经费并监督其开支，管理村落共有财产及其租贷，土壤改良和植树造林以及登记全部财产买卖；而财产买卖也必须在村公所正式登记后才算合法。村公所要求本村每个居民必须及时登记其住址、婚姻、子女出生、过继和收养、前科以及其他资料。对于每户家庭而言，也都要保管同样的材料。不管任何地方，这类材料都可以从该地提供给那个人的原籍村公所并记入他的册籍。一个人在申请就业或接受审判，或因其他需要证明其身份时，必须给他的原籍市、町、村公所写信或者自己亲自回去取得一份本人材料的副本，交给有关方面。所以人们是绝不会轻易冒险给自己或家庭留下不良记录的。

因此，市、町、村负有巨大责任。这是一种共同体的责任。20 世纪 20 年代，日本出现了全国性政党。这在任何国家都意味着会有“执政党”与“在野党”的更迭。但即使是在这种情况下，地方行政机构却仍丝毫不受影

[1] 约翰·恩布里：《日本民族》，第 88 页。——原注

响，仍然由“长者”们领导，为共同体服务。不过，地方行政机构在以下三个方面没有自治权，即：所有法官均由国家任命，警官和教员都是国家雇用人员。由于日本的民事诉讼几乎一直是通过调停或仲裁来解决的，所以法院在地方行政中几乎起不了什么作用。倒是警官更重要一些，每逢有临时集会，他们必须到场。但是，这种任务是不常有的，大多数时间还是用在记录有关居民身份和财产上。政府常常把警官从一处调到另一处，以保持其局外人地位，避免地区性联系。学校的教员也常有调动。国家对学校的规定非常严密。和法国一样，日本每个学校在同一天都用同样的教科书，上同样的课，每个学校每天早晨都在同一时间，在同样的广播伴奏下，做着同样的早操。市、町、村共同体对学校、警察和法院不能行使自治权。

上述的日本政府机构几乎全部都与美国政府机构大相径庭。在美国政府机构中，从大选中选出来的人持有最高的行政、立法权，地方的管理则是由在地方指挥下的警察和法院来执行。然而，日本的政府机构在形式上和荷兰、比利时等西欧国家完全一样。例如，荷兰就和日本一样，全部法律都由女王的内阁来负责起草，国会实际上从未制定过法律。甚至町、市长在法律上也规定由女王来任免，因此女王在形式上的权力极其广泛，直达地方事务，超过1940年以前的日本。女王虽然实际上总是认可地方的提名，但是必须亲自任命才能成为事实。警察和法院直接对君主负责，这在荷兰也是如此；但是在荷兰，任何宗派团体都可以自由创办学校，而日本的学校制度则几乎全部照搬法国。运河的开凿、围海造田以及地方开发事业，在荷兰基本上都是地方自治体的任务，而不是政治选举产生的市长或官员们的任务。

日本政府机构和西欧各国之间的上述真正差异并不在于形式，而在于其职能。日本人依靠古老的恭顺习惯，在过去的经验中熔铸，并以道德体系和礼仪来体现。国家是可以指望的，只要那些“阁下”们身在其位、守职负责，他们的特权就会得到尊重。这并不是因为他们的政策得到拥护，而是因为在日本，越过特权界限就是错误。在政府的最高层，“人民的舆论”是完全没有地位的，政府只是要求“国民支持”。即便国家权限超出自己的范围而干涉地方事务时，其裁决也会受到尊重。对于发挥各种内政机能的国家政府，美国人感到一种少不了的孽障，日本人则不然，在他们的眼里，国家几乎就是包含了一切善的。

不仅如此，政府还非常注意承认国民意志的“适得其所”。在合法的公众舆论领域，即使是为了国民自身的利益，日本政府也还是努力恳求人民同意，这样说绝不过分。例如，负责振兴农业的官员在改良旧式农耕法时，也像美国爱达荷州的同行们一样很少使用权力来硬性推广。在鼓励建立由国家担保的农民信用合作社、农民供销合作社时，政府官员总是要多次和地方名流交谈，并听取他们的决定。地方上的事必须由地方来解决。日本人的生活方式是，分别分配适当的权力并规定其行使范围。与西方文化相比，日本人对“上级”更加尊重——从而也给了他们较大的行动自由，但“上级”也必须严格恪守自己的本分。日本人的格言是：“万物各得其所，各安其分。”

与政治相比，明治的政治家在宗教领域中制定了更加离奇的制度。当然，他们仍然在实践日本人那条格言。国家管辖着一种宗教，将其奉为民族统一与优越性的特殊象征，其他信仰则任凭个人自由。这种受到国家管理的宗教就是国家神道。由于它被视为民族象征而赋予特殊的尊敬，就像在美国对国旗的尊敬一样。因此，他们说国家神道不是宗教。所以，日本政府可以要求全体国民信奉国家神道，却并不认为是违反西方的宗教信仰自由原则，就好像美国政府要求人们对星条旗敬礼一样，这只不过是忠诚的象征。因为“不是宗教”，所以日本可以在学校里教授神道而完全不用担心西方的批评责难。在学校里，国家神道成了神代以来的日本历史，和对“万世一系的统治者”天皇的崇拜。国家神道受国家支持和管理。而对于其他宗教信仰，佛教、基督教就不用说了，甚至其他教派的神道或祭祀神道也都听由个人意愿，这几乎和美国一样。这两种不同领域甚至在行政上和财政上都是分开的：国家神道受内务省神祇局管理，它的神官、祭祀、神社等费用均由国库开支；一般祭祀神道以及佛教、基督教各派则由文部省宗教局管理，其经费靠教徒自愿捐赠。

由于日本政府对这个问题的上述正式立场，人们不能说国家神道是庞大的“国教会”，但至少可以说它是庞大的机关。十一万多座神社遍布各地，从祭祀天照大神的伊势大神宫一直到特别祭典时司祭神宫才进行清扫的地方小神社。神官系统的全国性等级制与政府系统并列，从最低层的神官到各郡、市和府、县的神官，一直到最高层被尊为“阁下”的神祇官。这些神官，与其说是领导民众进行祭祀，还不如说是替民众举行仪式。国家神道和我们平常到教堂去做礼拜完全不同，因为它不是宗教，法律禁止国家神道的神官宣讲教义，也就不可能有西方人所了解的那种礼拜仪式之类的行为。取而代之的是，在频繁的祭祀日里，町、村代表参拜神社，站在神官面前。神官举起一根扎着麻绳和纸条的“币帛”，在他们头上来回挥动，为他们祛邪。然后，神官再打开神龛的内门，扯开嗓子尖声呼叫，召唤众神降临来享用供品。神官祈祷，参拜者们按身份排列，毕恭毕敬地供上从古至今视为神圣的小树枝，树枝上垂着几根细长的纸条。然后，神官再次尖声喊叫，送回众神，关闭神龛内门。在国家神道的大祭祀日里，天皇要亲自为国民致祭，政府各部门都放假休息。但这种祭祀日不是群众的祭祀节日，不像地方神社、佛教的祭祀日属于“自由”领域，不在国家神道范畴之内。

在这一自由领域，日本人进行着各种符合自己心意的教派和祭祀活动。佛教非常活跃，至今仍然是绝大多数国民的宗教，各种宗派都有着不同的教义和开山祖师。即便是神道，在国家神道之外也有不少教派。其中有些教派早在 20 世纪 30 年代政府推行国家主义以前，就已经成为纯国家主义的堡垒；另外有一些教派是一种精神治疗，常常被比作“基督教科学”。有的信奉儒家教义，有的则专门从事神灵显圣和参拜圣山神社活动。老百姓的祭祀节日多数不属于国家神道，在这种节日里，老百姓涌到神社，每个人都漱口祛邪，拽绳、打铃、击掌，召唤神灵降临。接着，他们恭恭敬敬地行礼，礼毕后再次拽绳、打铃、击掌，送回神灵。然后，在离开神社殿前，开始这一天的主要活动：在神社院子里小摊贩上购买珍品玩物，看相扑、祓术以及有小丑插科打诨逗笑的神乐舞。有位曾在日本居住过的英国人说，他每逢日本祭祀节日就不免要想起威廉·布雷克的一节诗：

如果教堂给我们几杯啤酒，
和那温暖我们灵魂的欢乐之火。
我们将会终日唱诗祈祷，
绝不会想离经叛教。

除了极少数专门献身于宗教的人之外，宗教在日本绝不会让人感到严峻。日本人还喜欢远途朝山拜庙，这也是愉快的休假。

明治时期的政治家就是这样谨慎地划定国家在政治中的权能范围和国家神道在宗教中的职能范围的。至于其他领域，他们都交给人民，但是对认为与国家直接有关的事，他们作为新等级制的最高官员却要保证加以控制。在创建陆海军时，他们也有类似的问题。像其他领域一样，他们在军队中也废除了旧式的等级制，而且比在老百姓中废除得还要彻底。他们甚至在军队中废除了日本的敬语，虽然实际上保留了某些旧的习惯。军队职阶的晋升不看家庭出身，而是凭个人的能力，其实行的彻底也是其他领域少见的。正是因为这样，军队在日本人中声誉很高，而且显然当之无愧。这确实是新军队赢得民众支持的最好方法。再加上排、连单位大多是由同一地区的乡邻编成，和平时期服兵役大都离家不远，这不仅意味着士兵与地方上保持联系，而且每个人在军队服役的两年期间，军官和士兵、老兵和新兵之间的关系代替了武士与农民、财主与穷人的关系。军队在许多方面都起到促进民主的作用，在许多方面是真正的人民军队。在大多数其他国家中，军队都被作为赖以维持现状的巨大力量。日本则不同，军队非常同情小农阶级，这种同情曾一再激起军队向大金融资本家及企业家抗议。

日本政治家对于建立起这样一支人民军队的一切后果并不一定赞成。他们并不认为在这样的阶次确保军队在等级制中的最高地位是适当的。为了实现这一目标，他们在最高层采取了措施。这些措施并没有写入宪法，却保留了军部首脑对政府保持独立性的公认惯例。比如，陆海军大臣与外务省及内政各省大臣不同，有权直接谒见天皇从而能够以天皇的名义强制推行他们的措施，完全不用向文官内阁成员通报或协商。他们还可以阻止成立自己不信任的内阁，只需要拒绝委派陆海军将领进入内阁即可。没有这种高级现役军官担任陆海军大臣，任何内阁就都无法组成，因为文官或退役军官是不能担任这一职位的。同样，军部如果对内阁的任何行动不满，只需要召回他们在内阁中的代表就可以迫使内阁解体。在这个最高决策阶层，军部首脑绝不容许任何人干涉。如果还需要进一步的保证，那么宪法中有一条规定：如果帝国议会否决政府所提出的预算草案，政府将自动执行前一年度的预算。尽管外务省作了保证，关东军仍然武装占领了“满洲”，这只是军部首脑趁内阁意见不统一、决策未定之机，支持当地司令官的一个例子。对于军部，也像在其他领域一样，凡是属于有关等级特权的，日本人都倾向于接受全部后果，这并不是因为他们同意该项政策，而是由于他们在特权问题上不赞成逾越界限。

在工业发展方面，日本所走的是一条与任何西方国家都不能够比较的道路。这里也是由“阁下”们安排步骤，制定准则。他们不但制订计划，而且由政府创办并通过财政补助他们认为需要的企业。这些企业由政府官僚组织管理。他们聘请了外国技术专家，并且派人出国学习。而当这些企业正如他们所说“已经组织完备，业务发达”之时，政府就把它们卖给私人公司。这些官办企业逐渐以“低廉得荒谬的价格”，[1]卖给那些经过挑选的金融巨子，即以三井、三菱两家为中心的著名财阀。日本政治家认为，工业发展是关乎日本民族存亡的大事，不能相信供求法则和自由企业。但这一政策又绝不是来自社会主义的教条，获得厚利的正是那些财团。日本所完成的，是以最小的失败和浪费来建立它最需要的企业。

通过这些办法，日本修改了“资本主义生产阶段的出发点和正常顺序”[2]。它不是从生产消费品和轻工业起步，而是从一开始就兴办关键性的重工业。对兵工厂、造船厂、炼钢厂、铁路建设等都赋予优先权，使其飞速达到了高水平的技术和效率。当然，这些企业并没有完全转让给民间财阀，庞大的军事企业仍然掌握在政府官僚的手中，并且接受政府的特别财政补助。

在政府给予优先权的产业领域内，小工商业者和非官僚经营者是没有“应有地位”的。只有国家和受国家信任而在政治上享有特权的大财阀，才能在这个领域活动。但正如日本生活的其他领域一样，产业界也有自由领

❶❷ 诺曼：《日本近代国家的诞生》，本节均根据诺曼的分析。中译引文采自该书中译本。——译者注

域。那就是用最少的资本且最大限度地利用廉价劳动力来经营的各种“剩余”产业。即使没有现代技术，这些轻工业也能生存，到今天仍然存在。它们在美国人习惯称为的“家庭血汗工厂”中活动。一个小本制造商买进原料后，先贷给一个家庭工厂或只有四五个工人的小工厂加工，回收产品再贷出，再回收，如此几经反复，最后把产品卖给一般商人或出口商。在 20 世纪 30 年代，日本工业雇佣人员中有 53% 以上是在这种职工不超过五名的小工厂或家庭工厂里工作的。这些职工大多都受到古老的学徒制中家长式庇护，在大城市的许多家庭中，还可以看到有不少身背婴儿的母亲在干计件零活。

在日本生活方式中，工业的双重性和在政治宗教领域中的双重性一样都具有重大意义。这就好比是，当日本政治家决定需要有一个与其他领域中的等级制相匹敌的财界贵族制时，就创办一批战略性企业，挑选一批在政治上有特权的商人家族，使他们与其他等级建立联系以获得“适当地位”。在日本政治家们的计划中，从来没有想要削弱政府与这些在保护政策下获利的财界寡头之间的联系，不仅给他们利润，还给他们很好的地位。从日本人传统的对金钱及利润的态度来说，财界贵族一般都会受到民众的攻击，政府则尽量努力按照公认的等级制观念来扶植这些贵族。不过，这种努力并未完全成功，因为财阀仍不断受到所谓少壮派军官团体和农村方面的攻击。但是事实的真相依然是，日本舆论攻击的矛头所向并不是财阀，而是“成金”[1]大户。所谓“成金”，常被译作“暴发户”（nouveau riche），但这个词并不能准确表达日本人的感情。在美国，“nouveau riche”的含义严格来说是“新来者”（newcomers）的意思。他们之所以会遭人嘲笑，是因为他

[1] 成金：日本将棋中，步卒进入对方阵地就翻个身，成为“金将”，叫作“成金”。类似中国象棋的“过河卒子强当车”。此处比喻暴发致富。——译者注

们不善于交际，而且还没有修养。然而，他们这种缺点却被感动人心的致富给抵消了。他们从破木屋中起家，从骡前马后变成累资千万的油田巨子。但在日本，“成金”一词来自将棋，意思是一个步卒突然变成了女王。它像“名士”一样横冲直撞，神气十足，但在等级制上，它根本没有这种权利。人们都认为“成金”是靠诈骗、剥削致富的，对“成金”者尽情指责，与美国人对“白手起家者”的态度简直判若云泥。日本在等级制中对巨富授予应有的地位，并与之建立联盟。但如果这种财富不是在这一领域中获得的话，就会遭到日本的公共舆论的猛烈攻击。

总之，日本人在构筑世界秩序时，经常会考虑到等级制。在家庭以及人际关系中，年龄、辈分、性别、阶级决定着适当的行为。在政治、宗教、军队、产业等各个领域中，都有非常周到的等级划分，无论是上层还是下层，一旦逾越其特权范围，就必将受到惩罚。只要“各得其所，各安其分”得以维持，日本人就会十分满意地生活下去，他们就感到安全。当然，在最高幸福受保护这个含义上，他们也时常不“安全”。他们感到“安全”是因为将等级制视为合法。这是日本人人生观的特征，正如对平等与自由企业的信赖是美国人生活方式的特征一样。

但是，当日本人要把这种“安全”的公式向外扩张时，就遭到惩罚了。等级制与日本国内老百姓的思想相吻合，因为是等级制培育了那种思想。在那个世界里，人们的野心只能是那种世界所能塑造的野心。但是，等级制绝不能向外扩张。在其他国家看来，那些大言不惭的主张实在是狂妄至极，甚至比狂妄还恶劣，以至万分愤慨。而日军官兵到了各个占领国，看到当地居民们根本不欢迎他们时，一直非常吃惊。日本不是给了他们一个地位了吗？尽管很低，但总是整个等级制中的一个地位嘛；即使对低层的人来讲，等级制不也是很理想的吗？日本军部接连拍摄了几部描写中国热爱日本的战争影片，痛苦绝望、沦落风尘的中国姑娘，由于和日本士兵或工程师相爱而找到了幸福。和纳粹的征服论相比，这些确实有很大的距离，但最终还是同样没有成功。日本人不能以要求自己的标准来要求别的国家，他们的错误就在于他们认为能够如此。他们没有认识到，他们自己心甘情愿地满足于“各安其分”的日本道德观是不能指望别的国家也接受的，其他国家并没有这种道德观。这是真正的日本产品。日本的作家们把这种伦理体系视为理所当然，因此也就不加论述。我们要了解日本人，就必须先从论述这种伦理体系入手。

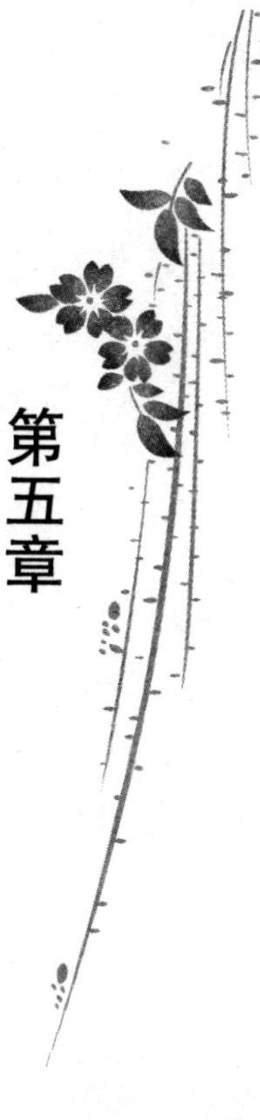

第五章 亏欠历史和社会恩情的人

在英语中，我们常说我们是“heirs of the ages”（历史的继承人）。两次世界大战和严重的经济危机，或多或少地减弱了讲这句话时的自信。但这种变化并没有让我们对过去恩情有所亏欠的感受增加。东方各民族的观点则与此相反，总自认是亏欠历史恩情的人。在他们那些西方人称之为崇拜祖先的行为中，其实有很大部分并不是真正的崇拜，也不完全是对其祖先，而是一种仪式，表示人们承认对过去的一切欠有巨大的恩情。不仅如此，他们所欠的恩情不仅是对过去，而且在当下，在每天与别人的接触中增加他们所欠的恩情。他们的日常意志和行为都发自于这种报恩感，这是基本出发点。西方人极端轻视报答社会恩情的行为，尽管社会给他们以很好的照顾、教育、幸福生活，包括他们的降临人世。因此，日本人总感到我们的动机不纯。在日本，品德高尚的人不像我们美国，他们绝不会说不欠任何人的恩情，他们绝不轻视过去。在日本，所谓“义”就是确认自己在各人相互有恩的巨大网络中所处的地位，既包括对祖先，也包括对同时代的人。

东西方之间如此巨大的差异虽然说起来十分简单，但是要想了解这种差异在实际生活中所造成的后果就很困难了。我们却必须了解这种差异在日本的情况，否则既没办法理解我们熟悉的日本人在战争中那种极端自我牺牲的精神，也无法了解日本人那种在我们看来完全没有必要的易怒态度。亏欠恩情使人非常容易动怒，日本人就证明了这一点。它也使日本人肩负巨大的责任。

中文和日文当中都有许多词汇表示英语中的“obligation”（义务）。这些词汇不是同义词，其特殊含义也无法译成英文，因为它们所表达的观念对我们来说是陌生的。日文中相当于“obligation”，表示一个人所背负的债务或恩情的词，从最大到最小，都称作“恩”。其用法可以译成一连串英文，从“obligation”（义务）、“loyalty”（忠诚）直到“kindness”（关切）、“love”（爱），但这些词都难免歪曲了原意。如果“恩”的含义确实是“爱”或甚至是“义务”，那么日本人也可以说“受孩子的恩”，但这种用法在日本根本是不可能的。“恩”也不意味着忠诚，在日文中，忠诚是用其他词来表示的，那些词绝不是“恩”的同义词。“恩”这个词有许多用法，其中有一个意思是共通的，就是承受的负担、债务、重负。一个人接受上辈、上级的恩，如果不是从上辈、上级或者至少是从同辈受恩，那就使接受者有一种不快的自卑感。日本人说“我受某人之恩”，就等于说“我对某人负有义务”，并且把这位债主、施恩者称为“恩人”。

“记恩”，也可以是一种真诚相待的流露。在日本小学二年级教科书中，有一个题目叫《不忘恩情》的小故事，就是这个意思。这是少年修身课教材中的一段故事：

“哈齐是一条可爱的小狗。它出生不久就被一个陌生人带走了。在那个人家里像小孩一样受到疼爱。因此，它那弱小的身体也强壮了起来。主人每天早晨上班时，它总陪送到车站，傍晚下班回家时，它又去车站迎接。

“不久主人去世了。哈齐也许不知道，它每天都在寻找主人。照例到那个车站，每当电车到站，它就注视人群中有没有它的主人。

“岁月就这样流逝，一年过去了，两年过去了，三年过去了，甚至十年过去了，但仍然可以看到那已经长大、衰老的哈齐，每天在车站前寻找着它的主人。”❶

这个短故事的道德含义就是：爱的别名正是忠诚。一个孝顺母亲的儿子可以说是不忘母恩，也就是说他对自己的母亲怀有像哈齐对主人那种的赤诚。“恩”这个词不单指他对母亲的爱，也指他对母亲所亏欠的一切，包括襁褓时期母亲的哺育照顾、孩提时期母亲所做的牺牲以及成年后母亲为他所做的一切，总之，包括母亲在世时对他所施予的一切恩情。“恩”也意味着对所欠恩情的回报，从而就有爱的意思，但其本义是负债。我们美国人则认为爱是不受义务的约束，而是自由给予的。

恩，在用之于第一位和最大的恩情，也就是“皇恩”时，是在无限忠诚的意义上使用的。这是天皇的恩情，每个人必须用无比感激的心情来恭敬地接受。他们认为，自己有幸生在这个国家，安居乐业，万事顺心，就必然想到天皇所赐的恩典。在整个日本历史上，一个人一生中的最大恩主就是他那个生活圈内的最高上级。这个人物随着时代变迁而变化，曾经是各地的地头❷、封建领主或将军，现在则是天皇。最重要的似乎还不在于谁是最高上级，而是在于几百年来“不忘恩情”这种习性在日本人习性中占

❶ 寻常小学校用修身课本第2册，昭和十年12月发行。——译者注

❷ 封建时代为领主管理庄园的家臣。——译者注

有最高地位。近代日本用尽一切手段使这种感情集于天皇一身。日本人对自己生活方式的全部偏爱都增加了对“皇恩”的感情。在战争时期，以天皇名义发给前线部队的每一支香烟都强调是每个士兵所领受的“皇恩”。出征前士兵所领到的每一口酒就更加是一种“皇恩”。他们说，神风队员自杀式的攻击就是报答皇恩。为守卫太平洋上某些岛屿而全部“玉碎”，也被说成是在报答浩荡无际的皇恩。

人们也从身份低于天皇的人那里受到恩惠，当然也接受了父母之恩。这正是使父母有权支配子女的、东方著名的孝道的基础。其说法也是讲孩子亏欠父母的恩情，必须努力偿还。因此，子女必须竭力服从父母，而不是像德国那样（德国也是一个父母对子女拥有权力的国家），家长必须尽力迫使子女服从。日本人对这一东方式孝道的解释是非常现实主义的。他们对父母的恩情有这样一句谚语，翻译出来大意是：“养儿方知父母恩。”这就是说，双亲的恩情就是实实在在的，就是父母每天对儿女的照顾和操心。日本人的祖先崇拜只限于父辈以及尚在记忆中的祖辈。这就更使日本人重视那些年幼时实际照料过自己的人。当然，无论在哪种文化中，人都有一个离不开双亲照料的幼年，必须由父母供给衣、食、住才能长大成人，这是千真万确的。日本人深感美国人轻视了这一点。就像有位作者所说的那样：“在美国，牢记父母之恩就是要对父母好，就是这样罢了。”当然，没有人会让孩子背上“恩”。但是，对孩子的悉心照料才是对自己孩提时代所受父母恩情的一种回报。人们像父母当年那样照顾自己的孩子，甚至照顾得比那更好，这就算是部分地报答了父母之恩，对孩子的义务只不过从属于“父母之恩”。

日本人对老师、主人负有特殊之恩。他们都是帮助自己成长起来的人。他们对自己有恩，将来也可能在他们有困难之时要答应他们的请求，或者对他们身后的亲属给予特别照顾。人们必须不遗余力地履行这种义务，而且这种恩情并不随时间的推移而减轻，甚至时间越久，恩情越重，形成一种利息。受一个人的恩，这是一件大事，就像日本人常说的："难以报恩于万一。"这是一个沉重的负担，通常认为，"恩情的力量"经常超过受恩者的个人意愿。

上述报恩的伦理原则的顺利运用，全靠每个人都能把自己看作亏欠巨大恩情的人，自觉履行义务而没有怨言。我们已经在前面了解到，日本的等级制是怎样彻底组织起来的。伴随着等级制，并被认真遵守的那些习惯，使日本人高度重视道德上的报恩，以至西方人无法想象。如果把上级看成是善人，这是比较容易办到的。日语中有一个词很有意思，它证明上级确实被认为是"爱"其下属的。日语中的"爱"相当于"love"。在上个世纪，传教士在翻译基督教中的"love"时，认为日语中只有"爱"这个词才能表达这一含义。在翻译《圣经》时，他们用了这个词来表达上帝对人类的爱以及人类对上帝的爱。但是，"爱"这个词在日文中特指上级对下属的"爱"。西方人也许会觉得这种"爱"其实是"庇护"（Paternalism）的意思，但在日语中，它的意思则不仅是"庇护"，而且是一种亲爱之情。在现代日本，"爱"这个词在严格意义上仍然用于对下级，但也许由于基督教用语的影响，更由于官方努力打破等级界限的缘故，这个词现在也用于同辈之间。

尽管文化的特殊性使日本人易于接受报恩思想，但是在日本，乐于受恩仍然不平常。他们不喜欢随便接受别人的恩惠而背上人情债。他们常常谈及"受人恩惠"领情，翻译成英文，最接近的词句是"imposing upon another"。但在美国，"imposing"含有强求别人的意思。而在日本，"让人接受恩惠"则表示给别人一些东西或者帮别人的忙。对日本人来讲，突然受到陌生人的恩情是最讨厌的事。因为他们知道，在与近邻和旧等级关系打交道中，受“恩”所带来的麻烦。如果对方只是个熟人或与自己接近同辈，他们因此会不高兴，宁愿自己避免卷入“恩”所带来的麻烦。日本人对大街上发生的事故一般不大理睬，并不只是由于缺乏主动性，而是因为他们认为，除了官方警察以外，任何人随便插手都会让对方背上恩情。在明治维新以前有一条著名的法令：“遇有争端，不相干的人不得干预。”在这种情况下，如果不是由于有明确职责而出面帮助，会遭到别人质疑是否想从中捞点什么好处。既然知道帮助别人会使当事人感恩领情，人们便都不积极乘机插手，反而慎重对待。对于卷入“恩情”，日本人是非常小心的。哪怕是一支烟，如果与递烟的人过去并无交往，那就会感到不舒服。在这种情况下，表示谢意最礼貌的说法是：“真过意不去”（日语是“**気の毒**”，原意是为难的感情、难受之情）。有一个日本人向我解释说：“在这样的情况下，直截了当地表示你感到为难还要好受一些。因为你从没想到要为对方做什么事，因此对受恩感到羞耻。”因此，“真过意不去”（**気の毒**）。“**気の毒**”这句话有时翻译成“Thank you”（谢谢。谢谢您的烟），有时又翻译成“I am sorry”（很抱歉，很遗憾）或者译作“I feel like a heel”（承蒙您如此看得起，实在不好意思）。这些意思都有，但又都不贴切。

日语中有很多类似“Thank you”的说法，表达接受恩惠时的不安心情。其中的含义最清楚，并被现代城市大百货公司采用的是“谢谢”（**ありがとう**），其本意是“这可太难得了”（Oh，this difficult thing）。日本人常说的这句话在这里是说，顾客上门购货给商店带来了巨大而难得的恩惠。这是一种恭维之辞。在接受别人礼物及许多其他场合中也都使用，另有几种一般表示感谢的词句，则像“**気の毒**”（真过意不去）一样是表示受恩惠时的为难心情。小店主经常挂在嘴上的是“**すみません**”。这个词（**すみません**）的本意是：“这怎么得了呢？”即：“我接受了您的恩情。但在目前的经济条件下，我永远也无法偿还，对此感到非常遗憾。”这个词在英语中被翻译成“Thank you”（谢谢）、“I'm grateful”（十分感激）或者“I'm sorry”（对不起）、“I apologize”（很抱歉）。譬如在大街上，一阵风吹走你的帽子，别人给你捡了回来，在这种场合用这句话最合适。当那个人把帽子给你时，作为礼节，你在接帽子时应当表示自己内心的不安："这个陌生人现在施恩于我，我却无以报答，因此深感内疚。我只有道歉才能稍微好受一些。‘**すみません**’（这如何得了）也许是日本最普通的道谢语。说这句话就是承认：‘我受了他的恩情，接过帽子并不能结束这一恩情，但我却没有办法，因为我们俩是萍水相逢’。”

在日本人看来，还有一个更强烈表示领受恩情心情的词，就是“**たじけない**”（诚惶诚恐）。这个词的汉字写作“辱**ない**”“忝**ない**”[1]，兼有“受辱”与“感激”两层意思。日文辞典在解释这个词时说：你受到了特别的恩惠，因而感到羞愧和耻辱，因为你不配接受如此之恩。你用这个词明确表示你接受恩惠时的羞愧感。而就像我们下一章要讲的，日本人对羞愧（耻）极其敏感。日本的老派店员在向顾客道谢时，仍然使用“**たじけない**”（诚惶诚恐），顾客买货要求赊帐时也会说“**たじけない**”，这个词在明治以前的小说中经常出现。身份低的小姑娘被领主选中为妾时要向领主说“**たじけない**”（诚惶诚恐），意思是说："我非常羞愧，配不上受到这样的恩宠，对您的仁慈，我感到受宠若惊。”同样，因决斗被当局赦免无罪的武士，也要说“**たじけない**”，表示“我蒙受如此大恩，简直没脸见人。我不应该如此自作自践，我感到万分后悔，向您表示深切的谢意。”

上述各种说法雄辩地说明了“恩的力量”，比其他任何概括或总结都要

---

❶ 汉字“忝”“辱”，在这里是领受恩惠的人的自谦，“辱蒙关照”“愧不敢当”的意思。——译者注

好。人们在接受恩惠时常常怀有矛盾情绪。在公认的社会人际关系中，巨大的欠恩感推动每个日本人竭尽全力以求报恩。但是，亏欠恩惠又是很难受的，因而也很容易产生反感。对于这种反感，日本最著名的作家夏目漱石在其名著《哥儿》这本小说中作了生动的描述。小说的主人公幼年是在东京长大的，起初在一个小镇上当教员，很快就感到自己的同事大多是平庸之辈，实在合不来。但其中有位年轻教师和哥儿的关系还不错。有一天，他俩在一起，那位被他戏称为“豪猪”的新朋友请他喝了一杯冰水，花了一钱五厘，大约相当于零点二美分。

在那以后不久，有位教师在哥儿面前挑拨说，豪猪在背后讲他坏话。哥儿相信了这位搬弄是非的人的话，马上就会想到豪猪给的那杯冰水之恩。

> “虽然只是一杯冰水，接受这种表里不一的人的恩情实在有损我的面子。虽然只破费了他一钱五厘，但一钱也罢，五厘也罢，接受这种骗子手的恩情，我死了也于心不安。……接受别人的恩惠，默不作声，就表明我尊重对方，看得起他的人品。我喝的那杯冰水，本来自己付钱就可以了，但他却硬要争着付，弄得我心里总感到愧疚，这可是金钱买不到的。我虽然无权无势，却有独立人格。要我低下头去接受别人恩情，简直是一百万元的回敬。
>
> “我让豪猪破费了一钱五厘，而我觉得对他的回敬却值一百万元。”[1]

第二天，他把一钱五厘丢到豪猪的桌子上。因为，不算清这一杯冰水

[1] 该处英文本文字稍有简略，根据日文译本文字翻译。——译者注

的恩情，就无法处理这两个人之间的问题，即豪猪背地讲他坏话的问题。也许他们会扭打起来，但必须先把那个恩情了结了，因为那已经不是朋友之间的恩情。

对这些鸡毛蒜皮的小事如此过敏，如此容易受到刺伤，在美国只能在染有流氓习气的青少年的犯罪记录或精神病患者的病历中才能找到；但在日本却被视为一种美德。也许日本人认为哥儿的那种极端的举动，在日本人当中也不是那么多吧，那也不过是多数日本人马马虎虎罢了。在谈到“哥儿”时，日本评论家说他是“一个生性耿直，纯似水晶，为正义而不惜战斗到底的人。”实际上，作者曾说，“哥儿”是自己的化身。评论家们也常普遍这样认为。这本小说描绘了一个崇高的美德——受人恩惠的人，应把自己的感谢看成是具有“百万元”的价值，只有这样想并且这样行动，才能摆脱背负人情债的人的处境，他只能接受“看得起的人”的恩情。在愤怒中，“哥儿”将豪猪的恩情和自己多年受到老奶妈的恩情作比较。这位老奶妈对他十分溺爱，总觉得他家里没有一个人看重他，时常私下给他拿些糖果、彩色铅笔等小礼物，有一次还一下子给了他三块钱。“她对我始终这样关怀，使我非常内疚。”当老奶妈将三块钱送给他时，他感到“耻辱”，但却当作借款收了下来。然而几年过去了，仍然没有归还。那么，为什么没还呢？针对受到“豪猪”恩惠的感受，他自我独白道：“那是因为我把她看成是自己的一部分了。”这一独白有助于我们了解日本人对于恩情的反应。也就是说，无论夹杂多么错综复杂的感情，只要“恩人”实际上是自己，也就是在“我的”等级组织中占有某种地位，或者像风刮落帽子、帮人捡起之类自己也能做到的事，或者是崇敬我的人，那就可以心安理得地接受。如果不符合这些条件，那么“恩情”就会成为难堪的苦痛。这种“恩情债”无论多么轻微也都会感到难过，这才是正确的态度。

每个日本人都知道，不管任何情况，过重的恩情都会惹出麻烦。最近，有本杂志的“答询专栏”就有一个很好的例子。这是《东京精神分析杂志》的专栏，有点像美国杂志上的“失恋者信箱”。下面的一则答询纯粹是日本式的，一点也没有弗洛伊德的色彩。有位上了年纪的男性写信征求意见，信中写道：

“我是个有三个儿子和一个女儿的父亲。老伴在16年前去世了，我为了儿女没有再续弦。孩子们也把我这一举动看成是一种美德。如今孩子们一个个都结婚成家了。8年前儿子结婚时，我退居到离家两三条街远的一幢房子里。说来有点不好意思,3年来，我和一个夜度娘（是被卖到酒吧里当过妓女的）发生了关系，听了她的身世，我非常同情，于是花了一小笔钱替她赎了身，将她带回家，教她礼节仪法，安顿在我家当佣人。那个姑娘具有强烈的责任感，而且相当节俭。然而，我的儿子、儿媳、女儿、女婿都因此而看不起我，对我视若外人。当然，我并不责怪他们。这是我的过错。

“那个姑娘的父母似乎并不知道这件事，于是给我来了封信，让我把女儿还给他们，说她已经到了当嫁之年。我和她的父母见了面，说清了情况，她父母虽然贫穷，却并不贪财图利。他们同意她的女儿留下来，权当她已经死了。那姑娘也愿意守在我身边、直到我去世。但是，我们俩年龄差距就像父女，因此，我也曾想把她送回家。我的儿女们则认为她是看上了我的财产。

“我多年生病，恐怕最多也只能再活一两年。我该怎么办？特别希望得到您的指教。最后我要说明一点，那个姑娘以前虽然几度沦落风尘，但那完全是生活所迫。她的品质是纯洁的，她父母也不是唯利是图的人。”

负责解答这一问题的医生认为，这是一个明显的例子，即这位老人把对子女的恩情看得太重了。他说：

“你说的是一件极其常见的事，……

“在进入正题之前，请允许我先说一下，从来信看，你好像希望从我这儿得到你所希望获得的答案，这使我感到有些不愉快。当然，我对您长期的独身生活深表同情。可是，你却想利用这一点让子女们对你感恩戴德，并使自己当前的行为正当化，这我是无法同意的。我并不是说你是个狡猾的人，不过你是个意志薄弱的人。如果你离不开女人，那么你最好向你的子女们说清楚自己必须和女人共同生活，而不应该让孩子们因为你长期独身生活而感到亏欠你的恩情。你过分强调对他们的恩情，他们自然会对你有反感。说到底，人是不会泯灭情欲的，你也无法避免。但是，人应该战胜情欲。你的孩子们希望你能战胜情欲，是因为他们希望你生活得像他们头脑中的理想父亲那样。然而，他们失望了，我很理解他们的心情，虽然他们是自私的。他们结了婚，在性欲上得到了满足，却拒绝父亲这种要求。你当然是这样想的，而子女们却有另外的想法（像我前面所说的）。这两种想法是想不到一块的。

“你说那姑娘和姑娘的父母都很善良，那只不过是你的一相情愿。人们都知道，人的善恶是由环境、条件决定的。不能因为他们眼下没有追求好处，就说他们是‘善良’的。做父母的会让女儿嫁给一个行将就木的老头儿做妾 ，那太愚昧了。如果他们打算嫁女为妾，那一定是想得到一笔好处，你以为不是这样，那完全是你的幻想。

“你的子女担心那姑娘的父母在盘算你的财产，我丝毫不觉得奇怪，我认为的确如此。姑娘年轻，也许不会有这种念头，但她的父母则一定会有。

“你现在有两条路可走：

“（1）做一个‘完人’（毫无私欲而无所不能），彻底同那姑娘一刀两断。这你也许做不到，因为你的感情不会答应。

“（2）‘重新做一个凡人’（抛弃一切矫揉造作），粉碎你子女们心目中把你当作理想形象的幻觉。

“至于财产，你应当尽快立一份遗嘱，决定分给那姑娘和自己儿女的份额。

“最后，你不要忘记自己已经是耄耋之人，我从你的笔迹可以看出，你已经变得孩子气了。你的想法与其说是理性的，还不如说是感情用事。你说是把姑娘救出深渊，实际是想让她来代替母亲。婴儿没有母亲就不能生存，所以我劝你选择第二条道路。”

这封信讲了许多关于恩情的道理。一个人一旦选择了让别人（哪怕是自己的子女）感受重恩的做法，那他要想改变这种做法，就必须牺牲自己。他应该明白这一点。而且，无论他施予给儿女的恩情做出多大牺牲，日后，他也不应以此居功，利用它来“使自己当前的行为正当化”，如果那样想就错了。孩子们对此感到不满是“很自然的”，因为他们的父亲未能始终如一地贯彻初衷，他们“被出卖”了。在孩子们需要照顾的时候，父亲为他们牺牲自己的一切，现在他们长大成人，就应该特别照顾父亲——如果做父亲的人这样想，那就太荒谬了。孩子们不但不会那样想，反而只会意识到所欠的恩情，而“自然地反对你”。

对于这种事情，美国人就不会做出这样的判断。我们以为，为失去母亲的儿女而牺牲自己的父亲，在晚年应当受到孩子们的感激，而不会认为孩子们反对他是“很自然的”。为了像日本人那样看待这件事，我们不妨把它看作一种钱财上的往来，因为在这方面，我们美国人也有可比的类似态度。如果父亲正式把钱借给孩子并要求他们到时偿还本息，那么我们完全可能对那位父亲说：“孩子们反对你是很自然的。”在这个意义上，我们也就能够理解为什么日本人在接受别人的烟卷后，不是直截了当地说声“谢谢”，而是说“惭愧”。我们也可以理解，为什么日本人在讲到某人向某人施予恩惠时会感到讨厌。至少我们可以对“哥儿”把一杯冰水之恩看得如此重大而会有所理解。但是，我们美国人是不会用金钱标准来衡量这类事件的，比如冷饮店里的一次偶然请客，父亲对早年丧母的孩子们的长期自我牺牲以及义犬“哈齐”的忠诚等等，而日本人却这样做。我们重视爱、关怀、慷慨仁慈的价值，越是无条件就越可贵。而在日本则必然有附加条件，接受了这类行为就成为亏欠恩情的人，正如日本谚语所说的：“天赋（非凡）慷慨，始敢受人之恩。”[1]

[1] 这句谚语很难复原为日文，也许是指“情けは人の为ならず”之类的话。——译者注

第六章

报答极小一部分恩情

“恩”是债务，而且必须偿还。但在日本，“报恩”被看作是与“恩”完全不同的另一个范畴。在我们的伦理学中，这两个范畴却混淆在一起，形成中性词汇，如 obligation（义务、恩义）与 duty（义务、任务）之类。日本人对此感到奇怪，感到无法理解，就像我们对某些部落在有关金钱交往的语言中不区别“借方”与“贷方”感到奇怪一样。对日本人而言，称之为“恩”，一旦接受就是永久存在的债务；“报恩”则是积极的，紧绷如张开的弓弦，刻不容缓地偿还，是用另一系列概念来表达的。亏欠恩惠不是美德，报答恩情则是善行。为报答恩情而积极献身之时就是行有美德的开始。

美国人要想理解日本人的这种德行，一个有效的办法就是经常把这种德行与金钱交易作比较，并且要看到其幕后对不偿还的制裁。就像我们在财务交往中都要求履行合同，谁要是巧取豪夺，我们决不宽待。你对银行有债务，就必须偿还，不能随便说还就还、说不还就不还。债务人不仅要归还本金，还要必须付息。这些，与我们对爱国、爱家庭的看法是非常不同的。对我们来说，爱是一种感情，不受任何约束而自由给予，这才是最高尚的。爱国心意味着视我们国家的利益至高无上；在这种含义上，除非美国受到敌国的武装侵略，爱国心与幻想或凡人都有缺点的人性是不相容的。我们美国人没有日本人那种基本观念——一个人呱呱坠地，就自然而然地背上了巨大的债务。我们认为，一个人应该同情、援助贫困的双亲，不能殴打妻子，必须抚养子女。但是，这些既不能像金钱债务那样斤斤计较，也不能像做生意成功那样获得回报。但在日本，这些却被看作像美国人眼中那种金钱债务一样，其背后有强大的约束力，就像美国人的应付账单或抵押贷款的利息一样。这些观念不是只在紧要关头（如宣战、父母病危等）才必须加以注意，而是时刻笼罩在心头的阴影，正如纽约的农民时刻担心抵押、华尔街的资本家卖空脱手后盯着行情上涨一样。

日本人把恩分为各有不同规则的不同范畴：一种是在数量上和持续时间上都是无限的；另一种是在数量上相等并须在特定时间内偿还的。对于无限的恩，日本人称之为“义务”，也就是他们所说的“难以报恩于万一”，义务又有两类：一类是报答父母的恩——孝，另一类是报答天皇的恩——“忠”。这二者都是强制性的，是任何人生来就具有的。日本的初等教育被称为“义务教育”，这实在是太恰当了，没有其他词能如此表达其“必修”之意。

人一生中的偶然事件可能改变义务的某些细节，但义务则是自动加在所有人身上并超越一切偶然情况的。

日本人的义务及相应义务一览表

一、恩：被动发生的义务

一个人“受恩”“接受恩惠”都是从被动立场而产生的义务。

皇恩——受于天皇之恩。

亲恩——受于父母之恩。

主恩——受于主人之恩。

师恩——受于师长之恩。

一生中与各种人接触时所接受的“恩”。

注：所有对自己施恩的人都是自己的“恩人”。

二、“恩”的相应义务

一个人必须“偿还”这些债务，向“恩人”“回报这些义务”。也就是说，这些义务是从主动偿还的立场产生的。

A. 义务　无论如何偿还都是无法全部还清的，而且在时间上也是无限的。

忠——对天皇、法律、日本国家的义务。

孝——对双亲及祖先（含对子孙）的义务。

任务——对自己的工作的义务。

B. 情义　应当如数偿还的恩情债，在时间上也不是无限的。

（一）对社会的信义

对主君的义务。

对近亲的义务。

对他人的义务。

自某人处得到“恩”，比如接受金钱、好意和工作上的帮助（如劳动互助）等。

对非近亲（如伯父、伯母、表兄妹、堂兄妹等）的义务。不是指从这些人身上得到什么“恩”，而是由于出自共同祖先。

（二）对自己的名声的情面，相当于德语的“名誉”（die Ehre）。

受到侮辱，或遭到失败，有“洗刷”污名的义务，亦即报复或复仇的义务。（注：这种反击、报复不被看作侵犯）

不承认自己（专业上）失败和无知的义务。

遵守日本人礼节的义务，也就是遵循一切礼节、严守身份、在不如意时克制感情等。

上述两种“义务”都是无条件的。这样，日本人就使这些道德成为绝对性的东西，从而就与中国那种对国家的义务和孝道概念产生差异。7世纪以来，日本一再从中国引进伦理体系，“忠”“孝”原来都是汉文。但是，中国人并没有把这些道德看成是无条件的。在中国，忠孝都是有条件的，忠孝之上还有更高的道德，那就是“仁”，通常被译作“benevolence”（慈善、博爱），但它的含义几乎包罗了西方一切良好的人际关系。父母必须具有“仁”；统治者如果不“仁”，人民就可以揭竿而起反对他。“仁”是忠义的先决条件，天子之所以能享有帝位，是因为他在施仁政；文武百官也是如此。中国的伦理学把“仁”作为检验一切人际关系的试金石。

中国伦理学的这一前提，日本从来未曾接受。伟大的日本学者朝河贯一在论及中世纪两国的这种差异时写道：“在日本，这些观点显然与天皇制不相容，所以，即使作为学术理论，也从来没有全盘接受过。”[1]事实上，“仁”在日本是被排斥在伦理体系之外的内容，丧失了它在中国伦理体系中所具有的崇高地位。在日本，“仁”被读成“jin”（仍然用中文的汉字）。“行仁”或“行仁义”，即使身居高位也不是必须具备的道德了。由于“仁”被彻底排斥在日本人的伦理体系之外，致使“仁”形成具有“法律范围以外之事”的含义。比如提倡为慈善事业捐款、对犯人施以赦免等等。但它显然是分外的事，不是一定得如此。

“行仁义”还有另外一种“法律范围以外”的含义，即是在地痞流氓之间通用的道德标准。在德川时代，那些以杀人越货为生的恶棍（武士佩戴双刀，十分威武，而无赖则只佩单刀）就是这样“行仁义”的。一个恶棍

---

[1] 《入来院文书》，1929年，第380页。（《入来院文书》是鹿儿岛县萨摩郡入来院一族的关系文书。美国耶鲁大学朝河贯一教授辑刊，作为一般武家法则的性质及其变迁的例证。）——译者注

如果向另一个不属于自己同伙的恶棍寻求藏身之所，后者为避免前者同伙将来寻衅报复，便把他藏了起来，这就是“行仁义”。在现代用法中，“行仁义”的地位更加低下，常常在谈到应当受惩罚的不良行为时才使用。日本报界写道：“下等劳工至今仍然在行什么仁义。对此，必须加以严惩。警察应对此严加取缔，禁止那些至今仍然盛行于日本各个角落里的仁义。”毫无疑问，这里所指的就是那种流氓、黑帮社会中盛行的“强盗的荣誉”。尤其是现代日本的那些小规模的工头，他们像上世纪末到本世纪初美国码头上的意大利籍工头 padrone 那样，与一些不熟练的工人订立非法契约，承包工程，从中牟利。这些在日本也被称作“行仁义”。中国的“仁”的概念，在此已经被贬抑得无以复加了。[1] 日本人就是这样全部篡改并贬抑中国体系中最重要的内容，而且没有其他足以代替“仁”来制约“义务”的内容。从而，孝道在日本就成了必须履行的义务，甚至包括原谅父母的恶行或无德。只有在与对天皇的义务发生冲突时才可以废除孝道，此外，无论父母是否值得尊敬，是否破坏自己的幸福，都必须奉行孝道。

日本现代电影中有这样一个故事：有位母亲经营着一家规模颇为可观的餐馆，手头也很富裕。她的儿子是个乡村学校教师，已经成了家。有一年农村大灾，一对农民父母为了挽救一家人的性命，想把正在上学的女儿卖到妓院去。这位教师为救自己的学生，向村人筹集了一笔钱替她赎身。然而，这位教师的母亲却把这笔钱从儿子那里偷走。儿子知道钱是母亲偷的，却只得自己承担惩罚。他的妻子发觉了真相，就写下了遗书，说丢钱的责任全在自己，然后怀抱婴儿投河自尽。事件宣扬出去后，却没有人过

---

[1] 日本人在使用“知仁”一词时，与中国的用法多少相近。佛教劝人“知仁”，意即慈悲。但正如日本辞典所说：“知仁，与其说是指行为，毋宁是指理想的人。”——原注

问教师的母亲在这一悲剧中应负的责任。在尽了孝道之后，这位儿子只身前往北海道，磨炼自己的人格，以求日后坚强地经受同类考验。这位儿子是个品德卓越的英雄。我这个美国人认为，悲剧的全部责任者显然是那个偷钱的母亲。然而，我的那位日本朋友却强烈反对我这种美国式判断。他说，孝道常常会与其他道德起冲突。如果电影中的主人公稍微聪明一点，也许能找到一条不损伤自尊心的调和办法。但是，他如果因此而谴责母亲，哪怕只是在心里谴责，他的自尊心就必然会受到损害。

在小说或现实生活中随处都是这样的例子：青年人一结完婚就背上了沉重的孝道义务。除了少数“摩登”人物之外，一般良家子弟都要由父母通过媒人来选择自己的婚姻对象。关心挑选一个好媳妇的不是儿子本人，而是他的家庭。其原因不仅涉及金钱，主要是因为那媳妇将载入家谱，生出男孩，传宗接代。一般惯例是媒人安排一次仿佛偶然的机会，让年轻的男女主角在各自父母的陪同下见面。但并不交谈。有时父母会为儿子安排一桩有利益的婚姻，女方父母可以得到钱财，男方则可以与名门望族联姻；也有男方父母看中女方姑娘人品的。善良的儿子必须报答父母之恩，不能违抗父母之命，结婚以后，报恩义务仍然继续。如果他是长子，则要继承家业，和父母一起生活。众所周知，婆婆总是不喜欢儿媳妇的，她总要挑儿媳妇的毛病，即便是儿子和儿媳妇很和睦，非常愿意与儿媳妇生活在一起，婆婆也可以把儿媳妇赶回家，解除他们的婚姻关系。在日本的小说和自传中有许多这种故事，不仅描写妻子的苦难，也强调丈夫的痛苦。当然，丈夫是遵守孝道，顺从决定而解除婚约的。

有位“摩登”日本妇女，现居美国。她在东京时曾收留一个被婆婆赶出来的年轻孕妇，这个儿媳被迫与悲痛难当的年轻丈夫诀别。当时，这个儿媳身患疾病，遭此打击后非常悲痛，却并未责怪丈夫，她的心逐渐倾注在即将出生的婴儿身上。谁知孩子刚生下来，婆婆就带着俯首帖耳的丈夫来索要婴儿。当然，婴儿是属于婆家的，在被婆婆带走后，随即送进了孤儿院。

上述种种行为都包括在孝道之内，都是子女必须偿还的、从父母那里接受的债务。而在美国，这些都会被看作是个人正当幸福遭受外来干涉的例子。日本人则不能视这种干涉为“外来的”，因为他们将“恩”视为第一前提。这些故事，就好像美国故事中描述那些诚实的人，不论经受什么样难以置信的苦难也要还清欠债一样，歌颂日本这些品德高洁的人，说他们赢得了自尊，并证明其坚强意志足以忍受特殊的磨难。然而，无论这种磨难如何崇高，也都自然会留下憎恶和愤慨。令人注意的是亚洲地区关于“最可恨之物”的谚语。比如，在缅甸是“火灾、洪水、盗贼、知事（官吏）、坏人”；在日本却是“地震、打雷、老头（家长、父亲）”。

与中国不同，日本孝道的范围不包括几百年前的祖先世系，也不包括所衍生的庞大宗族。日本人的祖先崇拜只限于近祖。祖坟墓碑上的文字，每年都要更新，但如果是现存后代已经没有记忆的祖先，其墓碑也就无人过问了，家里佛龛上也没有他们的灵位了。日本所重视的孝道对象，只限于记忆中的祖先；他们注重的是现时现地。许多专著都论述到，日本人缺乏抽象思辨和构想非现实形象的兴趣。与中国相比，日本人的孝道观恰好印证了这种论点。他们这种观点的最大、最重要的现实意义就在于，孝道义务限于现存者之间。

无论在中国或日本，孝道都是对双亲和祖先的尊敬与服从。对子女的照顾，按西方人的说法是出自母亲的本能和父亲的责任感；东方人则认为是出自对祖先的孝道。关于这一点，日本是非常明确的，回报祖先恩情的办法就是把自己受到的照顾转移给儿女。日语中没有特指“父亲对子女的义务”的专门词汇，所有这类义务全都包括在对父母及祖父母的孝道之内。孝道嘱咐家长履行下列所有义务：抚养子女，让儿子或弟弟接受教育，管理财产，保护那些需要保护的亲戚及其他无数类似的日常义务。日本家庭制度也严格限制了具有这种义务的人数。按照孝道的义务，父母要在儿子死后抚养儿子的遗孀和儿女。同样，万一女儿丧夫，父母也要收养女儿及其子女。但是，对丧偶的外甥女、侄女的收养与否就不在“义务”的范畴了。如果收养，那也完全是在履行另一种义务。抚养、教育自己的子女是“义务”，但如果抚养、教育侄甥辈，则习惯上是合法地把他们过继为自己的养子。如果他们仍然保持侄甥的身份，那么，叔伯辈就没有让他们接受教育的“义务”了。

对于贫穷的直系亲属的援助，孝道也不要求必须源自于敬意和慈爱。寄居在某一家庭中的年轻寡妇被称为“冷饭亲属”，因为她们吃的都是残羹冷饭。那个家庭中的所有人都可以指使她，而且，对于有关她自己的一切决定，她都只有唯唯诺诺地服从的份。她们是穷亲戚，她们的子女也一样。在特殊情况下，她们也会受到比较好的待遇，但这并不是那家的家长有“义务”必须善待她们。兄弟之间也没有义务要互相“友爱地”履行义务。尽管兄弟间彼此都承认势同水火，但只要哥哥履行了对弟弟的义务，就仍然能获得赞扬。

婆媳间的冲突最为激烈。媳妇是作为外人进入这个家庭的，她必须熟悉婆婆的喜好，并且学习顺从婆婆的脾气。在许多情况下，婆婆会毫不客气地宣称这个媳妇根本就配不上自己的儿子。此外，我们也可以推测，婆婆相当妒忌媳妇。但是，正像日本的谚语所说：“可恨的媳妇照样能生出可爱的孙子”，因此婆媳之间也总有孝道存在。媳妇在表面上总是非常温顺的。然而，随着世代的变迁，这些温柔可爱的媳妇都会变成苛刻、唠叨、吹毛求疵的婆婆，就跟自己以前的婆婆一样。她们年轻做媳妇时无法任性，但并未因此真能成为温顺的人。到了晚年，她们就仿佛是把多年积压的怨气发泄到新儿媳妇的头上。在今天，日本的姑娘们公开谈论最好嫁给一个不继承家业的男子，这样就不必与霸道的婆婆一起生活了。

“尽孝”并不意味着在家庭中就必然得到慈爱。在有些文化中，这种慈爱是大家庭中的道德基石，但在日本却不是这样。正如一位日本作家所指出的那样："日本非常重视家庭，也正因为如此，他们不太重视家庭中的每位成员以及成员相互间的家族纽带。”当然，实际情况不一定完全是这样，但大致如此。这里的关键在于义务的担负和偿还，年长者责任更大，其中之一就是监督年轻人，要求他们做出必要的牺牲。即使他们不愿意，也必须服从长辈的决定，否则就是没有履行“义务”。

日本的孝道中还有一个特点，即家族成员之间可以看到非常露骨的相互怨恨。这种现象在与孝道同等的“义务”——即对天皇尽忠这一重大义务中，是根本不存在的。日本的政治家把天皇奉为神明，使之与人间喧嚣的现实生活完全隔离。这种安排实在太巧妙了。只有这样，天皇才能起到统一全国国民，一致为国家效力的作用。说天皇是国民之父是不够的，因为父亲在家庭中虽然可以要求子女尽一切义务，却“可能是个不值得尊重的人”。天皇必须是远离一切世俗杂虑的圣父。对天皇尽忠是一种最高的道德，它必须成为一种对幻想出来的、一尘不染的、“至善之父”的虔诚仰慕。明治初期的政治家在考察西方各国之后写道："那些国家的历史都是统治者与人民之间冲突的历史，不符合日本精神。”回国后，他们在宪法中写道，天皇“神圣不可侵犯”，对国务大臣的任何行为都不负责任。天皇是日本国民统一的最高象征，而不是负责的国家元首。大约近七百年来，天皇从来没有作为实际统治者发挥过作用，因此，让天皇继续充当后台主角是很容易的。明治时期的政治家唯一要做的工作就是让全体日本人在思想上对天皇绝对忠诚，确立这种最高的道德。在封建时代，日本人的“忠”是对世俗首领——将军的义务。这一漫长的历史警告明治时期的政治家：在新的体制下，要实现他们的目标——日本精神的统一，他们必须干些什么。在以往几个世纪中，将军兼任大元帅和最高执政，尽管其下属对他也尽忠，但阴谋推翻其统治以至将其杀害者屡见不鲜。对将军的忠诚常常与对封建君主的忠诚相冲突，而且对君主的忠往往要比对将军的忠更有强制性。因为对君主的忠诚建立在直接的主从关系上，相比之下，对将军的忠诚就难免要淡薄些。在动乱时期，侍从武士更是为逼迫将军退位、拥立自己的封建领主而作战。明治维新的先驱及其领导者高呼着“忠于天皇”的口号向德川幕府进行了长达百年的斗争，而天皇则深居九重，每个人都可以按照其意愿来塑造天皇的形象。明治维新正是这种尊王派的胜利，也正是由于把“忠”的对象从将军转移到具有象征性的“天皇”，1868 年的事件才有理由称之为“王政复古”。天皇继续隐居幕后。他赋予“阁下”们权力，而不亲自管理政府或军队，也不亲自决定政策，执掌政务的仍然是一些经过更好的挑选的顾问。真正的根本性变动是在精神领域，因为，“忠”已变成每个日本人对神圣首领——最高主祭者和日本统一与永恒的象征——的报恩。

“忠”的对象之所以能够轻而易举地转移到天皇，很显然，古老的民间传说，即皇室是天照大神的后裔起了很大的作用。但这一传说中的神学观点并不像西方人想象的那么重要。实际上，那些完全否定这种神学观点的日本知识分子并未因此而对必须忠于天皇产生任何怀疑，甚至连接受天皇神裔论的一般群众，其理解也不是西方人所设想的那样。“神”（**カミ**）在英文中被翻译成“god”，但其词义则是“至上”，即等级制的顶峰。在人与神之间，日本人并不像西方人那样有巨大的鸿沟。每个日本人死后都将变成神。在封建时代，“忠”被献给毫无成神资格的等级制首领。在把“忠”的对象转移到“天皇”的过程中，有一个非常重要的因素就是整个日本历史上只有一个皇室，万世一系，继承皇位。尽管西方人会说这种万世一系的说法是欺人之谈，因为，皇位的继承规则与英国、德国都不同，但这种指责是没有用的。日本的规则就是日本的规则，根据这一规则，皇室统治就是“万世不坠”的。中国有史以来历经三十六个朝代的更替，而日本则没有。它虽然经历了各种变迁，但社会组织并未瓦解，其模式一直未变。在明治维新以前一百年间，反德川势力就利用的是“万世一系”这个论据，而不是天皇神裔理论。他们说，既然“忠”应当献给等级制中最高的人，那么就只能献给天皇。他们把天皇抬到了国民最高主祭者的地位，这种角色并不必然意味着神性。这比神裔来说更重要。

近代日本做出了种种努力，使“忠”的对象转向具体的人并且特指天皇本人。明治维新后的第一代天皇是一位杰出、威严的人，他长期在位，自然而然地成为臣民瞻仰的国体象征。他极少出现在民众面前，仅有的几次出现，也都隆重布置仪式，极尽崇敬之情。群众匍匐在他的身前，没有一点儿声响，没有一个人敢抬头正视天皇。二楼以上的窗户全部严密关闭，以保证任何人都不得从高处俯窥天皇。他和高级顾问的接触也同样是等级制的。日本没有天皇召见执政官员的说法,而是少数有特权的“阁下”们“受赐拜谒天皇”。他从来不针对有争议的政治问题发布诏书，所发的诏敕内容都是有关道德、节俭或者是某项问题解决后的安抚民心的内容。当他即将驾崩时，全日本几乎成了一座大寺院，所有的老百姓都在为他虔诚祈祷。

经过这些方式，天皇成了超越国内一切政治纠纷的象征。就像美国人对星条旗的忠诚超越一切政党政治一样，天皇是“神圣不可侵犯”的。我们对国旗安排了某种仪式，认为这种仪式对人完全不适用。而日本人却充分利用天皇这个最高象征的人的价值。人民可以敬爱天皇，天皇也可作出回应。当老百姓听说天皇“关心国民”时会感动得热泪盈眶，“为了让陛下放心”，他们可以献出自己的生命。在像日本文化这种完全建立在人际关系之上的文化中，天皇作为忠诚的象征，其意义远远超过国旗。教师在受训时如果说爱国就是人的最高义务，那么他就会被指责还不够，必须说是对天皇报恩。

“忠”在臣民与天皇之间构成了双重体系。一方面，臣民向上直接对天皇，中间没有中介，他们自己用行动来使“陛下安心”；另一方面，天皇的敕令又经过天皇与大臣之间的各种中间人之手，一层层传入他们的耳朵。“这是天皇御旨”，这一句话就可以唤起“忠”，其强制力要超过任何现代国家的号召。罗里（H. Lory）曾描述这么一件事，在一次平时军事演习中，一位军官带队出发时下令，不经他许可不能喝水壶里的水。日本的军队训练，非常强调能在极困难条件下连续行军五六十英里。那一天，由于口渴和疲劳，有二十个人倒了下去，其中有五人死亡。打开死亡士兵的水壶一看，里面的水竟然一滴也没有喝。“那位军官下了命令，他的命令就是天皇的命令。”

在民政管理中，“忠”强制一切，从丧葬到纳税。税吏、警察、地方征兵官员都是臣民尽忠的中介。按照日本人的观点，遵守法律就是回报他们的最高恩情——“皇恩”。这一点与美国的风俗习惯形成最强烈的对照。在美国人看来，任何新法律——从有关停车的尾灯标志到所得税，都是对个人事务中的个人自由的干涉，都会在全国范围内激起愤慨。联邦法律更受到双重怀疑，因为它干扰各州的立法权，认为它是华盛顿官僚集团强加于国民的。许多国民认为，对那些法律，无论怎样反对也不能满足国民的自尊心。因此，日本人认为美国人是无法无天，我们则说日本人是缺乏民主观念的顺民。两国国民的自尊心与彼此不同的态度有关联，也许这种说法更符合实际。在美国，自尊心是与自我处理的事宜联系在一起的；在日本，自尊心则是与对施恩者报恩联系在一起的。这两种习俗各有各的难处：我们的难处在于，即便是对全国有利的法规也很难被接受。他们的难处在于，人们一生都处于亏欠恩惠重压的阴影之下。也许，每个日本人都能在某些情况下找到既不触犯法律，又能回避苛求的办法。他们还赞赏某种暴力、直接行动和私人报复，而这些却不是美国人所赞同的。然而，尽管有这些保留条件以及其他可以列举的保留条件，“忠”对日本人的支配力仍然是无可怀疑的。

当 1945 年 8 月 14 日日本投降时，“忠”在全世界显示出了难以置信的威力。许多对日本有体验或了解的西方人士都认为日本不可能投降。他们声称，幻想那些分布在亚洲和太平洋诸岛上的日军会和平地放下武器简直太天真。日军的许多部队还没遭受过地区性的失败，他们还坚信自己进行的是正义的战争。日本本土诸岛，到处都是誓死顽抗到底的人。占领军——其先头部队只能是小部队——如果前进到舰炮射程以外，就有被残杀的危险。在战争中，日本人什么事都干得出来：他们是好战的民族。这类美国分析家没有考虑到“忠”的作用，天皇说了话，战争就结束了。在天皇的声音尚未广播之前，顽固的反对者们围困住皇宫，试图阻止停战诏书的宣布。但一旦宣布，他们就全都服从了。无论是在满洲或爪哇等地的前线司令官，还是本土的高级政要们都没有一个人反对。我们的军队在机场着陆后，受到了礼貌的欢迎。外国记者中有一个人这样写道：早晨着陆时还手指不离手枪，中午时就把枪收了起来，傍晚便悠闲地上街采购日用品了。日本人现在是用遵守和平的办法使“陛下安心”了。而在一个星期前，他们还发誓要奋身用竹枪击退外敌来使“陛下安心”呢！

这种态度并没什么不可思议的，除非那些西方人不承认支配人类行为的情绪是会变化的。有些人宣称，日本民族只有灭绝这一条出路；另一些人则主张，只有自由主义者掌握政权，推翻现政府，才能拯救日本。这两种分析，如果说的是一个全力以赴、全民支持，进行总体作战的西方国家，那还可以理解。但是，他们以为日本的行动方针和西方国家基本相同那就错了。甚至在平安无事地占领日本几个月之后，有些西方人士还在预言，所有机会都已经失去，因为日本没有发生西方式的革命，或者说因为"日本人不懂得他们已经被打败"。这是西方的社会哲学，是以西方的真理标准为基础的。但是，日本不是西方国家，它没有采用西方各国那种最后的力量——革命，也没有用消极破坏等办法来对抗占领军。他们使用自己所固有的力量，即能够在战斗力尚未被完全摧毁以前，就要求自己把无条件投降这一巨大代价视为"忠"。在他们看来，这种巨大的代价仍然是有价值的，他们获得了最珍视的东西，他们有权力说：这是天皇的命令，即使是投降的命令。也就是说，即使投降，"忠"仍然是最高的法律。

第七章

『情义最难接受』

日本人常说，“情义[1]最难接受”。一个人必须报答“情义”，就像必须报答“义务”一样。但是，“情义”和“义务”各自所要求的义务分属不同的系列。在英语中根本找不到与“情义”相当的词。人类学家从世界文化中发现的所有奇特的道德义务范畴中，“情义”也是最奇特的一个，它是日本所特有的。“忠”与“孝”是日本和中国所共有的道德规范，对这两个概念而言，日本虽然有些改变，但与其他东方各国所熟悉的道德性要求仍然有某种渊源类似的地方。“情义”则既与中国儒教无关，也不是来自东方的佛教。它是日本独有的范畴，不了解情义就不可能了解日本人的行为方式。日本人在谈及行为的动机、名誉以及他在本国所遇到的各种麻烦时，都经常要说到“情义”。

在西方人看来，“情义”包含一系列混杂的义务（参阅本书第六章表）：从报答旧恩到复仇。难怪日本人不想向西方人解释“情义”的含义，就连他们自己的工具书也很难给这个词下定义。有一本日语辞典的释义是：“正

---

[1] 原文作“义理”（Giri），这个词在日语中有情义、人情、情面、情理等含义，这里暂且翻译为情义。——译者注

道；人应遵循之道；为免遭世人非议而做不愿意做的事。”这当然无法使西方人理解并掌握这个词的要领，但“不愿意”一语却指明：“情义”与“义务”显然有区别。“义务”，无论其对个人的要求如何艰巨，至少是指对其骨肉近亲，或者对代表其祖国、生活方式及其爱国精神的最高统治者所应尽的一系列责任。这种牢固的联系是与生俱来的，因此理应履行。尽管“义务”中的某些特定行为也会使人“不愿意”,但“义务”的定义中绝不会有“不愿意”做的意思。对“情义”的报答则充满内心的不快,在“情义”的领域中，亏欠情义的人的难处是无以复加的。

“情义”有显然不同的两类。一类我称作“对社会的情义”，按照字面的解释就是“报答情义”，也就是向同伙人报恩的义务；另一类我称为“对名誉的情义”，大体上类似于德国人的“名誉”，即保持名誉不受任何玷污的责任。“对社会的情义”可以大体描述为履行契约性的关系，它与“义务”的区别在于，后者是履行生而具有的亲属责任。因此，“情义”的范围包括对姻亲家属所应负的全部义务，而“义务”的范围则包括对直接家属应负的全部义务。岳父、公公称作“情义”上的父亲，岳母、婆婆称作“情义”上的母亲，姻兄弟、姻姐妹也称作“情义”上的兄弟、姐妹。这一套称谓既适用于对配偶的亲属，也适用于对亲属的配偶。在日本，婚姻当然是家庭与家庭之间的契约关系。对配偶的家庭终身履行契约性义务，就是“履行情义”，这其中最沉重的是对安排这项契约的父母的情义。年轻的儿媳对婆婆的“情义”特别沉重，恰如日本人所说，儿媳居住的家庭不是她出生的家庭。丈夫对岳父的义务要有所不同，但也很可怕。因为岳父有困难时，女婿必须借钱给他，还要履行其他契约性义务。正如一位日本人所说：“儿子成人后侍奉自己亲生母亲是出于对母亲的爱，这不是情义。”凡是发自内心的行动都不能说是“情义”。对姻亲的义务则不能含糊，无论代价多大都必须履行，以免遭受世人谴责，说：“这个人不懂情义”，这种谴责是很可怕的。

日本人对姻亲家属义务的态度在“入赘养子”上看得最清楚。他像女人结婚那样入赘到妻子家。一个家庭如果只有女儿，就要为一个女儿选择入赘夫婿以延续“家名”[1]。养子要在原户籍中取消自己的名字，改从岳父的姓氏。他入赘到妻子的家庭，在“信义”上从属于岳父母，死后葬入岳父家的墓地，这些和一般妇女结婚完全一样。为女儿选择入赘夫婿的原因也许不单是因为女方自家没有男孩，往往是为了双方利益，即所谓“政治联姻”。有时女家虽然贫穷但“门第”高贵，男方带着钱去女家以换取在等级制上身份的提高；有时是女方家庭富裕，有力量培养女婿上学，女婿接受这一恩惠，代价就是离开自己家庭到妻子家去；有时是女方的父亲为了得到一个未来的公司合营伙伴。不管是哪种情况，入赘养子所承受的“情义”都是非常沉重的。因为，在日本，把自己的名字列入别人家庭户籍是件严重的事。在封建时代的日本，这就意味着，在战争中他必须为养父而作战，即便被命令杀其生父也得在所不辞，以证明自己是新家族的一员。在近代日本，凭借入赘养子的“政治联姻”造成强大的“信义”上的约束力，以最沉重的约束，把青年束缚在岳父的事业或养父家的命运上。尤其是在明治时期，这种事有时对双方都有利。但社会上对入赘养子一般都非常嫌弃厌恶，日本人有句谚语：“有米三合，决不入赘。”日本人说这种嫌弃厌恶感也是出之于“情义”。如果美国也有这种风俗，美国人嫌弃厌恶时会说：“这不是男子汉大丈夫干的！”而日本人却不这样说。总之，履行“情义”是一件为难的事，是“不愿意”做的。因此，对日本人来说，“为了情义”这句

[1] 家名：即家族的姓氏。——译者注

话最能表达那种负担沉重的人际关系。

不仅对姻亲的义务是“情义”，甚至对伯父母和甥侄的义务也属于同一范畴。对这类比较近亲的义务是否列入孝行范畴，是中国和日本在家族关系方面的一个重大差异。在中国，很多这类亲属以及比这还远的亲属也分享共同的资源；但在日本，这类亲属则是“情义”关系，也就是“契约上”的关系。日本人指出，救助这类亲属绝不是对他们曾有什么恩情，而是为了报答他们共同祖先的恩情。抚养自己的孩子虽然也出于同样的动机，但这却是一种当然的“义务”；而对远亲的帮助虽然动机同属报答共同祖先，却列入“情义”的范畴。当必须帮助这类亲属时，人们就像援助姻亲一样地说：“我是被‘情义’牵连。”

与对姻亲的情义相比，大多数日本人更重视的重大传统“情义”，是武士对主君及其同伴的关系。这种关系是重视名誉的人对其上级及同辈所尽的忠诚。很多传统文化作品都颂扬这种“情义”性的义务，并视为武士的德行。在德川氏未统一全国以前的日本，这种德行之重大在人们心目中超过当时的“忠”，即对将军的义务。在 12 世纪，源氏将军要求一位大名引渡他所庇护的敌对领主，那位大名写的回信至今仍然保存。他对自己的“情义”遭到非难表示强烈愤慨，甚至拒绝以忠的名义背叛情义。他写道：“对于公务，我个人无能为力，但武士重名誉，武士之间的情义是永恒的真理。”也就是说，它超越将军的权力。他拒绝对“所尊敬者背信弃义”。[1] 古代日本这种超越一切的武士德行，在历史故事中广泛流传至今，经过润色后改编成能乐、歌舞伎和神乐舞蹈。

其中最著名的是关于一位力大无穷的浪人（没有主君，依靠自己谋生

---

❶ 朝河贯一：《入来院文书》，1929 年。——原注

的武士)、12世纪豪杰弁庆的故事。他只有一身神奇的力气。他寄身在僧院，僧侣们都怕他。他斩杀过往武士，收集刀剑，以筹措封建武士所需行装。最后，他向一位貌似武艺平常的年轻领主挑战，却遇上了劲敌，他发现这位青年是源氏后裔，正策谋为其家族恢复将军地位。他就是日本人极端崇拜的英雄源义经。弁庆向义经表示热诚的“情义”，为义经立下无数功勋。但在最后一次敌众我寡的战斗中，他们被迫率领家臣逃跑。他们化装成为建立寺院而化缘的僧侣，走遍全日本。为避人耳目，弁庆扮装成领队，义经则身着同样服装混在一行人之中。沿途每每遇到敌方布置的缉捕，弁庆就拿出编造的一卷寺院募捐簿来念诵来蒙混过关。但在最后时刻，尽管义经衣着卑微，却无法掩饰其贵族气质，由此引起敌方怀疑。因此，他们把这一行人叫回来。弁庆立即用计，消除敌方对义经的怀疑，他借口一点小事打了义经的耳光。敌方却误信为真，确信无疑。因为，如果这位和尚真是义经，家臣是绝对不敢动手打他的。如此违背“情义”是无法想象的。弁庆的这一不敬行为挽救了这一行人的性命，在到达安全处所之后，弁庆立即跪在义经脚下，请义经赐死，主君仁慈地赦免了他。

这些古老故事讲的是“情义”发自内心，未受丝毫嫌弃厌恶之念玷污的时代，为近代日本构筑了一个黄金时代的梦想。这些故事告诉他们，“情义”在那个时代没有丝毫“不愿意”做的因素。如果“情义”与“忠”相冲突，人们可以堂堂正正地坚持“情义”。当时，“情义”是一种人们珍视的直接人际关系，而又具有封建性装饰。“懂情义”的含义就是终身忠于主君而主君也以诚报答。“报答情义”，就是为深受其恩的主君献出生命。

这当然是一种幻想。日本封建时代的历史表明，有许多武士的忠诚被敌方大名所收买。而且，更重要的是，如下章所述，如果主君对家臣有所侮辱，家臣当然可以照例弃职而去，甚至勾结外敌。日本人对颂扬复仇和颂扬捐躯尽忠同样津津乐道，两者都是“情义”。尽忠是对主君的“情义”，对侮辱进行复仇则是对自身名分的“情义”。在日本，这是一块盾牌的两面。

不过，古代关于忠诚的故事，对今天的日本人已经只是令人兴奋的梦想罢了。因为，现在“报答情义”已经不是对自己合法主君的忠诚，而是对各类人履行各种义务。今天涉及情义的语言充满了嫌弃厌恶的情感，常常强调是舆论压力迫使人们违背心意而不得不履行情义。他们说：“这门亲事完全是出于情义”，“我录用那个人完全是出于情义”，“我会见他完全出于情义”，诸如此类。他们还经常说“受到情义纠缠”，这句话在辞典中翻译成“I am obliged to it”（我被迫这样做）。他们说“他用情义强迫我”或“他用情义逼我”，这些以及其他类似惯用语的意思都是说，某些人凭借以往所施予的恩情迫使讲这类话的人做他不愿意做或不想做的事。在农村、在小商店的交易中、在上层财阀社会里以及在日本内阁，人们都“受情义的强迫”，“为情义所迫”。一个求婚者可以凭借两家关系深或交易深来强求某人做自己的岳父，还有的人也会用同样的手段取得农民的土地。迫于“情义”的人也觉得只有答应。他说：“如果不帮助恩人，世人就会说我不懂情义。”这些说法都有“不愿意”“只是为了情面”的含义，就像辞典中解释的那样：“for ‘mere decency's sake’。”

“情义”的准则是必须报答，这是严格的规定，并不是像摩西十诫那样一组道德准则。一个人迫于“情义”，有时不得不无视正义。他们经常说：“为了情义，我不能坚持正义。”而且，“情义”的准则与所谓“爱邻如己”也完全不相干，它并不要求一个人应当真心主动地对人宽容。他们说，人之所以必须履行“情义”，是因为“如果不这样做，世人就会说他‘不懂情义’，就会在人前蒙羞受辱。”总之是因为担心世人舆论而必须遵行“情义”。实际上，“对社会的情义”在英语中常常被翻译成“conformity to public opinion”（服从舆论）。在辞典中还把“因为是对社会的情义，只好如此”这句话翻译成“people will not accept any other course or action”（世人不会承认其他办法）。

把“情义领域”中的规矩与美国人关于偿还借款的规矩进行比较，最有助于理解日本人的态度。美国人对于接到别人信件、接受别人礼品以及获得适时的劝告等情分，并不认为必须要像偿还银行借款或付清利息那样严格。在金钱交易中，美国人惩罚无法偿还付清的人的方法就是宣布他人格破产，这是极其严峻的惩罚；日本人则把不能报答情义的人视为人格破产，而生活中的每一次接触都涉及某种“情义”。这就意味着，美国人毫不介意、根本想不到会涉及义务的那些细小言行，日本人都要一一慎重对待；就意味着长年在复杂环境中谨小慎微，唯恐有失。

日本人对“社会的情义”的观念中还有一点和美国人借债还账相似，这就是对“情义”的报答在思想上也是毫无二致，等量对待。在这一点上，“情义”和“义务”完全不同。“义务”无止境，无论怎么做也不可能完全报答；“情义”则不然。在美国人看来，日本人对旧恩的态度几乎是滴水之恩，涌泉相报；日本人却不那样看。我们对日本人的馈赠习惯也感到奇怪，譬如，每年有两次，每个家庭都要包装一些礼品作为半年前所受馈赠的答礼；女佣人家里年年都寄东西作为感谢雇用的礼物。但是，日本人忌讳比所受馈赠更重的回礼——“赚礼”，认为这是不名誉的事情。说送礼的人是“用小虾钓大鱼”，很不好听。报答“情义”时也是如此。

只要有可能，人们都会记录相互之间的来往，无论是劳务还是物品。

在农村，这些记录有些由村长保管，有些由组[1]内一个人保管，有些则由家庭或个人保管。送葬时习惯带“奠仪”。除此之外，亲戚还要送各种颜色的布以供制作送葬的幡。近邻们都来帮忙，女的下厨房，男的制棺材、挖墓穴。在须惠村，村长有一本账簿记录着这些事情。这对死者家庭则是一份珍贵的记录，因为它记录了邻居们送了什么礼，帮了什么忙，名册所记名单也是这一家在别家死人时必须还礼的依据。以上是长期的相互礼尚往来，另外还有村中葬礼短期的礼尚往来，和一些庆宴一样。丧主对帮忙制作棺材的人要款待饭菜，而帮忙的人也要给丧主送些大米作为饭资。这些大米也被村长记录在册。在举行庆祝宴会时，客人们也大都要带一些米酒作为宴会饮料。无论出生或死亡，还是插秧、盖房、联欢会，“情义”的交换都要仔细记录下来，以备日后回报。

关于“信义”，日本人还有一点与西方借债还账相似，那就是如果逾期未报，就会像利息那样增长。埃克斯坦（Eckstein）博士叙述过他与一位日本制造商的交涉经过，这位商人曾经给埃克斯坦博士提供去日本的旅费，让他去收集野口英世的传记资料。埃克斯坦博士回到美国撰写传记，定稿后寄给日本，却既没有收到回执，也没有收到来信。博士自然很担心：是不是书中有些地方触怒了这位日本人。他发出了好几封信，仍然没有回音。几年后，这位制造商给博士打来电话说他正在美国。不久，他带着几十棵日本樱花树到埃克斯坦博士家拜访。这份礼品实在可观。这就是因为回报延误太久，必须送厚礼的缘故。这位日本人对埃克斯坦博士说：“您当时大概不是要我立刻回报吧！”迫于情义的人往往因时间拖长而加重偿付。例如，

[1] 原文为“Work-party”，可能译自日文的“结”（有的地方叫“契约”“同业”），指农村插秧、盖房、冠婚葬祭等繁忙时的换工互助及由这类关系结成的集体。——译者注

某人向一位小商人寻求援助，因为他是这位商人童年时期老师的侄子。而这位学生在年轻时无法报答老师，他在情义上的负债就随着岁月流逝而逐渐增加。于是，这位商人就“不得不”答应帮忙，以偿还对老师的这笔欠债，“以免遭世人非议”。

第八章

洗刷污名

不让名声被玷污的义务，就是对名分的“情义”。这种“情义”由一系列的德行构成，在西欧人眼中，有的相互矛盾，但对日本人来说则是完全统一的。因为这类义务不是报恩，不属于“恩的范围”，不涉及往日接受别人恩惠的问题，而是保持自身名誉的行为。从而，其内容包括：遵守“各得其所，各安其分”的各种烦琐礼仪的要求，能够忍受痛苦，在专业及技能上维护自己的名声。对于名分的“情义”还要求消除毁谤或侮辱，因为毁谤会玷污名誉，必须澄清，必要时也许要对毁谤者进行报复，甚至或者自杀。在这两种极端之间可以有多种方法，但绝对不能淡然置之。

对于我所说的“对名分的情义”，日本人并没有单独另起名称，只把它描述为报恩范围以外的情理。这一特点只是分类的基础，并不是说“对社会的情义”是对善意关切的回报，而“对名分的情义”则突出地包含报复。西方语言中把上述两者区分为感激和报复两个对立范畴，对此日本人则无所谓：为什么一种德行不能既包括对他人善意的反应，又包括对他人恶意或轻蔑的反应呢?

日本人就是这样认为的。一个正派的人对恩情和侮辱都同样有强烈的感受，都要认真回报。他们并不像我们那样把两者区别开来，将一种称作侵犯，另一种称作非侵犯；在他看来，只有“情义范围”之外的行为才能称之为侵犯。只要是遵守“情义”，洗刷污名，就绝不能说他犯了侵犯的罪过，他只不过是算清旧账。他们认为，只要所受到的侮辱、毁谤和失败没得到报复，或者未被洗刷，“世界就不会平稳”。一个正派的人就必须努力使世界恢复平衡，这是人的美德，绝不是人性中的罪恶。在欧洲历史上的某些时代，对名分的“情义”，包括像日语中那种把感谢与忠诚结合在一起的表达方式，曾经是一种西方道德。在文艺复兴时期，特别是在意大利曾经盛极一时。它与古典时期西班牙的 el valor Espaol（西班牙的勇敢）和德意志的 die Ehre（名誉）颇有共通之处，甚至与一个多世纪前欧洲流行的决斗行为中的潜意识也有某些相似。无论在日本还是在西欧各国，凡是这种重视清除名誉污点的道德观占优势的地方，其道德的核心总是超越一切物质意义的利益。一个人越是为了“名誉”牺牲其财产、家庭及自己的生命，就越被认为是道德高尚的人，它成为道德定义本身的一部分，是这些国家经常提倡的“精神”价值的基础。它确实给他们带来了巨大的物质损失，很难用利害得失来衡量。正是在这一点上，这种名誉观与充斥于美国人生活中的剧烈竞争和公开对抗形成明显对比。在美国某些政治或经济交往中，对保守也许并没有限制，但获得或保持某种物质利益则一定是一种战争。至于像肯塔基山中居民之间的械斗只是个例外，那里盛行的名誉习俗属于“对名分的情义”范畴。

不过，任何文化中“对名分的情义”以及随之产生的敌意和伺机报复，绝不是亚洲大陆道德的特点。这种特点不是所谓的东方气质，中国人没有，暹罗人、印度人也没有。中国人把听到侮辱和诽谤就神经过敏看作是“小人”，也就是道德水平低下的人的特征。不像日本把对名誉的敏感看作高尚理想的一部分。在中国的伦理观中，一个人突然开始使用不正当的暴力来肆意报复所遇到的侮辱是错误的。如此神经过敏，让他们觉得可笑。他们也不会下决心用全部善良与伟大的行动来证明诽谤是没有根据的。在暹罗人身上根本看不到对侮辱如此敏感。他们像中国人一样，宁愿让诽谤者处于尴尬地位，也不设想让自己的名誉遭到伤害。他们说："容忍退让是暴露对方卑鄙的最好办法。"

要理解"对名分的情义"的完整意义，必须全盘考虑日本各种非侵犯性的道德。复仇只是在特定场合要求的这类德行之一，此外还包括沉稳、克制的行动。一个自重的日本人必须坚忍和自我克制，这是他"对名分的情义"的一部分。妇女分娩时不能大声喊叫，男人对于痛苦和危险必须泰然处之。当洪水冲到日本的村庄时，每个老成持重的日本人必须带好必需品，寻找稳妥的高地，不能惊慌失措地乱喊乱跑。当秋分前后台风暴雨袭来时，也能看到同样的自我克制。这种行为是每个日本人都具有的自尊心的一部分，即便他不能完全做到。他们认为，美国人的自尊心不要求自我克制。日本人的这种自我克制中还具有位高则任重的含义。在封建时代，对武士的要求就比对庶民要高，对平民虽然不那么严格，但仍然是所有阶级的生活准则。如果说，对武士要求能忍耐极端的肉体痛苦，那么对庶民则要求能极端顺从地忍受持刀武士的侵犯。

关于武士的坚忍，有很多著名的故事。他们必须能忍耐饥饿，这只是不需要说的小事一段，他们奉命要做到即使饿得要死，也必须装出刚刚吃完饭的样子，并且要用牙签剔牙。俗话说："雏禽求食而鸣，武士口含牙签。"在这次战争中，这句话成了士兵的格言。他们不能向痛苦屈服。日本人的态度恰恰就像那个少年兵回答拿破仑的故事："受伤了？不，报告陛下，我被打死了！"武士临死前不能显露出丝毫痛苦，要毫不畏缩。1899 年去世的胜伯爵[1]说——他虽然出身于武士家庭，但家境已一贫如洗，——自己小时候被狗咬伤了睾丸，当医生给他做手术时，父亲把刀戳在他鼻梁上说："一声也不许哭；要是哭，我就叫你死，要不愧为一个武士。"

"对名分的情义"还要求其生活与身份相适应，缺少这种"情义"就丧失了自尊。德川时代的取缔奢侈令对各类人的衣着、财产、用品几乎都作了详细规定。按照身份而生活就意味着接受这种规定并视之为自尊的组成部分。对这种按世袭阶级地位作出规定的法律，美国人必定会大吃一惊。在美国，自尊是与提高自己的地位相联系的，一成不变的取缔奢侈令是否定我们这个社会的基础的。德川时代规定，某一等级的农民可以给他的孩子买某种布娃娃，而另一等级的农民则只能买其他种类的布娃娃。对这类法律，我们会感到不寒而栗。但在美国，我们凭借其他规定也有同样的结果。我们心安理得地承认这种事实，即工厂主的孩子可以有一列电动火车，而佃农的孩子有一个用玉米棒做的娃娃就心满意足了。我们承认收入的差异，并认为这是合理的。争取获得较高的薪金已经成为我们自尊体系中的一部分。既然布娃娃限于收入的高低，那就并不违背我们的道德观念，有钱的人就可以给孩子买高级布娃娃。而在日本，有钱会令人疑惑，守本分才会让人放心。即使在今天的日本，穷人和富人一样都以遵守等级制的习惯来保持其自尊，这在美国是无法理解的。法国人托克维尔（Tocqueville）在19世纪30年代就在前引著作中指出了这一点。生于18世纪法国的托克维尔，尽管对平等制的美国给予好评，但他仍然对贵族生活所知甚深，特别钟情。他认为美国虽然有其美德，却缺少真正的尊严。他说："真正的尊严

---

[1] 胜海舟（1823—1899），幕末及明治初年著名政治家、军事家。历任幕府陆军总裁、明治政府外务大丞、兵部大丞、海军卿等。——译者注

在于各安其分，不卑不亢，自王子到农夫，都可以此自许。”托克维尔一定能理解日本人的态度，即认为阶级差别本身并没有什么不体面。

在对各民族文化有客观研究的今天，人们认为“真正的尊严”可以由不同民族作出不同定义，正像他们对屈辱作出不同解释一样。有些美国人叫嚷，只有由我们推行平等原则，日本人才能获得自尊。他们其实是犯了民族自我中心主义的错误。如果这些美国人的确如他们所说，真的希望有一个自尊的日本，他们就必须认清日本人自尊的基础。我们可以承认（正如托克维尔那样），这种贵族制度的“真正尊严”正从近代世界中消逝，我们相信，另一种更优异的尊严正在取而代之。日本显然也将如此。但在今天，日本只能在它自身的基础上重建其自尊，而不是在我们的基础上重建。而且，它只能用它自己的方式来净化自身。

除了“守本分”之外，“对名分的情义”还要履行其他多种义务。借贷的人借款时也许要把“对名分的情义”抵押给债主。直至二三十年前，借款人一般都要向债主表示：“如果还不了债，我愿意在大庭广众面前被人耻笑。”实际上，即使还不起债款，他也不会真的公开受辱，因为日本没有当众揭丑这种惩罚。但是，当新年来到，当债务到了必须偿还的时候，无力还债的人会用自杀来“洗刷污名”。迄今为止，除夕夜仍然有一些以自杀来挽回名誉的事情发生。

所有各种职业上的责任也与“对自身名分的情义”有关。当在特殊情况使一个人成为众矢之的、备受责难时，日本人的要求常常是很奇怪的。比如，有许多校长会因学校遭火灾而引咎自尽，其实他们对火灾毫无责任，只是因为火灾使挂在学校中的天皇御像受惊；也有些教师为抢救天皇御像，冲入火中而被烧死，他们的死证明他们对“名分的情义”的高度重视和对天皇的“忠”。至今仍然有流传说，有些人在庄严捧读教育敕语或军人敕谕时偶尔读错，竟然自杀以洗刷污名。在当今天皇的统治下，也有人曾因一时不慎,误给自己的孩子起名为“裕仁”（当今天皇的御名,在日本必须避讳,绝不能说），因而自杀并杀死其子。

在日本,作为一个专业工作者,对其专业上“名分的情义”要求极其严格,但却不一定凭借美国人所理解的高度专业水平来维持。教师说：“教师名分的情义，不允许我说不知道。”意思是，即使他不知道青蛙的属类，也必须装作知道；即使只靠在学校学了没几年的基础教英语，也不能容忍别人来改正他的错误。“教师名分的情义”所特指的正是这种自我防御。实业家也是这样,“实业家名分的情义”决定他不能向任何人透露他的资产已经枯竭,或者他为公司制定的计划已经失败。外交家在“情义”上也不能承认自己外交方针的失败。有关“情义”的上述含义都是把一个人和他的工作高度等同起来，对某人的行为或能力的任何批评，就自然而然地变成对他本人的批评。

日本人这种对失败和无能等不名誉的反应，在美国也同样会不断出现。我们都知道，有些人一听到诽谤就气得发狂。但是，我们美国人却很少像日本人那样高度戒备自我防御。如果一位教师不知道青蛙的种类，即使他可能掩饰自己的无知，但他总认为，老实承认无知要比硬装自己知道要好一些。如果实业家不满自己制定的方针，他会认为可以再下达另一种新的方针。他不会认为，必须坚持自己一贯正确才能保持自尊；他也不会认为，如果承认自己的错误就必须辞职或退休。可是在日本，这种自我防御则非常根深蒂固。因而不能当面过多地说别人专业上的失误，这既是一般礼节，也是一种明智。

这种敏感性在与人竞争而失败时特别显著。比如，就业时别人被录用了，或者本人在竞争考试中落选了。失败者就会因为失败而感到“蒙羞”。

这种羞耻感有时会成为发奋的强烈动力，但更多的则变成危险的沮丧。他或丧失自信心、忧郁不振，或怒发冲冠，或兼而有之。于是，他的努力受到了挫折。对美国人来说特别重要的是，应当认识到竞争在日本不会发生像在美国生活中发生的那种社会上可取的效果。我们把竞争看成是好事而且高度依赖它，心理测验证明，竞争刺激我们做出最出色的努力。在竞争的刺激下，工作效率就会提高；而当我们自己单独工作时，就达不到有竞争者在场时的成绩。但在日本，测验的结果正好相反。这种现象在少年时期结束后尤为明显。因为日本的儿童们把竞争多半当作游戏,并不怎么在意。在青年和成年人中，一旦有竞争，工作效率就降低。在单独工作时，人们进步较快，错误减少，速度也提高；一旦与竞争对手在一起，就既出错误，速度也迅速下降。当他们用自己的成绩来衡量自己的进步时就干得最好，如果与别人对照测试，就不是这样。几位日本实验者对竞争状态下成绩不佳的原因做出了正确的分析。他们说，如果一个项目采用竞争的方法，被测试者的思想就会集中于担心失败，因而工作就会受到损失。他们对竞争对手异常敏感，就好像是对自己的一种侵犯，因而注意力就转到与侵犯者的关系上，而不是专心从事工作。

测验表明，接受这种测验的学生，一想到可能失败而蒙羞，心理影响就会极大。正如教师、实业家各自要保持其专业上“名分的情义”一样，他们也非常重视学生“名分的情义”。竞赛中失败的学生队会因失败的耻辱而采取非常行动，赛艇运动员会手握船桨扑倒在船上而大声号啕，失败的垒球队员会聚成一团失声痛哭。在美国，我们会说这些家伙度量太小。我们的礼节是，败者应该说对方优秀因而获胜，应该是败者向胜者伸手致意。不管对输了比赛怎么讨厌，我们也都看不起那种因赛输了而情绪冲动的人。

日本人经常想出一些巧妙的办法来避免直接竞争。日本小学中竞争机会之少是美国人想象不到的。日本的教师们奉命必须教育每一个儿童提高成绩，不能为学生提供机会使他们和其他孩子去比较。日本小学里没有留级重读一年的制度，同时期入学的儿童，一起学习全部课程，一起毕业。小学生成绩表上记载的不是学业成绩，而是操行品质。一旦竞争无法避免，比如中学入学考试的时候，其紧张状况是无法理解的。每一位老师都知道一些孩子们因没有考上而企图自杀的故事。

这种尽量减少直接竞争的做法，贯穿于日本人的全部生活。美国人的最高指示是要在同辈竞争中取得优异成绩，而以“恩”为基础的伦理则极少有容许竞争的余地。他们的等级制体系必定有烦琐规定，把直接竞争控制在最低程度。家族制度也限制了竞争，因为从制度上说，父亲与儿子不像美国那样有竞争关系，他们可能互相排斥，但不是竞争。日本人看到美国家庭中儿子与父亲在使用汽车以及照顾母亲或妻子方面互相竞争的情况时，是以惊诧的语气进行评论的。

在日本到处都有中介人，这种习俗是日本人防止两个竞争者直接对峙的明显办法之一。一个人因失败而感到羞耻时，随时都需要有个中间人。因而，在提亲、找工作、退职以及无数日常事务中，中介人都起着作用。中介人为当事者双方传达对方的意见。或者在诸如结婚之类的重要交往中，双方各自都请中介人，他们先做出详细交涉，然后再分别向各方汇报。用这种方式间接进行交往，当事者就不至于听到在直接谈判中必然会招致憎恶或伤及名分“情义”的要求与责难。中介人也会因发挥了这种重要作用而获得众人的希望，并以其成功手段博得社会的尊敬。谈判顺利则中介人脸上增光，因此会增加顺利签订协议的机会。中介人还以同样方式帮助求职者探听雇主意图，或将雇员的辞职意图转告给雇主。

为了避免造成羞辱以至引起有关名分的情义问题，日本人制定了各种礼节进行缓和，以便把事态控制在最低限度，其范围远不及直接竞争。日本人认为，主人迎接客人时必须换上新衣服并施以一定的礼节。因此，访问农家时，如果农民还穿着劳动的服装，就必须要稍等片刻。在没有换上适当的衣服并安排好适当礼节以前，那个农民就丝毫没有迎接的意思。主人甚至会若无其事地在客人所等待的同一个房间更衣打扮，直到打扮齐整以前，简直就像他不在这个现场一样。在农村，有男青年在夜深人静、姑娘们已经就寝的时候访问姑娘的习俗。对男青年的求爱，姑娘们既可以接受也可以拒绝；但男青年则要用手巾蒙上脸面，以免在遭到拒绝后的第二天感到羞耻。这种化装并不是为了不让姑娘们认出是谁，它只不过是鸵鸟式的办法，日后不必承认他本人曾经受辱过。另外，日本人还有一种礼节性的要求，就是对任何计划，除非确实有成功的把握，尽可能置之不理。媒人的任务之一，就是要在婚约完成前，让未来的新郎新娘会面相亲。他要用尽各种办法使这种会面成为一种偶然相逢。因为，如果在这个阶段就公开了介绍的目的，那么如果万一没有谈妥，就会损害一方或双方家庭的名誉。相亲时年轻男女分别由父亲或母亲或双亲陪同，媒人必须扮演主人（或女主人）的角色。最方便的办法是安排他们参观每年例行的菊花展或赏樱花，或者去著名的公园和娱乐场所，这样双方就“偶然”“碰”到一起。

通过以上方法以及其他许多方法，日本人避免因失败而引起的耻辱。虽然他们强调有义务在受辱时要洗刷污名，但在实际生活中，这种义务使他们在处理事情时尽可能不至于感到受辱。这一点，和太平洋诸岛上与日本同样重视洗刷污名的部族相比，具有显著差异。

在新几内亚和美拉尼西亚从事园艺的原始民族中，遇到侮辱就必定要愤怒，这成为部族及个人行动的主要动力。他们在举行部族宴会时，必须让一个村的人议论另一个村子，说他们穷得连十个客人也请不起，是些把芋头和椰子都藏起来的吝啬鬼；他们的首领们是一群蠢货，连宴会都组织不起来；等等。于是遭到挑战的村子就炫耀奢华和大方，使得来客惊异，以洗刷其污名。提亲以及经济上的交易也是这样安排。双方交战时也是这样，在搭弓射箭之前，敌我双方必须互相谩骂。不管是多么琐细的事情，他们也得把它当作必须拼一死战才行。这对采取行动是一大动力，而这些部族往往具有很大的活力，但是没有人说这些部族崇尚礼节。

与此相反，日本人却是尚礼的模范，而且，这种显著的尚礼也正可以衡量他们如何极力限制那些必须洗刷污名的事端。他们虽然仍然把由侮辱引起愤怒作为获取成就的最佳鞭策，却限制挑起侮辱的事端，只在特定情况或者消除侮辱的传统手段遭受抑制而不能奏效时才会发生。这种鞭策的利用，无疑对日本得以在远东取得统治地位以及最近十年间推行的对英美战争政策，起到了推波助澜的作用。但是，西欧人关于日本人对侮辱敏感及热衷复仇的许多议论，用于新几内亚那些喜欢利用侮辱的部族，要比用于日本更适当。西欧人对日本在战败后将如何行动的许多预测之所以往往不能切合实际，正是因为他们没有认识到日本人对名分的“情义”所加的特殊限制。

美国人不应当因为日本人尚礼而低估他们对诽谤的敏感。美国人随便评论人，视同游戏。我们很难理解，日本人对轻微的批评也当作大事。日本画家牧野芳雄在美国出版的英文自传中生动地描述了一个日本人对他所讲的“嘲笑”作出的典型反应，他写这部传记时已经在美国和欧洲度过了他大部分的成年时代，但其感受的强烈却好像他仍然生活在故乡——爱知县的农村。他是一位很有地位的地主的小儿子，在幸福的家庭中受到无比的宠爱。当幼年期即将结束时，母亲去世；不久父亲破产，为了偿还欠债，变卖了全部家产。牧野的家庭败落了，他自己也身无分文，而想要实现自己的宏愿，其中之一就是学习英语。他来到附近的教会学校当门房，为的是学英语。在十八岁前，他除了附近几个乡镇以外还未出过远门，但却决心要去美国。

“我拜访一个我最信赖的传教士，向他表明了自己想去美国的意思，指望他也许会告诉我一些有用的知识。可是非常失望，这位传教士喊道：‘什么？你想到美国去？’传教士的夫人也在房间里，他们俩一块儿嘲笑我，一瞬间，我似乎觉得脑子里的血全部流到了脚底下。我在那里默默地站了两三秒钟，连一声‘再见’也没有说就返回自己的房间。我自言自语道：‘一切全完了！’

“第二天一早我就离开了，现在我要说一说原因。我总坚信，世界上最大的犯罪就是对人的不诚恳，而最不诚恳的就是嘲笑别人。

“我常常原谅人们的发怒，因为有时脾气不好是人的本性；对于人们向我撒谎时，我一般也能原谅，因为人性很脆弱，在面对困难时经常不够坚强，不敢讲真话；对没有根据的流言蜚语、背后谈论，我也能原谅，因为人们在遇到别人说闲话时难免不陷进去。

“甚至对杀人犯，我也可以酌情体谅。但对嘲笑则不能原谅，因为只有内心不诚恳才会嘲笑无辜的人。

“请允许我对两个词讲一下我自己的定义。杀人犯：杀害某人肉体的人；嘲笑者：杀害他人心灵的人。

“心灵远比肉体宝贵，因此，嘲笑是最恶劣的罪行。那一对传教士夫妇实在是要残害我的心灵，我心中感到巨大的创痛，我的心在叫喊‘你为什么?!……’”[1]

第二天早晨，他把全部东西打成一个包袱，背着走了。

他感到“被残害了”，一个身无分文的乡村少年想去美国学画，却遭到传教士的怀疑。他的名分被玷污了，只有实现他自己的目的才能洗刷掉污名。既然已经遭到传教士的嘲笑，他就只能离开这里，并且证明他有能力到美国去，除此之外别无他选。他指责传教士时所使用的英文字眼是“insincerity”(不真诚、不诚恳)。这使我们感到奇怪，因为在我们看来，那位美国人的惊奇是非常符合“sincere”(诚实、正直)的含义的。而牧野先生则是按日本人的含义来使用这个词的。日本人对那种蔑视别人以至不屑挑起争吵的人，认为是不诚实、不诚恳。这类嘲笑是放肆的，毫无顾忌的，是对人不诚恳的明证。

“甚至对杀人犯，我也可以酌情体谅。但对嘲笑，则不能原谅”。既然“原谅”不是对嘲笑的正确态度，那么唯一可行的办法就是报仇。牧野来到了美国，也就洗刷了污名。在遭到侮辱或失败的情况下，“报仇”是一件“好事”，在日本传统中占很高的位置。为西欧人写书的日本人，常常使用生动的比喻来描写日本人对待报仇的态度。新渡户稻造，一位最富于博爱思想的日本人，在其 1900 年所著的书中写道：“报仇具有某些足以满足正义感的东西，我们的报仇观念就像数学中必须使方程式的两边相等那样严密，否则，我们总感到有心事未了。”[2] 冈仓由三郎在题为《日本的生活与思想》的书中，把报仇与日本一种独特的习惯作了比较后写道：

---

❶ 牧野芳雄：《我的童年》，1912 年，第 159—160 页。——原注

❷ 新渡户稻造：《日本的灵魂》，1900 年，第 83 页。——原注

“所谓日本人的心理特异性，很多来自喜爱洁净以及与之相关的厌恶污秽。否则无法解释这种现象。我们被训练成（实际情况如此）遇到侮蔑家庭名誉或者国家荣誉，就视如污秽或疤疥，必须通过申辩洗刷干净，否则就好像不能恢复清洁或健康。对日本公私生活中常见的报仇事例，不妨看作是一个喜爱洁净成癖的民族所进行的晨浴。”❶

他接着说，“日本人过着犹如盛开的樱花般清净无尘的生活，美丽而宁静。”换言之，“晨浴”就是洗净别人向你投来的污泥，只要你身上沾一点，就不贞洁。日本人没有这样一种伦理教育，即一个人只要自己不感到受辱就不算受辱；他们也不认为：“人必自侮而后人侮之”，并不是别人对他说了什么或做了什么。

日本的传统经常公开提倡这种“晨浴”式的报仇理想。无数事例和英雄故事已经家喻户晓，其中《四十七士》❷的故事更是脍炙人口。这些故事被编入教科书、在剧场上演、拍成电影、写成通俗读物，它们已经成为日本现有文化的一部分。

其他的故事是关于必须向自己的主君进行报仇。按照日本的伦理，“情义”意味着家臣必须终生对主君尽忠，同时也意味着，如果家臣感到受辱，也会变成仇敌。德川第一位将军家康的故事中就有这样的好例子。德川的一位家臣听说德川曾经在背后说他是个“会被鱼骨头卡死的家伙”，这是对

❶ 冈仓由三郎：《日本的生活与思想》，伦敦，1913 年，第 17 页。——原注

❷ 《四十七士》，参阅本书第十章。——译者注

武士尊严的侮辱，决不能容忍。于是，这位家臣发誓，终生不忘此辱。当时，德川刚刚奠都江户，着手统一全国，敌对势力仍在，大局尚未平稳。这位家臣暗中勾结敌方诸侯，策谋内应，纵火烧毁江户。他认为这样就实现了“情义”，向德川报了仇。西方人有关日本人忠诚的议论有很多不合实际，其原因就在于他们不了解，“情义”不仅是忠诚，在特定条件下它也要求背叛。正如他们所说：“挨了打会成为叛徒”，受了侮辱也是一样。

日本历史故事中有这样两个主题：一个是由错误者向正确者进行报复；另一个是凡受辱必报复，即使对方是自己的主君。这两个主题在日本文学作品中很常见，情节也多种多样。但是，如果考察一下当代日本人的身世、小说以及实际状况，情况就会很清楚，尽管他们在古代传统中非常崇尚报仇，但在现实生活中则和西欧一样，很少见复仇行为出现，甚至比西欧还少。这并不意味人们的名誉观念日趋淡薄，而是意味对失败和侮辱的反应已经日益成为自卫性而不是进攻性的。对耻辱仍然看得很重，但已经更多地以自我麻痹来代替挑起争斗。在明治维新以前，日本缺少法律，直接攻击的复仇可能性比较大；到了近代，法律、秩序以及处理相互依存的经济难度把复仇行为打入了地下，或者把它指向自己胸膛。人们可以玩弄计谋来向仇人进行报复而使对方毫无察觉，这多少有些像古代故事中，主人在珍馐中暗藏粪便给仇敌吃，唯一的目的就是要对方在吃的时候察觉不到；客人竟然丝毫没有觉察。今天，就连这种隐秘的攻击也极其稀少，更多的是把攻击矛头指向自己。这里有两种抉择：一种是，把它当作鞭策，激励自己去做“不可能”的事；另一种让它侵蚀自己的心灵。

日本人对失败、诽谤或排斥的反应很敏感，因而极易恼怒怨恨自己而非他人。近几十年来，日本的小说一再描写有教养的日本人是如何在极端狂怒与悲伤抑郁之间辗转不安。这些小说中的主角厌烦一切，厌烦日常生活，厌烦家庭、城市和乡村。他们的厌倦并非因为未达到理想，也就是与理想的伟大目标相比，所有的努力都渺小得可怜。它并非来自于现实与理想的对立，一旦有追求重大使命的愿望，日本人的厌倦情绪就会消失，不管这个目标有多么遥远，其厌倦情绪也都会消失得无影无踪。日本人所特有的这种厌倦是一种敏于感伤的疾病。他们把被排斥的恐怖引向内心，不知如何自处。日本小说中所描写的厌倦心理状态不同于我们平时熟悉的俄国小说。在俄国小说中，现实世界与理想世界的对立是小说主人公所有苦闷经验的基础。乔治·桑塞姆爵士（Sir George Sansom）曾经说过，日本人缺乏这种现实与理想的对立感。他这样说并不是为了说明日本人厌烦的根源，而是为了说明日本人的哲学是怎样形成的，以及他们对人生的一般态度。的确，这种与西方基本观念的对立已经远超此处所指的特殊事例范围，但与日本人的动辄忧郁却有着特殊关系。日本和俄国都是喜欢在小说中描写厌倦的民族，这和美国形成鲜明对比。美国小说不常写这种题材。美国小说把书中人物的不幸归咎于性格缺陷或残酷社会的虐待，而很少描写单纯的厌烦。描写一个人与环境不协调时总有一个原因，作者总是让读者从道义上责备主人公的性格缺陷或社会秩序中存在的弊端。日本也有无产者小说，谴责城市中可悲的经济状况以及渔船上的可怕事件。但是，正如一位作家说的那样，日本的人物小说所暴露的是这样一种社会，即在那个社会里，人们情绪爆发时就像飘荡着有毒的气体。小说的主人公或作者都认为没必要分析周围的环境或主人公的经历，以便弄清阴云来自哪里。它说来就来、说去就去，人们都容易伤感。古代英雄惯于向敌人进行攻击，他们则把这种攻击转向自己的内心。在他们看来，他们的忧郁似乎没有明确的原因。虽然也找些事件当作原因，但这些事件留给人们的印象则顶多算是一种象征。

现代日本人对自身施予的最极端的攻击行为就是自杀。按照他们的信条，就是用适当的方法自杀，可以洗刷污名并赢得身后好评。美国人谴责自杀，认为它只不过是对绝望屈服而自我毁灭；日本人则尊重自杀，认为它可以是一种光荣的、有意义的行为。在一定的场合，从“对名分的情义”来说，最体面的办法就是自杀。到了年关岁尾还不了债的人，因某种不幸而引咎自杀的官员，结合无望而双双殉情的恋人，以死抗议政府迟迟不对中国进行战争的爱国志士等等，都像没有考中的少年及避免当俘虏的士兵一样，对自身施以最后的暴力。有些日本权威说，这种自杀倾向在日本是新近才出现的。这种说法是否正确很难判断，但是统计表明，近年来观察者往往高估了自杀的频率。按比例来说，上世纪的丹麦和纳粹前的德国自杀人数比日本任何时代都要高。但是有一点可以肯定，日本人喜欢自杀这一主题，就像美国人对犯罪大书特书一样，两者都为此有同样的切身之感。与杀别人相比，他们更对自杀津津乐道。借用培根（Bacon）的话来说，他们是把自杀当成最喜欢的“刺激性事件”（flagrantcase）。议论自杀可以得到其他话题所不能得到的某种满足。

与封建时代历史故事中的自杀相比，近代日本的自杀更富于自虐性。在历史故事中，武士为了免受不名誉的死刑，按照朝廷的命令而自杀，就好像西方敌军士兵宁愿被枪杀而不上绞刑架或落入敌手遭受酷刑。武士被批准切腹，也恰如不名誉的普鲁士军官有时被允许秘密自杀一样。犯罪的普鲁士军官在知道只有死才能挽救名誉时，他的上级就在他卧室的桌上放一瓶威士忌酒和一把手枪。日本武士也是一样，死是注定了的，只不过是选择怎么死。而近代的自杀则是主动选择死，人们往往把暴力转向自己，而不是转向残害别人。在封建时代，自杀行为是最终宣布一个人的勇敢和果断，今天则变成主动选择自我毁灭。最近四五十年间，每当日本人感到“世界混乱”、“方程式的两边”不相等、需要洗“晨浴”来洗净污秽的时候，他们越来越倾向于毁灭自己，而非毁灭别人。

把自杀作为最后论据而争取获胜，虽然封建时代和现代都有，但在现代也在向上述方向上发生转变。德川时代有个著名故事，说的是幕府有一位年高德劭的顾问担任将军监护人，曾经在其他顾问官和将军代理人面前，当众袒腹抽刀准备切腹。这种威胁手段奏效了，他推荐的人继承了将军职位。他达到了目的，也就没有自杀。用西方语言来说，这位监护人是在用“切腹”威胁反对派。在现代，这种抗议性的自杀行为已经不是谈判手段而是为主义殉身，其出现多半是所提主张没有被采纳，或者反对某些已签字的协议（如《伦敦海军裁军条约》）以求留名史册。在这种情况下，只有实实在在的自杀才能影响舆论；不是摆摆架式进行威胁就能够奏效的。

在“名分的情义”遭受威胁时，把攻击矛头指向自己，这种倾向正在发展，但并不一定包含自杀这种极端手段。自我攻击有时表现为沮丧、消沉以及日本知识阶层中流行的那种典型的厌倦情绪，这种情绪之所以在这个阶层广泛蔓延，是有充分的社会学原因。这是因为知识分子过剩，使他们在等级制中的地位很不稳定，只有极少数人能够满足其雄心壮志。特别是 20 世纪 30 年代，当局怀疑他们有“危险思想”，使他们更加感伤。日本知识分子常把他们的抑郁归因于西方化造成的混乱，但这种说法并不相符。典型的日本人的情绪摇摆是从强烈的献身精神一变为极端的厌倦情绪。很多知识分子都曾蒙受过的这种心理毁损是日本传统所固有的。20 世纪 30 年代中期，他们当中许多人也是用传统办法摆脱这种厌倦情绪的。他们抱着国家主义目标，把攻击矛头再次从自己内心转向对外。从对外发动的极权主义侵略中，他们重新“发现了自己”。他们摆脱了恶劣的心境，感到自己内部有一股新的巨大力量。他们相信，虽然在人际关系上不能做到这一点，却相信作为一个征服民族就能够做到。

现在，这场战争的结果证明了上述信念的错误，消沉再次成为日本巨大的心理威胁。无论怎样想，他们都很难克服这种心情。它根深蒂固。东京的一位日本人说："再也不用担心炸弹了，真是一个大解放。但我们不打仗了，也没有目标。每个人都恍恍惚惚，干起活来心不在焉。我自己是这样，我妻子也是这样；所有的日本人都像住医院的病号，干什么事都是慢腾腾的，茫然若失。人们抱怨政府对战争的善后及救济工作进展缓慢。我以为，这是因为那些官员的心情也和我们一样。"这种虚脱状态的危险性与法国解放后一样。德国在投降后最初的六个月到八个月间还没有出现这个问题，而日本则成了问题。美国人能够充分理解这种反应。但令人几乎难以置信的是，与此同时，日本人对战胜国竟然如此友好。几乎战争一结束，情况就十分明朗：日本人以非常善意的态度接受了战败及其一切后果。他们以鞠躬致意，微笑招手，甚至欢呼欢迎美国人。这些人的表情既不抑郁，也没有发怨。用天皇宣布投降诏书中的话来说，他们已经"忍所难忍"。那么，这些人为什么不着手重建家园？在占领条件下，他们有这种机会。占领军并没有占领每个村庄，仍然管理着行政事务。整个民族似乎都在欢笑招手迎接而对自己的事却漠然置之。然而，正是这个民族，在明治初年完成了复兴奇迹，在 20 世纪 30 年代倾注全力准备军事征服，他们的士兵在整个太平洋地区不顾一切，逐个岛拼死作战。

这个民族确实丝毫未变，他们是以日本方式作出的反应，在顽强努力与消磨时光极端消沉之间情绪摇摆不定，这对他们来说是很自然的。在当前，日本人的主要注意力是要维护战败的荣誉，而且他们认为采取友好态度能够达到这一目的。作为一种衍生的结论，许多日本人认为依赖美国是达到这一目的最安全的办法。由此，他们很容易认为，做出努力反而会招致疑忌，还不如消磨时光。于是，消沉情绪开始蔓延。

但是，日本人绝不欣赏消沉。“从消沉中站起来”，“把别人从消沉中唤醒”，既是当前日本号召改善生活的经常性口号，也是战争期间广播中常用的词句。他们以自己的方式与消极无为做斗争。1946 年春季，日本报纸连篇累牍地说：“全世界的目光正在注视着我们”，而轰炸废墟的瓦砾尚未清除，某些公用事业仍然处于停顿状态，这对日本名誉该是何等玷污！他们还埋怨那些无家可归的难民，说他们意志消沉，夜宿车站，让美国人看他们的可怜相。日本人很能理解这些启发名誉心的呼吁。他们也希望倾注最大努力，以便将来能成为一个在联合国组织中占有重要地位的国家。那仍然是为了名誉，但方向则完全不同了。如果将来大国之间实现了和平，日本是能够走上这条自尊自重的道路的。

日本人恒久不变的目标是名誉，这是博得普遍尊敬的必要条件。至于为了实现这一目标而使用的手段,则视情况而决定取舍。一旦情况发生变化，日本人就会改变态度，即便算不上道德问题也是如此。而我们热衷于“主义”，热衷于意识形态上的信念，即使失败也不会改变。战败的欧洲人到处都在组织地下活动，而日本人则除少数极端顽固分子外，都不需要组织抵制或在地下反对美国占领军的运动。他们不觉得在道义上有坚持旧路线的需要。在占领后不到几个月，美国人即使单身乘坐拥挤不堪的火车前往日本的穷乡僻壤，也不必担心安全，并且受到曾经是国家主义者官员的礼貌接待，没有发生过一次报复行为。当我们的吉普车通过村子时，孩子们站立在道旁高喊“Hello”（你好）、“Good-bye”（再见），婴儿自己不会招手，母亲就把着他的小手向美国兵挥舞。

战败后日本人这种 180 度的转变，让美国人很难理解。这是我们无法做到的。对于我们来说，甚至比俘虏营中日本俘虏的态度变化还要难以理解。因为俘虏们自认为对于日本来说，他们已经死了。既然是“死人”，那我们就不知道他们会干些什么。在了解日本的西欧人士中，几乎没有一个人会预测到日本俘虏的上述表面性格变化也会出现在战后的日本公众之中。他们多数人都认为：日本"只知道胜利或失败"；而且在日本人眼里，失败就是侮辱，一定要用拼死的暴力进行报复。某些人则认为，日本的民族性使他们不可能接受任何媾和条款。这些日本研究者们不懂得"情义"。他们在众多为保持名誉的各种抉择中，只挑出复仇与侵犯这种明显的传统模式。他们没有考虑到日本人还有采取另一种方针的习惯。他们把日本人关于侵犯的伦理与欧洲人的公式相混淆。在欧洲公式中，任何个人或民族如果进行战斗，首先必须确认其战争目的的永恒正义性，其力量则来自久蓄胸中的憎恨和义愤。

日本人则另外寻找侵略的根据，他们迫切要求在世界上赢得尊敬。他们看到大国是凭借军事实力赢得尊敬的，于是力求与这些国家并立。由于资源缺乏、技术落后，使得他们不能不采取比希律王[1]更毒辣的手段。他们付出了巨大的努力，可还是失败了，这对他们来说意味着侵略到底不是赢得名誉的捷径。而"情义"则往往有双重同等的含义，一方面是使用侵略手段，另一方面是遵守互敬关系。在战败之际，日本人从前者转为后者，而且显然不觉得在心理上对自己有任何压力，其目标仍然是为了名誉。

在历史上其他情况，日本也曾有同样的举动，往往使西方人迷惑不解。1862年，长期的锁国帷幕刚刚拉开，一位名叫理查德森（Ri-chardson）的英国人在萨摩[2]遭杀害，萨摩藩是攘夷运动的策源地，萨摩武士傲慢、好战在日本闻名，英国派了远征军进行惩罚，炮轰萨摩藩重要港口鹿儿岛。

❶ 希律王（King Herod），耶稣诞生时的犹太王，以残暴著称。——译者注

❷ 应该是生麦，位于横滨市。当时是萨摩藩兵队列通过生麦村，理查森欲横穿队列，引起纠纷而被杀害。作者因此误以为在萨摩。——译者注

在整个德川时代，日本人一直在制造武器，但都是仿造旧式的葡萄牙枪。鹿儿岛当然不是英国军舰的对手，但这次炮击却带来了意外惊人的后果，萨摩藩并没有要誓死报复，反而向英国寻求友谊。他们亲眼看到了敌人的强大，就要求向敌人请教。他们与英国建立了通商关系，并于次年在萨摩建立了学校。❶据当时的一位日本人描述，这所学校“教授西方的学术奥义，……因生麦事件而产生的友好关系日益发展”。所谓生麦事件❷就是英国惩罚萨摩并炮轰鹿儿岛港。

这并不是一个孤立的事例。与萨摩藩相媲美、也以好战和激烈排外著称的另一个藩是长州藩。这两个藩都是培育“王政复古”领导者的温床。没有正式权力的朝廷曾发布一道敕令，限以 1863 年（阴历）5 月 11 日为期，命令将军把所有夷狄赶出日本国土。幕府没有理睬这道命令，而长州藩则不然，它从要塞向通过下关海峡的西方商船开炮。日本的火炮和炮药实在低劣，外国船只并没有受到损害。为了惩罚长州藩，西欧各国联合舰队迅速击毁了长州藩要塞，并索取三百万美元的赔偿，然而这次炮击却带来了与萨摩藩同样奇妙的后果。诺曼在论述萨摩事件和长州事件时写道：“这些曾经是攘夷急先锋的藩发生了豹变，无论其背后的动机多么复杂，这种行动却证明了他们的现实主义和冷静态度，人们对此只能表示敬意。”❸

这种善于适应情况的现实主义是日本人“对名分的情义”光明的一面。正如月亮一样，“情义”有其光明面和黑暗面。它的黑暗面是使日本把美国限制移民法和《伦敦海军裁军条约》看作是对日本民族的极大侮辱，并驱

---

❶ 指“开成所”。——译者注

❷ 此处应称为“萨英战争”，不应称“生麦事件”。——译者注

❸ 《日本近代国家的诞生》，第 45 页。——原注

使它执行了这场不幸的战争计划；它的光明面则是使日本能够以善意的态度接受 1945 年的投降及其后果。日本仍然一如既往，按其性格行事。

近代日本的著作家及评论家在“情义”的各项义务中选择其所需介绍给西方读者，称之为崇拜“武士道”或曰“武士之道”。有理由说，这种介绍引起了某些误解。武士道这个正式名称是近代才有的，它不像“迫于情义”“完全出于情义”“为情义而竭尽全力”等格言那样有深厚的民族感情背景。它也不能囊括“情义”的复杂性和多样性，它是评论家出于灵感的创作。而且，由于武士道曾经是国家主义者和军国主义者的口号，随着这些领导人的信誉扫地，武士道的概念也正在受到怀疑。这绝不意味着日本人今后不再“懂情义”，恰恰相反，现在正是西方人应当理解“情义”在日本的含义的更重要时期。把武士道等同于武士阶级也是造成这种误解的根源。“情义”是所有阶级共同的道德，与日本其他所有义务和纪律一样，身份越高，“情义”的责任“就越重”，但所有阶层都要讲“情义”，至少日本人认为“情义”对武士的要求要高于对平民。外国观察者则似乎认为，“情义”对普通百姓的要求最高，因为他们所得的回报较少。在日本人看来，只要在自己那个圈子里受到尊敬就是充分的回报，而“不懂情义的人”仍然是受其同伴藐视和厌恶的“可悲的人”。

第九章 人情的世界

像日本这样极端要求回报义务和自我约束的道德准则，似乎坚决要把私欲谴责为罪恶并要求将它从内心中根除。古典佛教的教义即是如此，但日本的道德准则却对感官享乐那般宽容，这就更令人感到惊异。日本是世界上数得上的佛教国家之一，但在这一点上，其道德伦理显然与释迦及佛典相对立。日本人并不谴责满足私欲，他们不是清教徒。他们认为肉体的享乐是件好事，是值得培养的。他们追求享乐，尊重享乐，但是，享乐必须恰如其分，不能干涉人生的重大事务。

这种道德准则使日本人的生活经常处于高度紧张的状态。对于日本人容许感官享乐的后果，印度人比美国人更能够理解。美国人不认为必须学习享乐，在他们看来，拒绝沉溺于感官享乐就是克制已知的诱惑。但实际上，享乐也像义务一样需要学习。在很多文化中，享乐本身并不是经过学习的，因而人们容易为自我牺牲的义务献身。甚至连男女之间的肉体吸引有时也受到极度限制，以致几乎丝毫威胁不了家庭的圆满生活。在这些国家中，家庭生活与男女爱情不同，是以另外一些考虑为基础的。日本人一方面培养肉体享乐，另一方面又规定不能把享乐当作严肃的生活方式而纵情沉溺。

这样，日本人就使生活变得难以处理。他们把肉体享乐当作艺术一样加以培养，在品尝个中趣味之后，又牺牲享乐，献身于义务之中。

洗热水澡是日本人最喜欢的一种细致的肉体享乐。从最贫穷的农民、最卑贱的仆人到富豪贵族，每天傍晚都要浸泡在滚烫的热水中，这已经成为生活常规之一。最常见的浴槽是木桶，下面烧炭火，水温可达华氏 110 度或更高。人们在入浴以前要洗净身体，然后全身浸入热水中，尽情享受温暖和舒适。他们在桶中抱膝而坐，形状如同胎儿，水浸至下巴处。他们每天洗澡，其重视清洁的程度与美国无异，但此中另有一种艺术情趣则是世界上其他各国的洗澡习惯难以媲美的。用他们自己的话来说就是，年龄越大，情趣越浓。

他们在洗澡上想尽办法来节省费用和劳力，但入浴则必不可少。在城镇中，有像游泳池那样大的公共浴池，人们可以到那里洗澡，并与一起洗澡的人说笑。在农村，几个妇女轮流在庭院里烧洗澡水，供几家人轮流入浴，洗澡时被人看见也不在乎。即使是上流家庭，入浴也必须遵守严格顺序：首先是客人，往下依次是祖父、父亲、长子，最后是家里最下等的佣人。出浴时浑身绯红，如同煮熟的虾一样。然后全家团聚，共享每天晚餐前的轻松与愉快。

恰如酷爱热水澡并视为一大享乐一样，他们也重视“锻炼”，其传统包括最严厉的冷水浴。这种习惯往往被称为“寒稽古”（冬炼）或“水垢离”（冷水洗身锻炼），至今仍然很盛行，但已经不是传统的形式。从前，必须在黎明前出去，坐在冰凉的山间瀑布之下。寒冬的夜晚，即使在没有取暖设备的日本房间里往身上泼些冰凉的冷水，也是非同小可的艰苦修行。帕西瓦尔·洛厄尔（Percival Lowell）记述了 19 世纪 90 年代盛行的这种习惯。志在获得医治疾病或能预言的特别才能的人们——他们并不想去当僧侣或神官——在就寝前要进行“水垢离”，凌晨二时，“众神入浴”时要起床再做一次，早晨起床、中午及日落时分也要各做一次。❶在那些急于学习乐器或其他手艺以求谋生的人中尤其盛行黎明前的这种艰苦修行。还有，为了锻炼身体，人们在严寒中裸露着身体。据说，练习写字的孩子们更是要锻炼，哪怕把手指冻僵、长冻疮也要这样，说是特别有效。现代的小学里没有取暖设备，据说这对锻炼孩子们的意志有很大好处，将来能够忍受人生中的各种艰苦。西方人则对日本孩子经常感冒和流鼻涕印象更深，因为这种习惯只能如此。

日本人爱好的另一种乐趣是睡觉，这也是日本人最熟练的技能之一。不管什么姿势，也无论是否在我们认为根本不能入睡的情况下，他们都能舒舒服服地入睡。这件事情使许多研究日本的西方学者惊奇不已。美国人几乎把失眠和精神紧张看成同义词，而按照我们的标准衡量，日本人的性格是高度紧张的，可是他们却能毫不费力地熟睡。他们晚上睡觉很早，在东方各国很少发现有睡得这么早的国民。日本村民们都是在日落不久后就入睡。按照我们的信条是为明天积蓄精力，但他们早睡却不是如此，因为他们没有这种打算。一位非常了解日本人的西方人写道：“到了日本，你必须抛弃那种认为今晚睡眠与休息是为准备明天工作的想法；你必须把睡眠与解除疲劳、休息、保养等问题分开考虑。”就好比一项工作提议一样，睡眠也是“自成一案，与任何所知生死的事情无关”。❷美国人习惯认为睡眠是为了维持体力，我们大多数人，早晨一觉醒来的第一件事就是计算昨晚一共睡了几个小时，睡眠的长短告诉我们，白天可以有多少精力和多大效率。

---

❶《神秘的日本》，1895 年，第 106—121 页。——原注

❷《日本的未来》，1907 年。——原注

日本人睡觉则不是为了这些。他们就是喜欢睡觉，只要没人妨碍，他们就能高高兴兴地进入梦乡。

显然，他们也同样能毫不吝啬地牺牲睡眠。准备应考的学生通宵达旦地用功，根本不考虑睡眠会使他能更好地应付考试。在军队训练中，睡眠完全服从于训练。杜德（Harald Doud）大尉 1934 年至 1935 年曾经在日本陆军工作，在谈及与手岛上尉的一次谈话时说，“平时演习中，部队连续三天两夜行军，除了十分钟小憩和短暂间歇可以打个盹儿以外，一点也不能睡眠。有时士兵们边走边打瞌睡。有一个少尉熟睡过去，撞到路旁的木堆上，引起了大笑。”好不容易回到兵营，可还是不能睡觉，都被分配去站岗或巡逻。我问：“为什么不让一部分人去休息呢？”上尉回答：“噢，不用，他们都知道怎样睡觉，现在是要训练他们不睡觉。”❶ 这段话简洁生动地表达了日本人的观点。

像取暖、睡觉一样，吃饭既是享乐式的休息也是一种严格训练。日本人在闲暇之余喜好烹调多种菜肴来品尝，一道菜只有一羹匙，色味都很讲究；但在另外情况下又强调训练。埃克斯坦（G・Eckstein）引用日本一位农民的话说，“快吃快拉是日本人最高德行之一”。“吃饭不被认为是大事，……吃饭只是维持生命的需要，因此，应当尽快地吃完。对孩子们，尤其是男孩，总是尽量催他们快吃，而不像欧洲人那样劝他们慢慢地吃”（重点号是原著者所加）。在训练僧侣的佛教寺院，僧侣饭前的感恩祈祷中必须把食品看成是良药❷，意思是说，正在修行的人不应把吃饭看作享乐，而只应看作是必需。

---

❶ 《日军如何作战》，1942 年，第 54—55 页。——原注

❷ 《道元禅师清规》赴粥饭法中有这样一段话：“俟闻钟磬，合掌揖食，次作五思：一计功之多少，思彼来处不易；二思己德匮乏，不足以受供奉；三思防心远过，以遁世为宗；四思食如良药，为治疗枯骸；五思今受此食，以为成道。”——译者注

按照日本人的看法，强行绝食是测试意志坚强的良方。像放弃温暖和睡眠一样，绝食也表示能够忍受苦难，就像武士那样“口含牙签”。如果经受住绝食的考验，体力不仅不会因卡路里、维生素的缺乏而下降，反而会因精神胜利而提高。美国人认为营养与体力是一对一的对应关系，而日本人却不承认这一点。因此，才有东京广播电台在对战时，在防空洞内向避难的人们宣传体操可以使饥饿的人恢复体力和元气的事情。

浪漫主义的恋爱也是日本人培养的另一种“人情”，在日本已经成为习惯，尽管它和日本人的婚姻方式、家庭义务截然相反。日本小说充满了这类题材。和法国文学作品一样，书中的主角都是已婚的人，因情而死是日本人喜欢阅读和谈论的话题。10 世纪[1]的《源氏物语》就是一部描写爱情的杰出小说，不逊于世界上任何国家当时发表的伟大小说。封建时代的大名和武士们的恋爱故事也同样具有浪漫色彩，它还是现代小说的主要题材，这与中国文学的差异是很大的。中国人忌谈浪漫主义的爱情和性享乐，由此免去人际间许多纠纷，家庭生活也相当平稳和谐。

在这一点上，美国人对日本人要比对中国人理解更多，但是这种理解仍然是肤浅的。我们对于性享乐有许多日本人所没有的禁忌。日本人在这个领域不大讲伦理道德，而我们则是要讲的。他们认为，像其他“人情”一样，只要把“性”放在人生的低微位置上即可。“人情”没有什么罪恶，因而对性的享受无须讲伦理道德。英美人认为日本人珍藏的有些画册是淫秽的，认为吉原（艺伎与妓女集中地）是悲惨的地方。对于这种评论，日本人一直很重视。日本人刚开始与西方人接触时，就非常注意外国人这种评论，并且制定了一些法律以使他们的习惯更接近西方的标准。但是，任

[1] 日文译本译作“12 世纪”。按《源氏物语》大约成书于 11 世纪初。——译者注

何法律也不能消除文化上的差异。

有教养的日本人清楚地知道，他们并不认为是那么不道德、猥亵的事，英美人却不以为然。但是他们并没有充分意识到，我们的习惯态度与他们那种“人情不能干涉人生大事”的信条之间有巨大的鸿沟。而这一点也正是我们难以理解日本人对待恋爱和性享乐态度的主要原因。他们把属于妻子的范围和属于性享乐的范围划分得一清二楚，两个范围都公开、坦率，而不是像美国生活中那样，一个可以公诸于世，另一个则只能在私下进行。日本人对两者的区别是，一个是属于人主要义务的世界，另一个则属于微不足道的消遣世界。像这样划定范围“各得其所”，这种办法使这两类活动对家庭中的模范父亲和市井中的酒色之徒都能分别适用。日本人不像美国人，他们的理想不是把恋爱与结婚看成一件事。我们所赞许的恋爱是以选择配偶为基础的，“相爱”就是我们结婚的最好理由。结婚以后，如果丈夫与其他妇女发生性行为，那就是侮辱他的妻子，因为他把理应给予妻子所有的东西给了别人；日本人则不这样认为，在选择配偶问题上，他们听命于家长，盲目地结婚，他们与自己妻子的关系必须遵守清规戒律。即使在很融洽的家庭中，孩子们也看不到父母之间性爱的表现。正如一位现代日本人在某杂志中说的那样：“在我们国家里，结婚的真正目的是生儿育女，传宗接代，其他任何目的，只能歪曲结婚的真实含义。”

但是，这绝不意味着日本的男子只在这种生活中循规蹈矩。他们如果有钱，就会去另找情妇。与中国的重大差别是，他们不把自己迷恋的女人带到家里来作为家族中的一员。如果那样做，就会把两种应当分开的生活范围混为一谈。他的情妇可能是精通音乐、舞蹈、按摩以及其他技艺的艺伎，也可能是妓女。不管是哪一种人，他都要与那种女子的雇主签订契约，以防止那个女人被遗弃，契约要保证给女方金钱报酬。他将为她另筑新房。只有当女的有了小孩，而男人希望把这个小孩与自己的孩子一起抚养时，可以破例把女人接到自己的家里来。进门以后，这个女的不是妾，而是一个佣人。孩子们称正式夫人为“母亲”，不需要承认生母与孩子的关系。中国那种显然已经成为传统习惯的东方式一夫多妻制与日本迥然不同。日本人对家庭义务与“人情”，甚至在空间上也是泾渭分明的。

只有上流阶级才有钱养情妇。多数男子则是时常与艺伎或妓女玩乐，这种玩乐完全是公开的。妻子为晚上出去玩的丈夫梳洗打扮，妓院可以给他的妻子送账单，妻子照单付款，视为理所当然。妻子可能对此感到不悦，但也只能自我烦恼。到艺伎处玩乐比到妓院贵，但与艺伎玩乐一晚的费用并不包括有性行为的过夜。他所享受的乐趣是欣赏训练有素、衣着入时、举止得体的美女的款待。如果要与某一个艺伎有进一步接近，男的就必须成为这位艺伎的保护人，签订契约规定是他的情妇，或者男的很有魅力，打动了艺伎而自愿献身。当然，与艺伎共度一晚之欢也绝不排除情色的事，艺伎的舞蹈、风趣、歌谣、仪态都是传统的，具有挑情性，而且故意表现上流夫人所不会表现的一切。这些都是“人情世界”中的事，对“孝的世界”是一种解脱。没理由不去纵情享乐，但这两个领域则必须划分清楚。

妓女都住在烟花巷。有的人如果在与艺伎玩乐过后余兴未尽，还可以再到妓院去。由于妓院费用低，钱少的人便满足于这种玩乐而放弃艺伎。妓院外面都挂有妓女的照片，游客通常毫不避讳地在人前长时间地面对照片进行品评挑选。妓女的身份低微，地位不如艺伎那么高。她们大都是因为家境穷困而被迫卖给妓院，不像艺伎那样受过训练，懂得艺术。过去，在日本人还没有注意到西方人的非议、旧习惯未除的时候，妓女需要亲自坐在人前，面无表情地对着顾客，听其挑选肉体商品；现在则用照片替代。

一个男人可以挑选一名妓女，与妓院签订契约，作为她唯一的保护人，而妓女则成为其情妇而受契约的保护。对于女侍或女店员则可以不签订契约而使之成为情妇，这种“自愿情妇”最无保障。她们大都是通过恋爱与男对象结合，却被公认的“义务世界”所排除。当日本人读到美国关于年轻妇女被情人抛弃，“婴儿绕膝”，悲伤失意的故事或诗歌时，他们会把这些私生子的母亲与日本的“自愿情妇”同等看待。

同性恋也是传统“人情”的一部分。在旧时代的日本，同性恋是武士、僧侣等上层人物公认的一种享乐。明治时期，日本为了赢得西方人的赞许，宣布许多旧习为非法时，同性恋也规定要被惩处。但是，这种习惯却至今仍然被认为是“人情之一”，不值得郑重对待，只是必须把它限制在一定范围内，不能妨碍家庭关系。因而不必担心会出现西方人所说的那种一个男人或一个女人“变成”同性恋的危险。虽然有的日本男人自愿当职业男妓，但对于美国存在着成年男子扮演同性恋的被动角色，日本人也感到特别吃惊。在日本，成年男子选择少年为对象。对于成人来说，认为扮演被动角色有损人格。日本人有他们自己的界线（什么事可以做而不伤害自尊），不过他们的界线与我们的不同。

酗酒也是被允许的“人情”之一。美国人发誓要绝对禁酒，日本人则认为是西方的怪行奇想。对于美国地方上举行投票号召禁酒的运动，他们也这样看待。饮酒是一种乐趣，任何正常的人都不会反对，但它只是一种小消遣，因此正常的人也绝对不会为它所困。按照他们的看法，正如不必担心会变成同性恋一样，也不必担心会变成醉鬼，强制防止酒精中毒也确实没有成为日本的社会问题。喝酒是一种愉快的消遣，因此，家庭以至社会都并不嫌恶醉酒的人。他们不会胡来，也没有人认为他们会打自己的孩子。比较常见的是，他们纵情歌舞，排除严格的礼仪束缚，无拘无束地畅饮。在城市的酒宴上，人们则喜欢坐在对方的膝盖上。

古板的日本人将饮酒和吃饭严格区别开。在农村的宴会上，如果谁开始吃饭，就意味着他不再喝酒。他已经涉足于另一个"世界"，对这两个"世界"区别得很清楚。在自己家里，他有时也在饭后饮酒，但绝不会一边饮酒一边吃饭，而是先享受一种，再享受另一种。

日本人的上述"人情"观具有一些重要后果。它从根本上推翻了西方人关于肉体和精神两种力量在人的生活中互较短长的哲学。在日本人的哲学中，肉体不是罪恶，享受可能的肉体快乐不是犯罪，精神与肉体不是宇宙中对立的两大势力。这种信条逻辑上导致一个结论，即世界并非善与恶的战场。乔治·桑塞姆爵士写道："在整个历史上，日本人都似乎缺乏这种认识恶的问题的能力，或者说在某种程度上不愿意抓住这个问题。"❶事实上，日本人始终拒绝把恶的问题看作人生观。他们相信人有两种灵魂，但却非善的冲动与恶的冲动之间的斗争，而是"温和的"灵魂和"粗暴的"灵魂❷，每个人、每个民族的生涯中都既有"温和"的时候，也有必须"粗暴"的时候。并没有注定一个灵魂要进地狱，另一个则要上天堂。这两个灵魂都是必需的，并且在不同情况下都是善的。

甚至他们的神也显然如此兼具善与恶两性。他们最著名的神素盏鸣尊是天照大神（女神）的弟弟，是"迅猛的男神"。这位男神对其姐姐非常粗暴，在西方神话中可能把他定义为魔鬼。天照大神怀疑素盏鸣尊到自己住房来

---

❶ 桑塞姆：前引书，1931年版，第51页。——原注

❷ 即"和魂"与"荒魂"。——译者注

的动机不良，想把他赶到屋外。于是，他放肆地胡闹，在天照大神的大饭厅里乱拉大便，而大神与侍者正在饭厅里举行尝新仪式[1]。他毁坏稻田的田埂，这是滔天大罪。最坏的，也是西方人最不可理解的是，他竟然在姐神的卧室的上端挖个窟窿，从中投入“倒剥皮”的斑驹[2]。由于素盏呜尊干了这些坏事，受到诸神的审判，因此被处以重刑，赶出了天国，被放逐到“黑暗之国”。[3]可是，他仍然是日本众神中一位招人喜爱的神，受到应有的尊敬。这样的神在世界神话中虽然很常见，但在高级的伦理性宗教中，这种神则被排除在外，因为把超自然的东西划成善恶两个集团，以分清黑白是非，更符合善与恶的宇宙斗争哲学。

日本人始终明确地否认，德行包含同恶进行斗争。正如他们的哲学家和宗教家们几百年来所不断阐述的那样，认为这种道德律不适合日本。他们大声宣布，这正证明日本人道德的优越。他们说，中国人必须树立一种道德律，即提高“仁”，也就是公正、慈爱的行为的地位，把它作为一种绝对标准。以仁为标准，一切有缺点的人或行为就能发现其所不足。他们说：“这种道德律对中国人是好的，因为中国人的劣根性需要这种人为的约束手段。”18世纪伟大神道家本居宣长就是这样说的。[4]近代的佛教家和国家

---

❶ 即尝新祭，新丰收的稻谷，要先祭神祖而后食用。——译者注

❷ 即男性生殖器。——译者注

❸ 即“根之国”。——译者注

❹ 准确的出处找不到，但类似的说法很多，先略举三例：“制斯道而正者，乃原道不正之故也”，云云（《古事记传·直毗灵》）。“法之所以无上之严，乃犯法者多之故也”（同上）。“如彼中国人者，其心必恶，事乱本多，故事无巨细，皆详悉规定，以防之也。”（《古事记传》）。——译者注

主义指导者们也就同样的题目发表著述或举行讲演。他们说，日本人天生性善，可以信赖，无须与自己恶的本性进行斗争，只需要洗净心灵的窗口，使自己的举止适合各种场合。如果它允许自身污秽，其污秽也容易清除，人善的本性会再度生辉。日本的佛教哲学比其他任何国家的佛教都更加主张人人皆可成佛，道德律不在佛经之中，而在于打开自己的悟性和清净无尘的心扉。那么，何必自我怀疑心灵中的发现呢？恶不是人心生而具有的。基督教圣经《诗篇》中说："我是在罪孽里生的，在我母亲怀胎的时候就有了罪。"[1]日本人没有这种神学，他们没有关于人堕落的说教。"人情"是天赐幸福，不应该谴责。无论是哲学家还是农民都是如此。

美国人听到这些似乎认为，它必将导致一种自我放纵的纵欲哲学。但是如前所述，日本人把履行义务定义为人生的最高任务。他们完全承认，报恩就意味着牺牲个人欲望和享乐。他们认为，把追求幸福当作人生重大目标的思想是令人吃惊的、不道德的。当能够沉溺其中时，幸福只是一种消遣，如果郑重对待，以幸福与否作为判断国家和家庭的标准，那是不可思议的。人们履行"忠"、"孝"及"情义"的义务，要时常经受苦难，这是他们早已经想到的。这虽然使人生艰苦，但他们也有充分准备。他们经常放弃自己毫不以为是坏事的享乐，这需要有坚强的意志，而这种坚强意志正是日本人最称颂的美德。

与日本人这种见解相符合，日本小说和戏剧中，很少见到"大团圆"的结局。美国的观众一般都渴望看到结局。他们希望剧中人以后永远幸福。他们想知道剧中人的美德会得到回报。如果他们必须为剧中人流眼泪，那

---

[1] 《旧约·诗篇》，第 51 篇第 5 节。——译者注

必定是因为主角的性格有弱点，或者是他成了不良社会秩序的牺牲品。但是，观众更喜爱的是主角万事如意，一切圆满。日本的观众则含泪抽泣地看着命运如何使男主角走向悲剧的结局和美丽的女主角遭到杀害，只有这种情节才是一起欣赏的高潮。人们去戏院就是为了欣赏这种情节，甚至日本的现代电影，也是以男女主角的苦难为主题。两个人互相爱慕，却又不得不放弃所爱的人；或者他们幸福地结婚了，但其中一方却不得不以自杀来履行义务；或者是，妻子献出所有来挽救丈夫的职业生涯，勉励丈夫磨砺才艺以成为优秀演员，而在丈夫成名前，妻子却隐身于市井，让丈夫自由享受新的生活，却在丈夫成名之日贫病交加，毫无怨恨地死去，如此等等。总之，不需要欢乐的结局，但求唤起对男女主角自我牺牲精神的惋惜和同情。剧中主角的苦难并不是由上帝裁判，而是表明：剧中人为履行义务忍受了一切，任何不幸、遗弃、疾病、死亡，都没能使他们偏离正道。

日本现代战争电影也表现这种传统，看过这些电影的美国人会说，它是自己所看到的最好的反战宣传，这是典型的美国式反应。因为这些电影通篇都只讲述牺牲与苦难，看不到阅兵式、军乐队、舰队演习和巨炮等鼓舞人心的场面。无论是描写日俄战争还是描写中国事变[1]，都是一个格调：在泥泞中的行军，凄惨沉闷的苦战和胜负未卜的熬煎，等等。银幕上看不到胜利的镜头，甚至看不到高喊“万岁”的冲锋，而是深陷泥泞、夜宿中国小镇，或是描写一家三代，历经三次战争而幸存者的代表，他们成了残废、瘸子、盲人。或者描写在士兵死后，家中人集聚在一起悲悼丈夫、父亲，失去了生计维持的人仍然鼓起勇气活下去。在日本电

❶ 中国事变：七七事变后，日本官方把全面侵华战争称之为“中国事变”，太平洋战争爆发后，改称“大东亚战争”。——译者注

影中，是看不到英美骑兵的那种动人场景；伤残军人的恢复健康也很少被写成剧本，甚至也不涉及战争的目的。对日本观众来说，只要银幕上的人物时时处处都在尽一切努力报恩就足够了。所以，这些电影是日本军国主义者的宣传工具。电影的制作者知道，这些电影是不会在日本观众中激起和平反战情绪的。

第十章 道德的困境

日本人的人生观表现在他们的忠、孝、情义、仁、人情等德行规定之中。他们似乎认为，“人的义务的整体”就像在地图上划分势力范围一样分成若干领域。用他们的话来说，人生是由“忠的世界”“孝的世界”“情义的世界”“仁的世界”“人情的世界”及其他许多世界组成。每个世界都有属于自己的、特殊的、详细的准则，一个人对其同伴的不是并非把他归于一个完整的人格，而是说他“不懂孝”或“不懂情义”，等等。与美国人那样用“不正派”来批评某人不同，他们是明确指出他在哪个领域中行为不当。他们不用“自私”“冷漠”之类的评语，而是明确指出在哪个特定领域违反准则。他们不依赖于绝对命令[1]及金箴[2]。一个获得赞许的行动总是与该行动所表现的世界相联系。一个人“为了孝”而行动时是一种方式，而只是“为了情义”或者“在

---

❶ 绝对命令：来自德文 Katagorischer Imperativ，康德伦理学中的概念，或翻译为“无上命令”“无待命令”。指任何时间、地点、条件，都必须遵守一种行动准则。——译者注

❷ 见《圣经·新约》马太福音第 7 章第 12 节：“所以无论任何事，你们愿意人怎样对待你们，你们也要怎样对待别人。”——译者注

仁的世界”行动时——在西欧人看来——就会完全是另一种方式；甚至，各个世界的准则也会随着其内部情况的变化而可能要求采取不尽相同的适当行动。对于主君的“情义”，在主君没有侮辱家臣以前，要求尽最大的忠诚；在受到主君侮辱之后，就可以背叛主君。在1945年8月以前，“忠”要求国民对敌人作战直至最后一兵一卒。天皇一广播宣布投降，对“忠”的要求就发生了变化，日本人也就一变而转为对外来者表现出合作态度。

对此，西方人很难能够理解。根据我们的经验，人是“按照其本性”而行动的。我们按照老实与否，合作或固执来区分绵羊与山羊❶。在把人进行分类后，我们就指望他们的行动能始终如一。他们不是慷慨大方就是吝啬小气，不是主动合作就是疑心深重，不是保守主义者就是自由主义者，两者必占其一。我们期望每个人既然信仰某种特定的政治思想，就应该反对其他相反的思想意识。根据我们在欧洲战场的经验，那里有“合作派”❷也有抵抗派，但我们不相信合作派分子在胜利后会改变立场，而且，这种估计是正确的。在美国国内政治斗争中，我们也承认，例如有新政派与反新政派，而且我们断定，在出现了新局势时，这两派也仍然会按照其本性而行动。如果某一个人改变立场，比如，非教徒变成天主教徒，“激进派”变成保守主义者等等，这种转变应当称之为“转向”，并应该建立起与此相适应的新人格。

当然，西方人这种关于行为完整性的信念未必都能得到证实，但绝对

---

❶ 见《马太福音》第25章第32—33节：“万民都要聚集在他面前，他要把他们分别出来，好像牧羊人分别绵羊、山羊一般，把绵羊安置在右边，山羊安置在左边。”——译者注

❷ 合作派：指向法西斯妥协的投降派。——译者注

不是幻觉。在大多数文化中，无论是原始的还是开化的，所有人都把自身描绘成某一特定种类的人在行动。如果他们追逐权力，就会以别人服从其意志的程度作为衡量成败的标尺。如果他希望受人爱戴，他就应该与人接触，否则就要遭受挫折。他们会想象自己是严肃正直的人，或者具有“艺术家气质”，或者是优秀的家庭成员，等等。他们自己的性格一般都具有某种“风格”（Gestalt），并给人类的生存带来秩序。

日本人从一种行为转向另一种行为，在心理上并不会感到苦痛，这种能力是西方人难以置信的。我们从来没有体验过如此极端的可能性。可是在日本人的生活中，矛盾——在我们看来就是矛盾——已经深植于他们的人生观之中，正如同一性根植于我们的人生观之中一样。对西方人而言特别重要的是，应该认识到，日本人所划分的生活“世界”是不包括“恶的世界”的。这并不是说日本人不承认有坏的行为，而是他们不把人生看成是善与恶两种力量进行争斗的舞台。他们把人生当作一出戏，在这出戏中，一个“世界”与另一个“世界”，一种行动方针与另一种行动方针，相互之间要求仔细酌量平衡，每个世界和每个行动方针其本身都是善良的。如果每个人都能遵循其真正的本能，那么每个人都是善良的。如前所述，他们甚至把中国的道德箴言看作是中国人需要那种道德的证明，证明了中国人的劣根性。他们说，日本人完全不需要那种包罗万象的伦理戒律。用前面已经引用的桑塞姆爵士的话来说，他们“不愿意抓住恶的问题”。按照他们的观点，不从宇宙的高度，也能恰当地说明坏行为。每个人的心灵本来都闪耀着道德的光辉，就像一把新刀，但如果不经常磨炼就会生锈。正如他们所说，这种“自身的锈”就像刀上的锈一样，都不是好东西。因此，人必须像磨刀那样注意磨砺本性。但即使生了锈，心灵仍在锈下发光，只需加以研磨，使之褪锈生辉。

由于日本人的这种人生观，西方人很难看懂日本的民间神话、小说和戏剧，除非加以改写，像我们常常做的那样，以求符合我们对性格一贯以及善恶相斗的要求。但是，日本人不以为然，他们的评论则是围绕主人公陷入“情义与人情”“忠与孝”“情义与义务”的矛盾。主人公的失败是因为沉溺于人情而忽视了“情义”的义务，或者是因为忠孝不能两全。他迫于“情义”而不能遵行正义，迫于情义而牺牲家庭。这些矛盾仍然是具有约束力的两种义务之间的矛盾。两者都是“善”的。对两者的选择就像债务者在该还债时面对多如牛毛的债务，他必须选择优先偿还某些债务而暂时不管其他债务。但他还清一笔债务，并不能免除其他债务。

对故事主人公的这种看法，与西方人的态度截然相反。我们认为故事中的主人公之所以是好人，正因为他选择了善的方面，并且与恶的一方进行斗争，正如我们所说的“有德者胜”，结局必须圆满，善者应该有善报。日本人则酷爱那种主角：他既拖欠社会恩情，又不能违背名分，两者无法调和，只有一死了之。这类故事在许多其他文化中是教人们屈从于残酷的命运，在日本则反而成为启迪主动精神和坚忍意志的题材。主人公在竭尽全力完成其肩负的某种义务时忽视了其他义务，但最后又和他们所忽视的“世界”进行清算。

日本真正的民族叙事诗是《四十七士物语》。它在世界文学中的地位虽然比较低，却极其强烈地扣动日本人的心弦。每个日本儿童都知道这个故事，不仅知道其故事梗概，而且熟悉其细节。它不断传播、翻印并被拍成电影而广泛流传。四十七士的墓地长期成为著名圣地，吸引成千上万的人前往凭吊拜祭，凭吊者留下的名片使墓地周围变成一片白色。

《四十七士》的主题是以对主君的“情义”为核心。在日本人心目中，它写的是“情义”与“忠”、“情义”与“正义”的冲突（在这类冲突中，当然是“情义”占上风）以及“单纯情义”与无限“情义”之间的冲突。故事发生在1703年封建制度鼎盛时期，按照近代日本人的想象，那时的男儿都是大丈夫，对“情义”绝不含糊，四十七位勇士为“情义”而牺牲一切，包括名声、父亲、妻子、妹妹、正义（“義”），最后自杀殉“忠”。

当时，各地大名定期觐见幕府将军。幕府任命两位大名主持仪式，浅野侯是其中之一。这两位司仪官都是地方大名，由于不熟悉仪式，所以不得不向一位身份很高、在幕府中枢任职的大名吉良侯请教。如果浅野侯家最有才智的家臣大石（故事的主角）在身边，就会帮助主君进行周密安排，但这时他恰巧返回故乡。浅野不谙世故，没有向那位在幕府中枢的大名赠送重礼；而另一位大名的家臣则通晓世故，在向吉良请教时不惜重金赠礼，于是，吉良侯就不屑于指教浅野，故意让他在举行仪式时穿上完全违反仪式的服装。在举行仪式时，浅野侯按照吉良指示穿戴好，可当他发现自己受到侮辱，就拔刀而起，砍伤了吉良的前额，随后被众人拉开。从“对名分的情义”来说，他因为受辱而向吉良复仇是一种德行；但在将军殿上拔刀动武则属于不“忠”。浅野侯正当地履行了“对名分的情义”，但却必须按照规定“切腹”自杀，否则就不能说是“忠”。他回到宅邸，换上衣服，做好切腹准备，只等那最有才智、最忠诚的家臣大石回来。两人见面，久久定睛凝视告别，浅野侯早已经摆好姿势端坐，才引刀刺腹，亲手结束了自己的生命。他死后，没有一位亲属愿意继承这位已故主君的家业，因为他不忠于幕府而受到谴责。浅野的封地被没收，他的家臣也成为了无主的浪人。

从“情义”的义务来说，浅野家的家臣有义务追随其主君一起切腹。主君切腹是为了“名分的情义”，如果他们也从对主君的“情义”出发而切腹，自然就是对吉良所施侮辱的一种抗议。但是，大石心中暗想，切腹还不足以表现他们的情义，而应当完成主君的遗志。主君因为被其他家臣拉开而未能复仇，他们就应当杀死吉良，为主君复仇。但这样做势必会对幕府不忠，吉良是幕府的近臣，幕府绝不可能批准浪人报仇的行动。按照一般惯例，策划报仇的人必须事先呈报计划，确定行动日期，如果在期限以前不能完成报仇，就必须放弃。这项制度曾经使若干幸运者能够调和“忠”与“情义”的矛盾。大石清楚，这条道路对他和他的同志是行不通的。于是，他把那些曾经是浅野家臣的浪人召集在一起，却只字不提杀死吉良的计划。这些浪人人数达三百人以上，据1940年日本学校所教授的课本上说，他们一致同意切腹。但大石明白，这些人并不都是有无限“情义”、即日语所谓“讲情义及真诚”的人，因此不是都值得信赖以至将报复吉良这种危险大事告知的人。为了区别哪些人只讲“单纯情义”，哪些人兼有“信义和真诚”，他问大家，应该如何分配主君的财产。在日本人看来，这是一种测验，如果他们的家属要获得利益，那么那些人就不会同意自杀。浪人们对于财产分配标准引发了激烈的争议。家老在家臣中俸禄最高，以他为首的一派主张按照原来的俸禄高低分配；大石一派则主张平均分配。这就迅速弄清楚浪人中哪些人只有“单纯情义”，大石随即赞成家老的分配方案，并且同意那些获胜的家臣离开同伙。于是，家老离开了，他因此而获得“武士败类”、“不懂情义的人”、无赖等恶名。大石这就看清了，只有四十七个人情义坚定，足以共谋报仇计划。这四十七个人与大石建立盟约，保证无论信义、爱情、或“义务”，都不能妨碍他们的誓言。“情义”必须成为他们的最高准则。于是，四十七士歃血为盟。

他们所做的第一项工作是要麻痹吉良，使其丧失警惕。他们各奔东西，佯装已经完全丧失追求名誉之心。大石经常沉溺于低级妓院，打架争吵，不讲体面，并假借这种放荡生活与妻子离婚。这是打算采取违法行动的日本人所惯用的、合理的断然步骤，以保证自己的妻儿不致受最后行动的牵连。大石的妻子哭哭啼啼地与他分手了，他的儿子则参加了浪人的队伍。

东京（当时称“江户”）城里的人都在猜测他们要报仇。尊敬浪人的人们都深信他们必将策划杀害吉良。可是，四十七士均矢口否认有任何这样的企图。他们佯装成“不懂情义”的人，他们的准岳父们对他们的可耻行为非常愤慨，把他们赶出家门，取消了婚约，他们的朋友也讽刺他们。一天，大石的亲密友人碰到大石喝得酩酊大醉，正在和女人胡闹；甚至，大石对这位亲密朋友也否认他对主君的“情义”。他说：“什么，报仇？真是愚蠢至极。人生就应该尽情行乐，哪有比饮酒取乐更好的事。”那位朋友不相信，就把大石的刀从刀鞘抽出来看，以为刀刃一定会闪闪发光，就足以证明大石讲的是假话。可是，刀已经生锈了，于是朋友只好相信大石说的是真心话，便在大街上公开脚踢他并向这个醉汉吐口水。

有位浪人为了筹集参加复仇的资金，竟然把自己的妻子卖去当妓女。这位妻子的兄长也是浪人之一，得知复仇的秘密已经被妹妹知道，竟然准备用自己的刀杀死妹妹以证明自己的忠诚，让大石同意他参加报仇行动；另一位浪人杀死了自己的岳父；还有一个浪人把自己的妹妹送进吉良侯家当女仆兼侍妾，以便从内部通报消息确定何时动手。这项行动使她在完成复仇之后不得不自杀，因为，尽管是伪装侍候吉良，她也必须以死来洗刷这一污点。

12 月 24 日雪夜，吉良大摆酒宴，警卫的武士都喝得酩酊大醉。浪人们袭击了防守坚固的吉良府第，杀死警卫，径直冲进了吉良侯的卧室。但吉良并不在那里，而被褥还有余温，浪人们由此知道他就藏在府内。终于，他们发现有一个人龟缩在存放木炭的小屋里。一个浪人一长矛刺进小屋的墙壁，拔出来时矛尖上却没有血。长矛确实刺中了吉良，但吉良在长矛拔出时，竟然用衣袖擦去污血。他这种小动作毫无用处。浪人们把他拽了出来。他说他不是吉良，只是家老。这时，四十七士中的一个人想起浅野侯曾在殿堂上砍伤吉良，肯定会留有伤疤。根据这个伤疤，浪人们认定他就是吉良，并要他当场切腹。他拒绝了——这当然证明他是个怕死鬼。于是，浪人们用他们的主君浅野侯切腹时使用的刀砍下了他的首级，按照惯例把它洗净，实现了夙愿。他们带着两度染血的刀和被割下的首级，排着队走向浅野的墓地。

浪人们的行动震撼了整个东京（江户）。曾经怀疑过浪人们的家属和岳父们都争先恐后地前来和浪人们拥抱，向他们表示敬意。大藩的诸侯沿途热情款待他们。他们来到墓前，不仅把首级和刀供在墓前，而且还读了奉告亡君的祷文。祷文至今还保存着，其大意：

> "四十七士谨拜于主君灵前（中间略）。主君复仇事业未竟之前，实无颜为主君扫墓。心神焦虑，一日三秋……今将吉良首级供上。此短刀乃主君去岁所珍用，嘱吾等保管者。愿主君执此刀再击怨敌首级，永雪遗恨。谨祷"。[1]

他们报答了"情义"，但还需要尽"忠"，只有一死才能两全。他们违犯了未预先呈报就进行复仇的国法，不过他们并没有背叛"忠"。凡是以"忠"的名义要求的，他们都必须执行。幕府命令四十七士切腹。小学五年级的

---

[1] 据福本日南《元禄快举录》称，此祷文是后世所编造。——译者注

国语读本是这样写的：

> “他们为主君报仇，情义坚定，应为永世垂范……于是，幕府经过再三考虑，命令他们切腹，真是一举两全之策。”[1]

也就是说，浪人们由于亲手结束自己的生命，而对“情义”和“义务”都做了最高的回报。

日本这首国民叙事诗版本不同，文字、情节略有差异。在现代电影中，故事开始时的贿赂情节被改为色情。吉良追逐浅野的妻子，而且，由于对浅野妻子心怀不轨，才故意教浅野犯错误，使之受辱。贿赂的情节被抹掉了，而有关“情义”的所有义务则描绘得更加深刻。“为了情义，他们抛妻、弃子、弑父。”

“义务”和“情义”发生冲突的题材也是其他许多故事和电影的基础，最优秀的一部历史电影就取材于德川幕府第三代将军时期。这位将军继位时，年纪尚轻而且没有经验。当时，对于将军的继位人选，幕臣们分为两派，其中一派想拥立与他年纪相仿的近亲，但最终失败。其中有一位大名，一直牢记失败之“辱”，虽然第三代将军成长后很有政治才干，这位大名却一直伺机谋杀。有一天，将军及其亲信通知他，准备巡视几个藩国，这位大名必须接待将军一行。他抓住这个机会，企图一雪夙怨，实现“对名分的情义”。他事先处心积虑地把自己的府邸变成堡垒，堵塞所有出口，层层封锁；他还策划制造墙倒屋塌，把将军及其随从压死。他的阴谋是在冠冕堂

---

[1] 这段引文当系出自《小学国语课本（普通科用）》第十册（1937年发行）第二十一课《国法与大慈悲》，但不是原文照引，可能是教师教课用的词句，或者英文尽量简译了。——译者注

皇的伪装下进行的，他的接待宴席极为丰盛。此外，他还叫一位家臣舞剑为将军助兴，并指示他在最高潮时刺杀将军。按照“信义”，这位武士不能违抗主君命令；但是，“忠”的原则又禁止他刺杀将军。银幕上，武士的舞剑姿势充分刻画了他的内心矛盾：他必须下手，又不能下手；他即将行刺，但又不能行刺。他尽管有“情义”，但“忠”的威力毕竟太强。渐渐地，他的舞姿乱了，将军一行产生了怀疑，他们突然离开座位。铤而走险的大名下令毁坏房屋，将军刚刚躲过舞剑者的剑，却又面临墙倒屋塌的危机。在这千钧一发之际，那个舞剑的家臣走上前去，带领将军一行通过地道，安然脱险。“忠”战胜了“情义”。将军的代理人向那位舞剑的家臣表示谢意，再三劝他去东京（江户）接受荣誉。那位武士回顾即将倒塌的房屋说，“不行，我要留在这儿。这是我的义务，我的情义。”他离开了将军等人，跳进废墟中死去。“通过死，他兼顾了忠和情义，使两者趋于一致”。

古代故事并未把义务与“人情”的冲突作为中心，而近代则成为一个主要题材。近代小说描写的是主人公为了“义务”和“情义”不得不抛弃爱情和人情，这种题材不但没有冲淡“义务”和“情义”，反而大肆渲染。就像日本的战争影片容易使西方人感到它是绝妙的反战宣传一样，这些小说也往往使我们认为，它似乎是在追求一种按照自己意志生活的自由。这些小说证明，确实存在这种冲动。但日本人在议论小说或电影的情节时，其看法往往与我们不同。我们同情主人公是因为他有爱情、或者抱有某种个人理想，而他们却批评这种主人公是弱者，因为他太重感情而没能履行“义务”或“情义”。大多数西方人都认为，强者的标志就是反对陈规旧习，克服障碍去争取幸福；而日本人则认为，所谓强者，恰恰在于抛弃个人幸福而履行义务。他们认为，性格的坚强并不是表现为反抗，而是表现为和谐。

因此，西方人在看了日本小说和电影后所肯定的意义与日本人所肯定的极为不同。

在评价自己或周围熟人的生活后，日本人也使用同样的标准。他们认为，在与义务的准则发生冲突时，如果迷恋个人欲望，那就是弱者，他们对所有事情都是这样判断的。其中，与西方伦理最对立的莫过于丈夫对妻子的态度。在“孝的世界”中，妻子只处于边缘地位，父母才是中心，因此丈夫的义务很清楚。道德品质优秀的人必须遵从“孝”道，如果母亲要他与妻子离婚，他就必须同意离婚，即使他爱自己的妻子或者两人已经生了孩子也得离婚，只有这样才能使这个人“更坚强”。日本人有句话是：“孝道有时要求把妻子视如路人。”在这种情况下，对待妻子充其量不过属于“仁的世界”。而最坏的情况是，妻子不能提出任何要求。即使婚姻生活很幸福，妻子在义务的世界中也不能处于中心地位。因此，一个人不能把他同妻子的关系提高到同双亲以及祖国的感情相等的地位。20 世纪 30 年代，有一位著名的自由主义者曾经在公众面前说，回到日本后非常高兴，理由之一就是与妻子在此重逢，他受到世人的批评，人们认为，他应该说，是因为见到了父母、看到了富士山以及能为日本的国家使命而献身，妻子是不属于这种层次的。

进入近代以后，日本人自己也显示出，对如此强调道德准则在不同层次和范围上的区别并不感到满意。日本的教育有很大部分是致力于把“忠”变成最高道德，就像是日本政治家把天皇置于顶点，排除将军及封建诸侯以简化等级制一样，在道德领域内，他们也努力把较低层次的德行全部置于“忠”的范畴之下，以简化义务体系。通过这种办法，他们希望不仅把全国统一于“崇拜天皇”之下，而且减少日本道德的多层次分散状态[1]。他们力图教导人们，实现了“忠”也就完成了其他所有义务。他们要使忠不再是地图上的一个势力范围，而是道德拱桥上的拱心石。

这种设想的最权威宣言就是明治天皇于1882年（明治十五年）颁布的《军人敕谕》，这份敕谕连同《教育敕语》才是日本真正的圣典。日本所有宗教都没有圣典，神道没有经典，日本的佛教各派或以不著于文字的东西为教义，或以反复念诵“南无阿弥陀佛”“南无妙法莲华经”之类来代替经典，而明治天皇的敕谕和敕语则是真正的圣典。圣典宣读之时，神圣庄严；听众毕恭毕敬，鸦雀无声。其尊敬程度就像对待摩西十诫和旧约五书，每当捧读时从安放处恭恭敬敬取出，听众散去后再恭恭敬敬送入安放处。负责捧读的人如果念错了一句，就要引咎自杀。《军人敕谕》主要是颁赐给现役军人的，军人要逐字背诵，每天早晨默想十分钟；在重要的祭祀日、新兵入伍、期满复员及其他类似场合都要在军人面前隆重宣读。中学和青年学校的学生也都要学习《军人敕谕》。

《军人敕谕》是一份长达数页的文件，纲目分明，文字严谨。但西方人读起来仍然费解，其含义似乎互相矛盾。善与德被标榜为真正的目标，其说明方式，西方人还是比较能理解。敕谕告诫听众，不要重蹈古代那些死得并不光彩的英雄豪杰的覆辙，因为他们“罔知公道之理，徒守私情之义。”（Losing sight of the true path of publicduty，*they kept faith in private relations*）这是日本官方的正式译文[2]，虽然不是逐字翻译，却很能表达原意。《敕谕》接着说：“此类事例，汝等宜深戒之。”

---

❶ 原文为“atomism”。日译文直译为“原子论状态”，这里姑且意译如上。——译者注

❷ 指括号内的英文，斜体着重标记为原著者所加。——译者注

这里所说的“戒之”，如果不了解日本人各种义务有其“势力范围”，就不明白其中的意义。整个敕谕表明，官方在尽量贬低“情义”而提高“忠”的地位。在敕谕的全文中，完全找不到日本人通常含义上的“情义”这个词。它不提“情义”，而强调有“大节”“小节”之分，所谓“大节”，就是“忠”；所谓“小节”，就是“徒守私情之义”。敕谕极力证明，“大节”完全足以成为一切道德的准绳。它说：“所谓义，就是履行‘义务’。”[1]尽“忠”的军人必然有“真正的大勇”。所谓“真正的大勇”，就是“日常待人必以温和为先，旨在得人敬爱。”敕谕暗示：只要遵从这些教导，就不必求助于“情义”。“义务”以外的诺言是“小节”，必须慎重考虑才能承担它。它写道：

“如欲守诺言（在私人关系上）而（又）欲尽义务[2]，……则自始即应该重考虑是否可行。如以己身束缚于不智之义务，则将使自身处于进退维谷。如确信不能既守诺言而又坚持义（敕谕把‘义’规定为‘履行义务’）[3]，则应立即放弃（私人的）诺言。古来英雄豪杰，惨遭不幸，或竟身死名裂，遗羞后世，其例益不鲜矣，皆因唯知信守小节，而不辨大义，或因阁知公

---

❶ 原文为“尽本分之谓也”。——译者注

❷ 这段译文是本尼迪克特引自敕谕的官方英译本。英文是“If you wish to keep your word and to fufill your gimn”。本尼迪克特竟不必要地强调了“and”一词，从而把“守信义”与“尽义务”对立起来，并在括号中补充文字加以说明。这是因为她过分拘泥于“情义”和“义务”（忠）的对立，而实际这两者并非经常矛盾。请参阅下文注。——译者注

❸ 该处本尼迪克特也是把“诺言”和“义”对立起来加以考虑。——译者注

道之理，徒守私情之义也。”[1]

这段谆谆教导“忠”高于“情义”的文字中，正如前文所说，全文未提“情义”一词。但是日本人都知道有这种说法，即“为了情义，我不能行义”。敕谕则改成这样的说法：“如确信不能既守诺言。而又坚持义……”[2]敕谕以天皇的权威说：在这种情况下，就应当抛弃“情义”。要记住：情义是小节，只要遵循敕谕的教导抛弃“情义”，维护“大节”，就仍然是有德之人。

这份颂扬“忠”的圣典是日本的基本文件之一，但是敕谕对“情义”的委婉贬抑能否削弱了“情义”的深刻影响还很难说。日本人常常引用敕谕的其他段落来解释、辩护自己或他人的行为，如“义者，履行义务之谓也”，“心诚则万事皆成”。尽管引用这些都很得当，但却似乎很少引用关于反对信守私人诺言的告诫。“情义”至今仍然是一种很有权威的道德。在日本，说“此人不懂情义”仍然是最严厉的批评之一。

日本的伦理体系不是引进一个“大节”的概念就能轻易简化的。正如他们经常夸称，日本人没有一种现成的普遍适用的道德可以作为善行的试金石。在大多数文化中，一个人的自尊是以其道德水准，如善良、节俭以及事业上的成就作为标准。他们总要提出某些人生目的作为追求的目标，如幸福、对他人的控制力量、自由、社会活动能力等。日本人则遵循着更特殊的准则，无论是在封建时代还是在《军人敕谕》中，即使谈及“大节”，也只是意味着对等级制上层人们的义务要压倒对下层

---

❶ 这一段敕谕译文，按英文译出，与日文原文颇有出入。——译者注

❷ 如前所注，这里，本尼迪克特把敕谕原文误解为“若知守私约与尽义务不可同时得兼”，因而认为它是前一句话（“为了情义，我不能行义”）的另一种表述方式。——译者注

人们的义务，他们仍然是特殊主义。西方人一般认为，所谓“大节”，是对忠诚的忠诚，而不是对某一特定个人或特定目标的忠诚，而日本人则不是这样。

近代日本人在试图建立某种统治所有领域的道德标准时常常选择“诚”。大隈伯爵在论及日本的伦理时说：“诚（**まこと**）是各种箴言中最重要的箴言。一切道德教训的基础都包含在‘诚’字之中。在我国古代语汇中，只有‘诚’这个词是表达伦理概念的词汇。”[1]日本的近代小说家在本世纪初曾讴歌西方个人主义新思潮，现在也开始对西方信条感到不满，而努力去赞美诚（诚心）是唯一的真正的“主义”。

在道德方面强调“诚”，正是《军人敕谕》所支持的。敕谕有一段相当于美国文件首先列举华盛顿、杰斐逊等“建国之父”的名字为序的历史性的前言，在日本，这段话的主旨在于阐述“恩”和“忠”。

“朕赖汝等为股肱，汝等仰朕为首领。朕能否保护国家以报上天之恩，报祖宗之恩，端赖汝等克尽其职。”

其后又阐述了五条训诫。（一）最高的德就是履行“忠”的义务。一个军人如果不是极“忠”，那么无论多么有才能，也只是傀儡。不“忠”的军队，遇到紧急情况就成了乌合之众。“故不可惑于横议，不可干预政治，务求保持忠节，牢记义重于山，死轻于鸿毛”。（二）第二项训诫是按照军阶遵守礼仪。“下级应视上级军官之命令如朕意，上级军官也必须善待下级。”（三）第三是武勇。真正的武勇与“血气之刚”相反，应该“小敌不侮，强敌不惧”。“故尚武者，与人交往应以温和为先，以资得人敬爱”。（四）第四是告诫人们“勿守私情信义”。（五）第五是劝导节俭。“大凡不以质朴为旨者，必流

---

[1] 大隈重信：《开国五十年史》英译本，伦敦，1909年，第2卷第37页。——原注

于文弱，趋于轻薄，崇尚骄奢，终致卑鄙自私，堕落至极。虽有节操、武勇，亦难免被世人唾弃……朕心忧此恶习，故而谆谆诫之。”

敕谕的最后一段把以上五条称作“天地之公道，人伦之纲常”，是“我军人之精神”。而且，这五条训诫的核心“精神”就是“诚”。“心不诚则嘉言善行徒为文饰，毫无效用；唯有心诚则万事可成”。五条训诫就是这样“易守易行”。敕谕在列举所有德行和义务之后，归结于“诚”，这正是典型的日本特色。中国人把全部道德都归于仁爱之心，日本人却不然，他们先确立义务准则，最后才要求人们全心全意，为履行义务而倾注全部心灵和精力。

在佛教主要教派禅宗的教义中，诚也具有同等意义。铃木大拙论禅的专著中有一段禅宗师徒问答：

> “僧问：‘吾视猛狮袭敌，不问其为兔为象，皆全力以赴，请问此力何物？’
>
> “师答：‘至诚之力是也’（字面意义是‘不欺之力’）。至诚即不欺，亦即‘献出一切’。禅语谓之‘全体作用’，即不留一物，毫无矫饰，绝不虚费。如此生活者可称作金毛狮，乃刚勇、至诚、至纯之象征，神之入也。”

关于“诚”的特殊含义我已经顺便提及。日文“**まこと**”（诚）与英语“sincerity”的含义并不相同，与 sincerity 相较，其内涵既广泛又狭窄。西方人刚接触时，经常觉得它的内涵要比西方语言中的用法少得多，因为日本人常说的某人没有诚意，其实只是指那个人与自己意见不一致，这种看法有一定的正确性。日本人说某人“诚实”，并不一定是指他真诚地根据他本人的爱憎、决断或怀疑而采取行动。美国人在表示赞许时经常说“He was sincerely glad to see me”（他见到我心里真高兴）或“He was sincerely pleased”（他衷心满意），日本人则没有这种说法。他们有各种习惯性的、不赞成这种“坦诚”（sincerity）的语言。他们嘲笑地说：“看那只青蛙，一张口就把肚子里的货色都亮出来了”，“就像石榴，一张开口就知道它心里有什么”。“暴露感情”是一种羞耻，因为这样会“暴露”自己。在美国，与“sincerity”一词有关的这一系列含义是非常受重视的，在日本则完全没有地位。前文曾讲到，日本一位少年批评美国传教士“insincerity”时，他绝对没想过那位美国人对这个一钱不值的穷孩子要到美国去的计划感到惊愕，是否是“真”的问题。日本政治家在近十年来经常批评美英两国没有诚意，他们也丝毫没有考虑过，西方各国是否确实按照其真实感受而行动的。他们并不指责美英两国是伪善者，因为，伪善只是轻微的责备。同样地，《军人敕谕》说：“诚乃诸项训诫之精神”，这句话的意思也不是说，“至德”在于所有其他德行的实践都是真心实意，言行一致，发自内心的。确实，它并没有教导人们必须真实，无论他自己的信念与别人怎么不同。

但是，“诚”在日本有其自身的积极含义，而且，由于日本人非常重视这一概念的伦理作用，西方人必须把握住日本人使用这个词时的含义。“诚”的基本含义在《四十七士物语》中有充分的示例，在那个故事中，“诚”是附加于“情义”之上的。“真诚的情义”与“单纯的情义”有所区别，“真诚的情义”是“足资永恒垂范的情义”。日本人至今仍然说：“是诚使它保持下去”。根据文意来看，这句话中的“它”是指日本道德中的所有戒律或“日本精神”所要求的全部态度。

战争期间，日本人隔离收容所[1]中对这个词的用法与《四十七士物语》的用法完全一致。它清楚地表明，“诚”的逻辑可以延伸到什么程度，其含义又是如何与美国的用法相反。亲日的“一世”（生在日本，移居美国者）对亲美的“二世”（生在美国的第二代日本移民）的一般批评，是说“二世”缺乏“诚”。“一世”说这话的意思是，“二世”没有那种保持“日本精神”（战时日本曾公开为“日本精神”下定义）的心理素质。“一世”这种指责的含义绝不是说他们的孩子的亲美态度是伪善的。而正相反，在“二世”志愿加入美国军队，发自真实地热诚支持其第二个祖国时，“一世”却更加振振有词地指责“二世”“不真诚”。

日本人使用“诚”这个词的基本含义，是指热诚地遵循日本道德律和“日本精神”所指示的人生道路。不管在特定词句中，“诚”这个词有多少种特殊含义，一般都可理解为它是对公认的“日本精神”的某个侧面的赞颂，或者是对日本道德律所示指标的颂扬。只要我们承认“诚”这个词不具有美国人所认为的那种含义，那么它在所有日本文献中就都是值得注意的、极其有用的词。因为它大体上准确无误地等同于日本人实际强调的各种正面德行。“诚”这个词经常用来赞扬不追逐私利的人，这反映了日本人的伦理非常厌恶谋利。利润（如果不是等级制的自然结果）就被断定是剥削的结果，从中渔利的中介人会成为人们嫌弃厌恶的高利贷者。这种人常被指责为“不诚实”的人，“诚”也经常被用来颂扬做事理智，这反映了日本人的自我修养观念。一个称得上“诚实”的日本人绝对不会接近那种伤害一个无意寻衅滋事者的风险，这反映了日本人的信条，即不仅要对行为本身负责，而且还要对行为的后果负责。

---

1. 指美国对日宣战后对在美日本移民的管理机构。——译者注

最后，只有“诚实”的人才能领导别人，有效地运用手腕，而不纠缠于心理冲突。这三点含义，以及其他更多的含义非常简明地表达了日本人伦理的同质性。这些含义也反映出，在日本，只有实践规定的准则才能收到实效，并且不致陷入冲突。

既然日本人的“诚”具有如此多种意义，可见尽管敕谕和大隈伯爵如此推崇，“诚”并未能简化日本人的道德体系。它既不是构成日本伦理的“基础”，也没有赋予它以“精神”。它好像适当加在任何数字上的指数，以扩大该数字的倍数，比如 A 的二次方（A^2）可以是 9 的二次方，也可以是 159 或 b 或 x 的二次方。“诚”也是这样，它可以把任何一条日本道德律提得更高。它似乎不是独立的道德，而是信徒对其教义的狂热。

不管日本人怎样努力改进，日本的道德体系仍然处于多层次分散状态。道德的原则仍然是这个步骤和那个步骤相互保持平衡，各种行动本身都是善的，他们所建立的伦理体系就像是桥牌，优秀的选手是遵守规则并能在规则范围内获胜。他与低劣选手的区别在于推理的训练，能够利用足够的知识根据竞赛规程判断其他选手的出牌意味着什么，从而打出自己的牌。用我们自己的话来说，他是按照霍伊尔[1]规则比赛。每出一张牌都必须考虑到无数细微末节。比赛规则规定了一切可能出现的偶然性，记分办法也是预先确定的。这反而与美国人说的内心善意无关了。

无论在哪种语言中，人们用来表达丧失或者获得自尊的词句都非常

[1] 霍伊尔（Hoyle Edmund，1672—1769），惠斯特（一种扑克游戏）规则的创立者。他认为这种规则不仅限于玩扑克牌，也可以运用于其他任何事情。也就是必须按照规定办事，根据既定的硬性手法行事。——译者注

有助于了解他们的人生观。在日本，讲到“尊重自己”时常常是指他本人是一个周密而慎重的选手；而不像英语那样是指诚意遵循为人处世的准则，不向别人谄媚，不撒谎，不做伪证等。日本人说“自重”意思是“自我慎重”，意思是“你应该仔细考虑事态中的一切因素，决不可招致别人讥笑，或者减少成功的机会。”“尊重自己”，其含义所指的行为往往恰好与美国所指的行为相反。被雇佣者说“我必须自重”，其含义并不是指必须坚持自己的权利，而是绝对不要对雇主讲不当的话，以免使自己难堪。当作为政治用语时，“你应该自重”的意思也是一样，即“身负重任的人”必须谨慎，不能轻率地纵谈“危险思想”，那样就不“自重”了。而在美国，“自重”并不意味着即使思想危险也仍然要求按照自己的观点和良心来思考。

“你应该自重。”这是父母经常挂在嘴上训诫其青年子女的话，指的是要懂礼貌，不要辜负别人的希望。例如，女孩子坐时不能乱动，双腿位置要摆正。男孩子则要锻炼身体，学会察言观色，“因为今天是决定未来的重要时刻”。父亲对孩子说：“你的行动不像一个自重的人”，这是责备孩子行为不够庄重，而不是责备他缺乏勇气、坚持己见。

还不起欠债的农民对债主说：“我应该自重。”这话的意思并不是责备自己懒怠或是责备对债权人卑躬屈膝，而是说他对应急的需要本应该考虑周到。有社会地位的人说：“我的自尊心要求我这样。”这并不意味他必须按照正直、廉洁等原则办事，而是意味他在处理事情时必须充分考虑门第的地位，掂量掂量自己身份的重量。

实业家谈到他的公司时说：“我们必须自重。”意思是说必须慎重再慎重，小心再小心。要复仇的人说“自重地复仇”，这句话的意思并不是“把炭火堆在仇敌的头上”[1]，也不是打算遵守什么道德原则，而是说必须周密计划，考虑到所有因素，等于说“一定要完全彻底复仇”。在日语中，“自重再自重”是最强烈的语气，意思是万分小心，无比谨慎，绝不可轻易下结论。它还意味着，必须权衡各种方法和手段，用力正好能达到目的。

所有上述“自重”的含义都符合日本人的人生观，即认为人生应该是小心谨慎地按照霍伊尔规则行动的世界。由于他们对自重规定了如上的定义，因此不允许以用心良好为由来为失败辩解。一举手、一投足都有其后果，人们采取行动时必须考虑这些后果。施恩于人是好事，但必须估计到接受恩情的人是否会感到“背上了恩情债”，不可不谨慎。批评人是可以的，但必须准备承担因此而产生的怨恨。当那位年轻画家指责美国传教士嘲笑他时，尽管传教士是善意的，但那也没有用。传教士没有考虑到他在棋盘上走那一步棋的后果，这在日本人看来就是修养不够。

将谨慎与自重两者完全等同，这就包含着要悉心观察别人行动中的所有暗示，并且强烈地感到别人是在评论自己。他们说：“一个人要自重，因为有社会”，“如果没有社会，就用不着自重”，等等。这些极端的说法表明，自重出于外部的强制，丝毫没有考虑到正确行为的内省要求。像许多国家的俗语一样，这些说法或许有些夸张，因为，日本人对自己深重的罪孽有时也像清教徒一样反应很强烈。尽管如此，上述极端的说法仍然指明了日本重视的是什么：与其说他们重视罪，不如说他们更重视耻。

---

[1] 引自《圣经·新约·罗马书》第12章第20节：“你的仇敌者若饿了，就给他吃；若渴了，就给他喝；因为你这样行，就是把炭火堆在他的头上。”——译者注

在人类学对各种文化的研究中，其中一项重要的工作就是区别以耻为基调的文化和以罪为基调的文化。提倡建立道德的绝对标准并且依靠它发展人的良心，这种社会可以定义为“罪感文化”。不过，这种社会的人，例如在美国，在做了不妥当但并非犯罪的事时，也会内疚而且还感到羞耻。比如，有时因为衣着不得体或者言辞有误，都会感到懊恼。在以耻为主要强制力的文化中，对那些在我们看起来应该是感到犯罪的行为，那里的人们则只是感到懊恼。这种懊恼可能非常强烈，以至不能像罪恶感那样，可以通过忏悔、赎罪而得到解脱。犯了罪的人可以通过坦白罪行而减轻内心重负。坦白这种手段已经运用于世俗心理疗法，许多宗教团体也在运用，虽然这两者在其他方面几乎完全不同，但我们知道，坦白可以解脱。但是在以耻为主要强制力的地方，有错误的人即使当众认错、甚至向神父忏悔，也不会感到解脱。他反而会觉得，只要不良行为没有暴露在社会上，就不必懊恼，坦白忏悔只能是自寻烦恼。因此，耻感文化中没有坦白忏悔的习惯，甚至对上帝忏悔的习惯也没有。他们有祈祷幸福的仪式，却没有祈祷赎罪的仪式。

真正的耻感文化是依靠外部的强制力来做善行，而真正的罪感文化则依靠罪恶感在内心的反映来做善行。羞耻是对别人批评的反应，一个人感到羞耻，是因为他或者被公开讥笑、排斥，或者他自己感觉被讥笑，无论哪一种，羞耻感都是一种有效的强制力。但是，羞耻感要求有外人在场，至少要能感觉到有外人在场。罪恶感则不然。有的民族中，名誉的含义就是按照自己心目中的理想自我而生活，这里，即使恶行没有被人发觉，自己也会有罪恶感，而且这种罪恶感会因坦白忏悔而确实得到解脱。

早期移居美国的清教徒们曾努力把一切道德都置于罪恶感的基础之上。

所有的精神病学者都清楚，现代美国人是如何为良心所苦恼。但是在美国，羞耻感正在逐渐加重其分量，而罪恶感则已经不像以前那么敏锐。美国人把这种现象解释为道德的松弛。这种解释虽然也包藏着很多真理，但这是因为我们没有指望羞耻感能对道德承担重任。我们也不把伴随着耻辱出现的强烈的个人恼恨纳入我们道德的基本体系。

日本人正是把羞耻感纳入道德体系的。不遵守明确规定的各种善行标志，不能平衡各种义务或预见到偶然性的失误都是耻辱。他们说，知耻为德行之本。对耻辱敏感就会实践善行的全部准则。"知耻之人"这句话有时翻译成"有德之人"（Virtuous man），有时则译为"重名誉之人"（Man of honour）。耻感在日本伦理中的权威地位与西方伦理中的"纯洁良心""笃信上帝"和"回避罪恶"的地位相等，由此得出的逻辑结论是，人死了以后就不会受惩罚。日本人——读过印度经典的僧侣除外——对那种前世功德、今生受报的轮回报应观念是很陌生的。除了少数皈依基督教者外，他们不承认死后报应和天堂地狱的说法。

耻感在日本人生活中的重要性也像所有看重耻辱的部落或民族一样，其意义在于，任何人都非常注意社会对自己行动的评价。他只需推测别人会做出什么样的判断，并针对别人的判断而调整行动。当每个人按照同一规则玩游戏并相互支援时，日本人就会愉快而轻松地参加。当他们感到这是履行日本的"使命"时，他们就会狂热地参加。当他们试图把自己的道德传播到那些并不遵行日本的善行标志的外国时，他们就最容易遭受攻击。他们"善良"的"大东亚"使命失败了，许多日本人对中国人和菲律宾人所采取的态度实在感到愤慨。

当那些不是受国家主义感情所驱使，而是为了求学或经商来到美国的日本人试图在这个道德规律不那么严格的社会生活时，就常常痛感他们过去所接受的那种细致周到的教育是个“失败”。他们感到，日本的道德无法顺利向外传播，他们想说的并不是一般所谓改变文化对任何人来说都是很困难之类的，他们想说的远比这更多。日本人适应美国式生活要比他们所熟知的中国人和暹罗人适应美国式生活更困难。在他们眼中，日本人的特殊问题在于，他们是靠这样一个安全感长大的，只要一切都按规矩办事，就会得到别人承认其微妙的意义。当看到外国人完全不在乎这类礼节时，他们就不知道该怎么办才好。他们千方百计寻找西方人生活中与日本人类似的细微礼节，一旦找不到，他们有的人就非常愤慨，有的人则感到惊愕。

三岛女士[1]的自传《我的狭岛祖国》最出色地描写了她在道德规则不那么严格的文化中所感受的体验。她渴望到美国留学，并且说服了她的保守家庭，排除“不愿受恩”的观点，接受美国奖学金，进入了卫斯理学院。她说，老师学生对她都特别亲近，但这却使她很不安。“日本人的共同特点是以操行毫无缺陷而自傲，我这种自傲却受到严重伤害。我不知道在这里该如何行动，周围的环境似乎在嘲笑我以往的训练。我为此而恼恨。除了这种模糊而深刻的恼恨以外，我心中再无其他感情。”她感到自己“似乎是一个从其他行星上掉下来的生物，原有的感觉和情绪在这个世界都用不上。日本式的教养，要求任何动作都要文静，每一句言辞都要符合礼貌，这就使我在当前的环境中极为敏感，十分警觉，以至在社交中茫然不知所措。”她花了两三年的时间才解除这种紧张状态，开始接受别人的好意。她断定，美国人生活在一种她所谓“优美的亲密感”之中，而“亲密感在我三岁时就被当作不礼貌而扼杀了”。

---

[1] 三岛是婚后丈夫的姓。——译者注

三岛女士把她在美国结识的日本女孩子和中国女孩子作了比较。她评论说，美国生活对两国姑娘的影响非常不同。中国姑娘“具有的那种沉着风度和社交能力是大多数日本姑娘所缺少的。这些上流的中国姑娘人人都具有近乎皇家的仪表，仿佛她们就是这个社会的真正主人，使我感到她们是世界上最文雅的人。即使在高度机械与速度的文明中，她们也不为所动，其安详和沉着与日本姑娘的怯懦、拘谨形成强烈对比，显示出社会背景的一些根本差异”。

和许多其他日本人一样，三岛女士感到，好像网球名将参加槌球游戏，出色的技艺全都用不上了。她感到过去所学的东西无法带到新环境里来，她所受过的训练也没有用处。美国人用不着那些东西。

日本人一旦接受了美国那种并不烦琐的行为规则，即便接受得很浅显，也无法想象他们能够再过日本那种循规蹈矩的生活了。他们把过去的生活有时说成是失去的乐园，有时说成是“桎梏”，有时说成是“牢笼”，有时又说成是盆栽的小树。这棵小松树的根培植在花盆里时，就是一件为精致庭园增添雅趣的艺术品；但一旦移植到地上就不可能再成为盆栽了。他们已经感到再不能成为日本庭园中的点缀，再不能适应以往的要求。他们最尖锐地经历了日本道德的困境。

第十一章 自我修养

一种文化的自我修养，在外国观察者眼中，似乎说不上有什么意义。修养方法本身是很明白的，但为什么要这样麻烦自己？为什么把自己吊在钩子上？为什么聚气凝神于丹田？为什么如此自苦以至一钱不花？为什么只集中锻炼一项苦行而对局外人认为的确重要、应当训练的某些冲动却毫无要求或克制？特别是那些在本国从未学过修养方法的观察者，一来到高度信赖修养方法的国家里，就最容易产生误解。

在美国，自我修养的方法和传统并不发达。美国人认为，一个人如果在自己的生活中找到了可能实现的目标，在必要时就会锻炼自己以求达到自己选择的目标。是否进行锻炼取决于他的理想、良心或维伯伦[1]所谓的“职业本能”（an instinct of workmanship）。为了当足球运动员，他可以接受严格的纪律；为了成为一个音乐家或取得事业上的成功，他可以放弃所有娱乐。他的良心使他放弃并杜绝邪恶和轻率。

但在美国，自我修养不像算术那样可以毫不考虑其对特定事例的应用，

[1] 维伯伦（1857—1929），美国著名经济学家。——译者注

而是仅仅作为一种技术训练来学习。如果说美国也有人教这种修行，那是欧洲某些教派的领袖或传授印度修炼方法的印度教牧师（swamis）教授的。甚至基督教的圣特丽萨（Saint Theresa）或圣胡安（Saint John）所传授及实践的默想和祈祷式的宗教修行，在美国也近于绝迹。

但是日本人却认为，不管是参加中学考试的少年，还是参加剑术比赛的人，或者仅仅是贵族生活者，都要在学习应付考试所必需的特定内容之外进行自我修养。无论考试成绩多么好、剑术多么高超，也不管你的礼貌如何周到，都必须放下书籍、竹刀或社交活动，进行特殊的修炼。当然，并不是所有的日本人都接受神秘的修炼。但是，即使那些不修炼的日本人也承认自我修养的术语和实践在生活中的地位。各个阶级的日本人都运用普遍流行的那一套有关自我克制的概念来判断自己和他人。

日本人自我修养的概念大体上可以分为两类，一类是培养能力，另一类则不仅培养能力，而且要求更高，我称这一类为“圆熟”。在日本，这两者有区别，其目标在于产生不同的心理效果，有不同的根据，并通过不同的外部标志加以识别。第一类，即培养能力的自我修养，在本书中已叙述了不少事例。如果那位陆军军官在谈到他的士兵平日演习长达六十个小时、中间只有十分钟的小憩一事时说：“他们已经会睡觉，需要锻炼的是不睡觉。”在我们看来，这种要求未免太过极端，其目的仅仅在于培养一种行为能力。他讲的是一种公认的原理，即精神驾驭术，也就是认为意志应当驾驭那几乎可以经受一切训练的肉体，至于忽视健康则肉体必受损害的规律，他们是不予理会的。日本人的整个“人情”的理论都是建立在这种观念之上的：肉体的要求必须服从于人生大事，不顾及健康是否允许，也不管肉体本身是否容许及曾经培养过。总之，一个人应当不惜任何自我修养的代价来发扬日本精神。

但是，这样表述日本人的观点或许过于武断。因为，在美国日常用语中，“不惜任何自我修养的代价”（at the price of whateverself-discipine）的意思往往是“不惜任何自我牺牲”（at the priceof whatever self-sacrifice），而且有“不惜任何自我克制”的意思。美国人关于训练的理论是，男女从小都需要经过训练而社会化，无论这种训练是外部强加的还是反映到内部形成意识的训练，也无论是主动接受的或是由权威强加的。训练是一种压抑，被训练者对其愿望受到限制是不满的。他必须做出牺牲，并且不可避免地会激起反抗情绪。这种观点不仅是许多美国心理专家的见解，也是父母在家庭中抚育每一代人的哲学。正因如此，心理学家的分析对我们自己的社会来说确实包含许多真理。孩子们到时候“必须睡觉”，他从双亲的态度上就懂得睡觉是一种自我压抑。在许多家庭里，孩子们每晚都要吵闹一番以表示不满。他已经是一个受过训练的美国孩子，知道人“必须”睡觉，却仍然要反抗。他的母亲还规定他“必须”吃的东西，这里有燕麦粥、菠菜、面包、橘子汁等，但是，美国的孩子却学会反对那些“必须”吃的东西，他认定，凡是“对身体好”的食品都是不好吃的。美国的这种惯例在日本是没有的，在欧洲的某些国家例如希腊也是看不到的。在美国，长大成人就意味着摆脱了食品上的压抑。大人就可以吃可口的食物，而无须讲是否对身体有益。

但是，与西方人关于自我牺牲的整个概念相比，这些有关睡眠和食物的观念都是些琐屑小事，微不足道。父母要为孩子付出很大牺牲，妻子要为丈夫牺牲其事业，丈夫为一家生计而牺牲自己的自由，这些都是西方人的标准信条。一个社会可以无需自我牺牲，这对美国人来说是不可思议的，但实际上确实存在着这种社会。在这种社会中，人们说父母亲会很自然地疼爱孩子，妇女们喜欢婚姻生活比其他生活更甚，肩负一家生计的人是在从事他所喜爱的工作，比如当猎手或花匠等等。这能说是什么自我牺牲呢？社会强调如此解释，人们也同意按照这种解释生活，几乎没有人承认自我牺牲的概念。

凡属于美国人认为是为别人作出“牺牲”的事，在其他文化中都被视为相互交换。它或者被看作是投资，以后会得到回报；或者是对以前从别人那里受到的等值报偿。在这类国家里，甚至连父子关系也是如此。父亲对幼年的儿子予以照顾，儿子就应该在父亲的晚年或死后报答。每一件事务上的关系也都是一种民间契约，它往往要求保证对等，一方承担庇护的义务，另一方则承担服务的义务。只要对双方都有利，谁也不认为自己所承担的义务是一种“牺牲”。

在日本，为他人服务，其背后的强制力当然也是相互的，既要求等量，也要求在等级关系上彼此承担相辅相成的责任。这样自我牺牲的道德地位与美国截然不同。日本人对基督教传教士关于自我牺牲的说教总是非常反对。他们极力主张有道德的人不应当把为别人服务看作是压抑自己。有位日本人对我说：“当我们做了你们称之为自我牺牲的事情时，我们则觉得是自己愿意做的，或者认为那样做是对的。我们绝不会感到遗憾。不管我们实际上为别人做了多大牺牲，我们也不认为这是为了提高我们的精神境界或者认为应当受到回报。”像日本人那样以缜密细致的相互义务作为核心来组织社会生活，当然不理会这里面有什么“自我牺牲”。他们要求自己履行极端的义务，而传统的关于相互义务的强制力，则阻碍他们持有“自我怜悯”和“自以为是”的感情，这种感情极易在个人主义竞争的国家中出现。

因此，美国人要想理解日本一般自我修养的习惯，就必须对美国的“自我训练”（Self-discipline）概念实施一些外科手术，把美国文化概念周围所缠绕的“自我牺牲”（Self-sacrifice）和“压抑”（frustration）赘生物割掉。在日本，一个人要成为出色的运动员就要进行自我修养，就像打桥牌一样，完全不会意识到这种活动是“牺牲”。当然训练是严格的，但这是事物本身所固有的：刚生下来的婴儿虽然非常“幸福”，但却没有“体验人生”的能力。只有经过精神训练（或称“自我修养”）才能生活得充裕，获得“体验人生”的能力。这种说法通常被翻译成“只有这样才能享受人生的乐趣”（only so he can enjoy life）。修养能锻炼丹田（自制力之所在），而使人生更开阔。

日本培养“能力”的自我修养，其理由在于能改善他本人驾驭生活的能力。他们说，在修养初期，人们或许感到难以忍受，但不久后这种感觉就会消失，因为他终究会享受其中的乐趣，否则就会抛弃修养。徒弟要在商业上出色地发挥作用，少年要学习“柔道”，媳妇要学习适应婆婆的要求，在训练的最初阶段，不习惯新要求的人想避开这种修养也是可以理解的。这时，他们的父亲就会教训说：“你希望的是什么？要体会人生，就必须接受一些训练；如果放弃修养，今后肯定会不愉快。如果陷入这种处境而遭受社会上的议论，我是不会袒护你的。”用他们常用的说法，修养就是磨掉“身上的锈”。它会使人变成一把锋利的刀。这当然是他们所希望的。

日本人如此强调自我修养对自己有利，并不意味着他们的道德律时常要求的极端行为不是真正的严重压抑，以及这种压抑不会导致攻击性的冲动。对这种区别，美国人在游戏和体育活动中是能够理解的。桥牌选手为了打好牌，绝对不会抱怨必须作出的自我牺牲，绝对不会把为了成为专家而花费的时间看成是“压抑”。尽管如此，医生们说，在下大注赌钱或争夺冠军的比赛时，精力高度集中与胃溃疡以及身体过度紧张是有关联的。日本人也发生过同样的事情，不过，由于相互义务观念的强制力以及人们坚信自我修养对自己有利，致使日本人容易接受许多美国人难以忍受的行为。

他们远比美国人更加注意能够胜任的行为，而不为自己找借口，也不像我们那样经常把生活的不满归咎于旁人。他们也不会由于没有得到美国人所谓的平均幸福（average happiness）而常常沉湎于自怜。他们已经被训练得比美国人更加注意自己“身上的锈”。

比培养“能力”更高的自我修养境界是“圆熟”。对于这类修养的技巧，西方人仅依靠阅读日本人所写的有关著作是不大容易懂的，而专门研究这个问题的西方学者又往往不太重视它，他们有时称之为“怪癖”。一位法国学者在著作中认为完全是“无视常识”，说最讲究修养的教派——禅宗是“集严肃的荒谬之大成”。可是，日本人企图通过这种技巧所要达到的目标却是可以理解的，探讨这个问题有助于我们阐明日本人的精神驾驭术。

日语中有一系列词汇用来表达自我修养达到“圆熟”者的精神境界，这些词汇有些用于演员，有些用于宗教信徒，有些用于剑术家，有些用于演说家、画家以及茶道宗师，它们一般都有同样的含义。我仅举其中的一个词：“无我”，这是禅宗用语，在上流阶层中很流行。它所表达的“圆熟”境界是指在意志与行动之间“毫无障碍，纤发悉除”的体验。无论它是世俗的经验还是宗教的经验，如同电流从阳极放出，直接流入阴极。没有达到圆熟境界的人，则好像在意志与行动之间有一块绝缘板。日本人把这个障碍称作“观我”“妨我”。在经过特别训练消除了这种障碍之后，“圆熟”者就完全意识不到“我正在做什么”，好像电流在电路中自由流动，不需要用力。这种境界就是“一点”（One-pointed）[1]，行为与行为者内心所描写的

---

[1] “一点”是铃木大拙所著《禅宗概论》（Essays in Zen Buddhism）一书中的用语。据大拙先生解释，是译自《楞伽经》中梵语的 ekagra，表示那种“主客不分”，心神集中于一点的状态。仿佛通常翻译为“一缘”“一心”等。——译者注

形象完全一致。

在日本，即使最普通的人也要努力达到这种“圆熟”境界。英国研究佛教的权威查尔斯·埃利奥特爵士（Sir Charles Eliot）在谈及一位女学生时说：

> “她来到东京某著名传教士的住处，要求当基督教徒。传教士问她为什么，她回答说，因为想乘飞机。传教士让她说说飞机与基督教有什么联系，她回答说，她听说坐飞机要有一颗非常镇静、遇事不乱的心，这种心只有经过宗教训练才能获得。她认为，基督教恐怕是宗教中最好的宗教，因此前来求教。”

日本人不仅把基督教和飞机联系起来，他们还把“镇静、遇事沉着”与应付考试、讲演、政治生涯都联系起来。在他们看来，培养“一点”（集中、专注）对从事任何事业都具有无可争议的好处。

许多种文明都发展这种训练技巧，但日本人训练的目标与技巧显然具有完全独特的性格。由于日本的修养术很多来自于印度瑜伽派，这就更有兴味。日本的自我催眠、全神贯注及驾驭五官的技巧，至今仍然显示出与印度修行方法的亲缘关系。日本同样重视“虚灵”（心中不想）、“体静”（身体不动）以及千万遍地反复诵念同一句话，全神贯注于某一选定的象征。甚至日本也使用印度的术语，但是，除了这些表面上大体的共同点之外，日本版的修养术与印度几乎完全迥异。

印度的瑜伽派是一个极端崇拜禁欲苦行的教派，认为这是一种从轮回获得解脱的方法，人只有这一种解脱（即“涅槃”）解救之道，其障碍就是人的欲望，只有通过饥饿、受辱、自苦才能消除。通过这些手段，人可以超凡入圣，获得灵性，达到神人合一的境界。瑜伽修行是一种鄙弃肉欲世界、逃脱人间无边苦海的方法，又是一种掌握灵性能力的方法。越是极端苦行，就越能缩短到达目标的距离。

在日本是看不到这种哲学的。尽管日本是一个佛教大国，但轮回和涅槃的思想从未成为日本人民佛教信仰的一部分。虽然有少数僧侣接受这种教义，但从未影响过民间的思想和习俗。在日本，没有把鸟兽鱼虫视为人的转世而不准杀生的现象，葬仪及庆祝诞生仪式也不受轮回思想的影响。轮回和涅槃的思想都不是日本的思想模式，不仅一般民众没有这种思想，连僧侣们也对它进行加工改制而使之消失了。有学问的僧侣们断言，顿“悟”之人就已经达到涅槃，即在此时此地，松树和野鸟中都能“见涅槃”。日本人对死后世界的空想从来不感兴趣，他们的神话都是讲关于神的故事，而不讲逝世后的人。他们甚至拒绝佛教关于死后因果报应的思想，认为不管什么人死后都能成佛，甚至连身份最低贱的农民也是如此。日本人将供在佛坛上的家属灵位就称作“佛”，这种用语在佛教国家中独一无二。既然对一般死者用如此大胆的尊称，那么可以理解，这样的民族当然不会追求涅槃之类的艰难目标；既然一个人怎么都能成佛，就无需终生使肉体受苦而努力达到绝对静止的目标了。

同样地，日本也没有肉体与精神不相容的教义。瑜伽修行是消除欲望的方法，欲望寄生于肉体之中。日本人却没有这种教义，认为“人情”（烦恼）并不是恶魔，感官享受是生活智慧的一部分，唯一的条件是感官必须为人生重大的义务作出牺牲。这一信条在日本人对待瑜伽修行方法方面，从逻辑上扩展到极端：不仅排除一切自虐性苦行，甚至在日本，这个教派也不是禁欲主义的教派。他们的“悟者”过着隐遁生活，虽然称为“隐士”，但一般仍然与妻子同住在风景秀丽的地方，过着安逸的生活。娶妻育子与超凡入圣丝毫不发生矛盾，在佛教的最通俗的教派[1]中，僧侣完全可以娶妻生子。日本从不轻易接受灵肉不相容的说教，顿“悟”入圣的人是由于自我冥想修行和生活质朴，而不在于破衣敝服、弃绝声色的娱乐。日本的圣者整天吟诗、品茶、观花赏月，现在禅宗甚至指示其信徒避免“三不足”：即衣不足、食不足和睡不足。

瑜伽哲学的最终信条是那种神秘主义的修行，认为可以把修行者导入一种忘我入神的天人合一境界，这种信条在日本也不存在。无论是原始民族、伊斯兰教阿訇、印度瑜伽修行者或中世纪基督教徒，尽管其信仰各异，凡是推行神秘主义修行法者必都异口同声地说，他们达到了“天人合一”，都体验到“人世所无的”喜悦。日本也有神秘主义的修行法，却没有神秘主义。这并不是说他们不会入定，他们也能入定，但是，他们把这种境界视作训练“一点”的方法，而不把它称作“超凡入神”。其他国家的神秘主义者说，入定时五官停止活动。禅宗的信徒却不这样说；他们说，入定会使“六官”达到异常敏锐的状态。第六官位居心中，通过训练可以使第六官支配平常的五官。不过，味觉、触觉、视觉、嗅觉和听觉在入定时要接受特殊的训练。禅宗修行者的一项练习是要听到无声的足音，并能准确地跟踪其足迹；或者能在三昧[2]境界中仍然能辨别诱人的美味。嗅、视、听、触、尝都是“辅助第六官”，人要在这种境界中学会使“诸官皆敏”。

这在任何重视超感觉经验的宗教中都是例外现象，甚至在入定状态，

---

❶ 指净土真言宗，源于中国的净土宗（也称莲华宗）。——译者注

❷ 三昧，又称三摩提、三摩地。意译为“定”、“正受”或“等持”，也就是止息杂虑，专注一境，方能保持不昏不乱。——译者注

修禅者也不想起脱于自身之外而像尼采[1]描述古代希腊人那样，“保留自己的原样，保持自己市民的名义”。在日本伟大佛教法师的言论中，对这种见解有很多生动的阐述，其中讲得最精彩的是高僧道元。他在13世纪[2]开创曹洞宗[3]，至今仍然是禅宗中最大、最有势力的教派。在谈到自己顿悟时，他说：“我只知道眼睛横在鼻子之上……（在禅的体验中）并无神秘。如同时间自然流逝，日出于东，月沉于西。”[4]禅学著作也不承认“入定”除了能培养自我修养能力以外还能传授别的什么能力。一位日本佛教徒写道：“瑜伽派认为冥想可以获得超自然的能力，禅宗则不会采取这种荒谬的说法。”[5]

日本就是这样完全抹杀作为印度瑜伽派基础的各种观点。日本人酷爱限定的思维方式令人想起古希腊人，他们把瑜伽派的修行方法理解为自我修养以求完善自身的方法；理解为达到“圆熟”境界，以至于人与其行为毫无间隔的方法。这是一种自力更生的训练，它的回报就在此时此地，因为它使人们能够最有效地应付任何局面，用力恰到好处；它能使人控制恣意妄为的自我，不躁不乱，无论遇到外来的人身危险还是内心的激动，都不会失去镇定。

---

❶ 尼采（1844—1900），德国唯心主义哲学家，鼓吹超人哲学。主要著作有《悲剧的诞生》《查拉图斯特拉如是说》《善恶的彼岸》等。——译者注

❷ 日译本误写作“12世纪”。——译者注

❸ 曹洞宗，禅宗五家之一，唐朝良价在今江西宜丰洞山首创，后由其弟子本寂在今江西宜黄曹山发扬光大，故称曹洞宗。13世纪中，日僧道元（1200—1253）来华学法，传入日本。——译者注

❹ 忽滑谷快天：《武士的宗教》，伦敦，1913年，第197页。——原注

❺ 同上书，第194页。——原注

当然，这种训练不仅对僧侣有益，对武士也有益。事实上，正是武士把禅宗当作了自己的信仰。任何地方都很难发现像日本这样用神秘主义的修行法来训练武士单骑作战，而不是靠它来追求神秘的体验。日本从禅宗开始发生影响之时起，就一直如此。12 世纪，日本禅宗开山鼻祖荣西[1]的巨著就取名为《兴禅护国论》，而且禅宗训练了武士、政治家、剑术家和大学生，以求达到相当世俗的目标。正如查尔斯·埃利奥特爵士所说，中国禅宗史上没有任何迹象会使人想到他日禅宗传到日本竟然成为军事训练的手段。"禅宗和茶道、能乐一样，完全成了日本式文化。人们可以设想，在十二三世纪的动乱年代，这种主张从内心直接体验，而不是从经典中寻求真理的冥思、神秘的教义会在逃避尘世灾难的僧院中流行，却不会想到武士阶级会接受它作为喜爱的生活准则，而实际情况却变成这样。"

日本许多教派，包括佛教和道教都特别强调冥想、自我催眠和入定的神秘修行方法。这其中，有些教派把这种训练的成果看成是上帝的恩宠，其哲学基础建立在"他力"，也就是依靠别人——仁慈上帝的帮助。而有些以禅宗为代表的教派则主张依靠自身的力量，自己帮助自己，其教导人们说，潜力只存在于自己内部，只有靠自己的努力才能增强。日本的武士们发现这种教义符合他们的性格。他们无论作为一个僧侣还是作为一个政治家、教育家——他们都从事这类工作——都以禅宗修行法来加强一种素朴的个人主义。禅宗的教义非常明确："禅所求者，唯在己身可发现的光明，不容许任何阻碍。除尔途中一切孽障，……遇佛杀佛，逢祖灭祖，遇圣劓圣。唯此一途，可以得救。"

探索真理的人只能接受第一手的东西，无论是佛陀教导、祖宗经典还

[1] 荣西（1141—1215），又名明庵荣西，镰仓时代禅僧，创临济宗。著有《兴禅护国论》《出家大纲》《吃茶养生记》等。——译者注

是神学。“三乘十二因缘教[1]都是一堆废纸。”研究它虽然不能说毫无益处，却无法使自心灵光一闪，唯有这灵光一闪才能使人顿悟。有一本禅语对答的书中记载，弟子求禅僧讲《法华经》[2]。禅僧讲得很好，弟子却失望地说：“怎么，我还以为禅僧蔑视经典、理论和逻辑体系哩！”禅僧回答说：“禅并非一无所知，只是相信真知在一切经典、文献之外。汝非来求知，仅来问经耳。”

禅师们所传授的传统训练，在于教给弟子如何求“真知”以达到顿悟。训练既有肉体的，也有精神的，无论哪一种，最后都必须在内心意识中取得效果。剑术家的修禅就是一个很好的例子。当然，他必须经常练习基本击刺，但这只属于“能力”范围，他还必须学会“无我”。最初，他首先被命令站在地板上，全神贯注于脚下支持身体的那几平方英寸的地板。这块地板逐渐升高，时间久了，剑术家就能练到立在四英尺高的柱子上，就像置身于庭院中一样舒服。当他能坦然地立在那根柱子上时，他就得到“真知”而顿“悟”了。他的心已经顺从自己的意愿，不会有眩晕的感觉或摔跌的顾虑了。

---

❶ 三乘十二因缘：三乘，佛教宣称，人有三种根器，因此有三种修持途径，并比作“乘”三种车，故名三乘，即声闻乘、缘觉乘、菩萨乘。十二因缘，又称十二缘起，是佛教三世轮回的基本理论，包括：无明，行，识，名色，六入，触，受，爱，取，有，生，老死。——译者注

❷ 《法华经》：全称《妙法莲华经》。按照释迦说法，人人皆能成佛，唯有《法华经》才是“一乘法”，其他皆引导众生接受“一乘法”。——译者注

日本的这种立柱术是把人们所熟知的西欧中世纪圣西蒙[1]派的立柱苦行术加以改造，使之成为一种有目的的自我训练，它已经不再是苦行。无论是修禅还是农村中的许多习惯，各种肉体训练都经过这种改造。世界上许多地方都有潜入冰水或站在高山瀑布下之类的苦行修炼。有的是为了锻炼肉体，有的为了祈求上帝的怜悯，有的则是为了进入恍惚状态。日本人所喜好的耐寒苦行，是在天亮之前站在或坐在冰凉刺骨的瀑布之中，或者在冬夜用冷水洗三次澡，但其目的是锻炼意识的自我，直到感觉不到痛苦。求道者的目的是训练自己能够不受干扰而继续冥想，当他已意识不到水的冰冷，在寒夜的凌晨身体也不颤抖时，他就“圆熟”了。此外，不求任何补偿。

同样，精神训练也必须自适自得。你可以请教老师，但老师也不会对你进行西方意义上的“教导”。因为弟子不可能从身外学到有意义的东西。老师可以和弟子讨论，却不会温和地引导弟子，使之达到新的智慧境界。越是粗暴的老师，就越被认为是最有帮助的。如果，师傅冷不防地敲掉弟子刚送到嘴边的茶杯，或者把弟子摔倒，或者用铜如意敲打弟子的指关节，弟子就会在这种冲击中像通上电流一般地顿悟[2]。因为，这样打掉了他的自满自足。在僧侣言行录中几乎都是这类故事。

为使弟子拼命努力开悟[3]而最爱使用的一种方法是“公案”，其字面意

---

❶ 圣西蒙（Saint Simeon），公元三四世纪的修道僧，生于叙利亚北部。传说他在柱子上生活了三十年，在柱子上传道。柱子最初高六英尺，渐渐升高到六十英尺。——译者注

❷ 来自我国禅宗中的“棒喝”。传说始于德山宣鉴、临济义玄（八九世纪），所谓“德州棒，临济喝。”——译者注

❸ 开悟：禅宗术语，即开智悟理。——译者注

思就是“问题”，据说有一千七百个。禅僧逸话中说，有人为解决一件公案竟然花费七年之久的情况很常见。“公案”的目的并不是要求得到合理的答案。比如：“设想孤掌独鸣”，或者“缅思未生儿时母”[1]；以及“背负尸体而行者谁？”“朝我而来者何人？”“万法（万物）归一，一又何归？”等，这类禅问在十二三世纪以前的中国也曾使用过。日本引进禅宗的同时也引进了这种方法，但公案在中国已经绝迹，而在日本却成为了达到“圆熟”最重要的训练手段。禅的入门书非常重视公案，“公案中包藏着人生的困境”。他们说，思考公案的人就像“被赶入绝境的老鼠”，或“想吞热铁球”的人，“想叮铁块[2]的蚊子”。他忘我地加倍努力，最终除去横在他的心灵与公案之间的“观我”屏障，心与公案像一道闪电一样融合为一，他就顿“悟”了。

读了这些关于高度紧张的精神努力的描述，如果再在这些书中寻找他们费尽精力所获得的伟大真理，你会感到失望。例如，南岳[3]花了八年时间思索“朝我而来者何人？”最后，他明白了。他的结论是：“说此地有一物，旋即失之矣”[4]。但是，禅语的启示也有一般模式，可从以下数句问答中窥知：

僧问：“怎样才能避免生死轮回？”

---

❶ 指父母未生我之前的本来面目。——译者注

❷ 禅书作“铁牛”。——译者注

❸ 南岳怀让禅师，禅宗六祖大鉴惠能禅师的法嗣，唐代金州安康（今陕西安康）人，唐玄宗天宝三年（744年）六十八岁时圆寂，谥号大禅慧师。其门徒衍为临济、沩仰二宗。“朝我而来者何人？”中文原为：“恁么来物是谁？”——译者注

❹ 中文原为：“说似一物，即不中”。据禅语字汇，此句意为“这个本分的事，但只一言，即失其的”。——译者注

师答："谁束缚了你？（也就是谁把你绑在轮回之上？）"

他们说，他们学的东西，借用中国一句有名的俗语，就是"骑着牛找牛"。他们要学的"不是网罟，而是用那些工具捕捉的鱼兽"。借用西方的术语来说，他们学的是二难推理，其两格❶皆与题旨无关。目的在于使人顿悟：只要打开心眼，现存手段即可达到目标。一切皆是可能的，不需要借助外力，只需反求诸己。

公案的意义不在于这些真理探索者所发现的真理（这些真理与全世界神秘主义者的真理是相同的），而在于日本人如何思考探索真理。

公案被称作"敲门砖"。"门"就装在蒙昧的人性周围的墙壁上，这种人性担心现存手段是否够用，总有种以为有许多人盯着自己并准备或褒奖或贬低的幻觉。这堵墙就是日本人有着深切感受的"耻感"。一旦用砖砸开门，人就进入自由的天地，砖也就没有用了，也就无须再去解答公案了。修完了功课，日本人的道德困境也就解脱了。他们拼命钻死角，"为了修行"变成了"咬铁牛的蚊子"，钻到最后才恍然大悟，根本没有死角。"义务"与"情义"之间，"情义"与"人情"之间以及"正义"与"情义"之间都不存在死角。他们发现了一条出路，获得了自由，从此能充分"体验"人生。他们达到了"无我"的境界。他们的"修养"成功地达到"圆熟"的目标。

研究禅宗的泰斗铃木（大拙）把"无我"解释为"无为意识的三昧境界"❷，"不着力、无用心"，"观我"消失了，人"失去其自身"，也就是说自己不再是自身行为的旁观者。据铃木说，"意识一旦觉醒，意志就一分为二：行

❶ 两格：在假言推理和选言推理的三段论中，被小前提肯定或否定的事项称作"格"。——译者注

❷ 铃木大拙：《禅宗论案》，第三卷，第318页。——原注

为者和旁观者，两者必然冲突。因为，行为者（的我）要求摆脱（旁观者的我的）约束”。而当“悟”时，弟子发现，既无“观我者”，也无“作为无知或不可知之量的灵体”，只有目标以及实现目标的行动，其余都不存在。研究人类行为的学者如果改变一下表述方式，就能更具体地指出日本文化的特性。一个人，就好比是一个小孩子，他受到严格的训练去观察自己的行为，注意别人的评论并据以判断自己的行为。作为观我者，他极其容易受到刺伤，一旦升华而进入灵魂的三昧境界，他就消除了这个易受刺伤的自我，他不再意识到“他在有为”。这时，他就觉得自己的心性已修养成功，就好像习剑术者可以毫不畏惧地站在四英尺高的柱子上一样。

画家、诗人、演说家和武士都用这种训练以求达到“无我”。他们学到的并不是“无限”，而是对有限美明晰的、不受干扰的感受；或者说是学会调整手段与目标，用恰当的努力，恰到好处地达到目的。

甚至完全没有经过训练的人也有一种“无我”的体验。当欣赏能乐和歌舞伎的人陶醉于剧情而完全忘我的时候，也可以说是失去了“观我”。他手掌全是汗，他感到这是“无我的汗”。轰炸机的飞行员在接近目标将要投下炸弹之前也渗出“无我之汗”。“他并不意识自己在作”，他的意识中并无旁观的自我。当高射炮手全神贯注侦察敌机时，周围的世界全都消失，也同样出“无我之汗”，同样失去“观我”。凡是身处这类场合，达到这种状态的人，都进入了最高境界，这就是日本人的观念。

上述概念雄辩地证明，日本人把自我监视和自我监督搞成何等重大的压力。他们说，一旦这种牵制消失，就感到自由而有效率。美国人把所谓“观我”与内心的理性原则看成是一回事，从而以临危不惧、“保持机智”而自豪。日本人却要靠升华到灵魂三昧境界，忘掉自我监视的束缚，才有解脱脖颈上石枷的束缚之感。我们看到的是，日本文化反复向心灵深处灌输谨小慎微；

而日本人则对此力图辩解并断言：当这类心理重荷一消失，人的意识就会有更加有效的境界。

日本人表达这种信条的最极端的方式（至少在西方人听来如此），就是高度赞赏“就当死去而活着”的人。如果按照字面直译成西方语言，也许就是“活着的尸体（行尸走肉）”吧，但在西方任何种语言中，这句话都是讨厌的。我们讲到这句话，是指一个人已经死去，只在人世留下一具躯体，再无活力可言，而日本人讲“就当死去而活着”的意思则是说这个人已经达到了“圆熟”的达观境界。他们常把这句话用于日常的劝勉和鼓励。在鼓励为中学毕业考试而苦恼的少年时，他们会说：“就当你已经死了，这样就容易通过。”在鼓励进行大批商业交易的人也是如此，他的朋友会说：“就当死了，干下去。”当一个人陷入严重的精神苦恼，看不到一线希望时，也常常以“就当已死”的决心去生活。战败后被选为贵族院议员的基督教领袖贺川（丰彦）在其自传小说中说：“就像被魔鬼缠身的人一样，他每天躲在自己房间里哭泣。他那爆发性的抽泣已接近歇斯底里。苦痛持续了一个半月，但生命终于获胜。……我要此身带上死的力量活下去……他要就当已经死了投入战斗之中。……他决心要当一个基督徒”。[1]战争期间，日本军人喜欢说：“我决心就当死了，以报皇恩。”这句话包含着一系列行动，例如在出征前为自己举行葬礼，发誓把自己的身体“变成硫磺岛上的一抔土”，决心“与缅甸的鲜花一起凋落”，等等。

以“无我”为根基的哲学也潜在于“就当已死地活着”的态度之中。人在这种状态中就消除了一切自我监视，也消除了所有恐惧和戒心。他已经是死人了，也就是说不需要再为行为恰当而思虑了。死者不用再报“恩”，

---

❶ 贺川丰彦：《天亮之前》，第 240 页。——原注

他们自由了。因此，“我要就当已死地活着”，这句话意味着最终摆脱一切矛盾和冲突，意味着：“我的活动力和注意力不受任何束缚，可以勇往直前地去实现目标。观我及其一切恐惧的重荷已经不再横隔于我和我的奋斗目标之间了。过去在我奋力追求时，一直烦扰我的紧张感和消沉倾向也随之消失。现在，我可以为所欲为了。”

按照西方人的说法，日本人在“无我”和“就当已死”的习惯中排除了意识。他们所谓的“观我”“妨我”是判断一个人行为的监督者。这生动地指明了西方人和东方人的心理差异。我们讲到一个没有良心❶的美国人，是指他在做坏事时不再有罪恶感；而日本人在使用同类词❷时，却是指这个人不再紧张、不再受到妨碍。同一个词，在美国是指坏人；在日本则指好人、有修养的人、能最大限度地发挥其能力的人，是指能够完成最困难工作、致力于无私行为的人。罪恶感是要求美国人行善的强大制约力，如果一个人的良心麻痹，那就不再能有罪恶感而变成反社会的人。日本人对这个问题的分析则不同。按照他们的哲学，人的心灵深处存在着善，如果内心冲动能直接表现为行动，他就会很自然地实践德行。于是，他想努力修行，以求“圆熟”，消灭自我监视的“羞耻感”。只有达到这种境界，第六官的障碍才能消除，才能彻底摆脱自我意识和矛盾冲突。

当你考察日本人的这种自我训练的哲学时，如果脱离了日本人在其文化中的个人生活经验，就不会解开谜团。正如前文所述，他们那种归之于“观我”的“羞耻感”该是日本人身上多么沉重的压力啊。如果不讲清楚日本人的育儿方式，那么就说不清楚他们的精神驾驭术和其哲学的真正意义。

---

❶ 请注意，英语的良心（Conscience）原意是意识（Consciousness）。——译者注

❷ 指“无心”“无思无念”。——译者注

任何文化，其道德规范总要代代相传，不仅通过语言，而且通过长者对其子女的态度来传衍。局外人如果不研究一个国家的育儿方式，就很难理解该国生活中的重大问题。截至本章，我们只从成人方面描述日本民族对人生的各种观点。日本人的育儿方式将使我们能更清楚地了解这些观点。

第十二章 儿童学习

日本的育儿方式是喜欢思考的西方人所想不到的东西。美国父母训练孩子准备适应的生活，很少像日本那样要求谨慎和自制；而且，父母从一开始就教育婴儿，他们的小小愿望并非世界上最高的命令。我们规定一定的哺乳时间和睡眠时间。在时间未到之前，无论婴儿怎样哭闹都要让他等待。在哺乳后不久，每当婴儿含手吮指或触摸身体的其他部位，母亲就会敲他的手指加以禁止。母亲常常不在孩子身边，而且在母亲外出时，婴儿也必须留在家里。相对于其他食物而言，即便婴儿更恋奶，也要让他断奶；如果是用奶瓶喂养，则不给他奶瓶。假如有些食物对身体有益，孩子就必须吃；如果不按规定，就要受罚。美国人会很自然地设想，日本小孩一定会受到加倍严格的训练，因为日本的小孩在长大以后必须克制自己的欲望，非常小心谨慎地严格遵守道德准则。

但是，日本人的做法并非如此，日本人的人生曲线与美国正相反。它是一根很大的浅底 U 字型曲线，允许婴儿和老人有最大的自由和任性。随着幼儿期的过去，约束逐渐增加，直到结婚前后个人自由降至最低线。这个最低线贯穿整个壮年期，一直持续几十年，之后再次逐渐上升。过了六十岁，人又几乎可以像小孩子那样不为羞耻和名誉所烦恼。在美国，这种曲线是倒过来的，幼儿时期的教养非常严格，随着孩子日益成长而逐渐放松，等到他找到能够自立的工作、有了自己的家庭后，就几乎可以不受别人的任何掣肘。在美国，壮年期是自由和主动性的鼎盛时期。随着年龄的增长，精力日益衰退，以至成为他人的累赘，就又要受到约束。按照日本那种模式来安排人生，美国人根本想象不到，似乎那是与现实背道而驰的。

但是，无论是美国还是日本的人生曲线，其安排在事实上都确保了一个人能够在壮年时期尽力参与该国的文化。在美国，我们依靠增加壮年期的个人选择自由来保证达到这一目标；在日本，则是依靠最大限度地约束个人来实现，尽管这个时期人的体力最强、谋生能力最高，却仍然不能主宰自己的生活。他们坚信，约束是最好的精神训练（修养），能够产生靠自由所不能达到的效果。虽然日本人在最活跃、最有创造性的壮年时期受到最大的约束，却不是终生受约束，幼年和老年时期则是“自由的领地”。

对孩子娇纵的国民都非常希望有孩子，日本人正是如此。像美国的父母一样，他们要孩子首先是因为喜爱小孩是一种快乐；但日本人要孩子却不仅是为了获得感情上的满足，还是因为如果断绝了家族血统，他们就会成为人生的失败者，这点在美国却不是那么重视。每个日本男子都一定要有儿子，他们要儿子是为了自己死后有人在佛坛灵前跪拜，是为了延续家族，传宗接代，保持家门荣誉和财产。由于传统的社会原因，父亲需要儿子，就跟幼儿需要父亲一样。儿子将来总要取代父亲，但这并不是撇下父亲不管，而是为了让父亲安心。在若干年内，父亲仍然管理“家务”，以后再由儿子接班。如果父亲不能把家务让给儿子，那他自己那种角色也就没有意义。这种根深蒂固的连续性意识使成年的儿子对依靠父亲不像西方民族那样感到可耻和不体面，即使这种状况延续的时间要比美国长得多。

妇女需要儿子也不仅是为了感情上的满足，还是因为妇女只有当了母亲才有地位。没有子女的妻子在家庭的地位最不稳定，即使不离婚，也不能指望有一天能当婆婆，对儿子的婚姻和儿媳行使权力。为了延续家系，她的丈夫可能收养子，但按照日本人的观念，不生孩子的妻子仍然是个失败者。日本的妇女希望多生子女，本世纪 30 年代上半叶，平均出生率是 31.7‰，甚至比东欧多子女的国家还高。美国 1940 年代的出生率是 17.6‰。日本女人生孩子的年龄很早，多数是在十九岁就生孩子。

在日本，分娩与性交一样隐秘；产妇在阵痛时不能大声呻吟，以免让人知道。母亲要提前给婴儿准备新被褥和小床，因为，新生婴儿不睡新床不吉利。贫苦家庭买不起新床，也要把被料和棉花洗净，做成“新”被。小被褥也不像大人的那样板硬，而且很轻。据说娃娃在自己的床上睡得更香，但在心灵深处他们让婴儿分床睡觉，其根据仍然是一种“感应巫术”，即新人必须睡“新”床。婴儿的睡床虽然靠近母亲的睡床，但直到婴儿长大，懂得要求与母亲同睡时才和母亲一起睡。他们说，也许要满一周岁，婴儿才会伸出双手，提出这种要求。那时，婴儿才由母亲搂着睡。

婴儿出生后的头三天不给哺奶，因为日本人要等着流出真正的奶汁。三天后，婴儿随时叼奶头，或者是吃奶，或者是叼着玩；母亲也以给孩子喂奶为乐。日本人相信，哺奶是女人最大的生理快乐之一，婴儿也最容易感受到母亲的这种乐趣。乳房不仅供给营养，而且供给喜悦和快乐。婴儿出生后的头一个月，不是放在小床上睡觉就是由母亲抱着睡。三十天后，父母抱婴儿去参拜当地神社，参拜后才认为婴儿的生命扎根在体内，才能带他自由外出。一个月后，婴儿就被背在母亲的背上，用一根双重带子系住孩子的腋下和臀部，再挂过母亲肩前，在腰前打一个结。天气冷时，母亲用外衣把孩子全部裹上。家里年龄大一点的孩子——不管男孩还是女孩——都背婴儿，甚至玩垒球或踢石子时也背着婴儿奔跑。尤其是农家和贫困家庭，多数是靠孩子看孩子。这样，“由于日本的婴儿生活在人群中，很快就显得聪明有趣，似乎也同样在玩着背着自己的大孩子正在玩的游戏”。日本这种把婴儿四肢伸开绑在背上的方式，与太平洋诸岛及其他地方流行用披肩裹婴儿的方式很相似，他们都把孩子看成被动的。用这种方法育婴，婴儿长大以后就能够随时随地、不拘姿势地睡觉，而日本人正是如此。但是，日本用带子背婴儿还不至于像用披肩或包袱裹婴儿那样，完全培养被动性。婴儿“在人背上会像小猫那样自己搂着别人，……绑在背上的带子是安全的，但婴儿……会靠自己的努力求得最舒服的姿势；很快，他就能掌握一种扒在背上的技巧，而不只是绑在别人肩上的包袱”。

母亲工作时把婴儿放在睡床上，上街时则背在背上带着走；母亲对婴儿说话，哼小曲给他听，让他做各种各样的礼貌动作；母亲给别人还礼时也晃动婴儿的头和肩让他鞠躬致意，总之，婴儿也像大人一样。每天下午，母亲给婴儿洗浴，然后让他坐在膝盖上逗着玩。

婴儿前三四个月要系上尿布，布质很粗厚，日本人常抱怨他们的罗圈腿是尿布造成的。过了三四个月，母亲就教他便溺：估量好时间，把婴儿带到户外，用手托着婴儿的身子，用单调的低音吹着口哨，等着孩子便溺。孩子也能听懂这一听觉刺激的目的。人们公认，日本的婴儿像中国婴儿一样，很早就学会了便溺。婴儿尿床时，有些母亲会拧小孩的屁股，但一般都只是训斥一番，并把记性差的婴儿更频繁地带到户外教他便溺。拉不出大便时就给婴儿洗肠，或者给他服泻药，母亲们说这样做是为了让婴儿舒服些，等学会大小便习惯后就可以不带那种不舒服的尿布了。日本的婴儿肯定觉得尿布不舒服，这不仅因为它粗厚，而且因为每当尿湿以后没有立刻换尿布的习惯。不过，婴儿还太小，不懂得学会便溺与摘除不舒服的尿布之间的联系。他们只体验到每天必须如此，不能逃避。而且，母亲把孩子便溺时要尽量让婴儿的身体离远点，抱紧点。这种无情的训练，为婴儿长大成人后服从日本文化中最烦琐的强制性做好了准备。

日本的婴儿通常是先会讲话，后会走路，爬是从来不被鼓励的。传统的习惯是，婴儿不满周岁不能叫他站立或走路。从前，母亲一律不准婴儿那样做。近十几年来，政府在其发行的廉价的、普及的《母亲杂志》[1]中宣传应鼓励婴儿学会走路，这才逐渐普及。母亲在婴儿腋下系根带子，或者用手扶着婴儿身体。但是，婴儿还是想早点学说话。当婴儿开始讲单词时，大人逗婴儿说话作乐的话就逐渐变成有目的性的教导了。他们不是让婴儿从偶然的模仿中学习讲话，而是教单词、教语法、教敬语，婴儿和大人都喜欢这样做。

在日本家庭里，孩子在学会走路后，就会做各种恶作剧。例如，用手指捅破窗纸，掉在地板中间的火炉里，等等。大人如果对这些不满意，就夸大室内的危险，比如说踩门槛是“危险”的，必须坚决禁止。日本的房子自然没有地下室，是靠梁柱架在地面上建造的。小孩踩了门槛，家里人就会严肃地认为会使整个房屋坍塌变形。不仅如此，孩子们还不能在两张铺席（榻榻米）连接处踩踏坐卧。铺席的尺寸是固定的，房间按其多少被称作“三铺席房间”或“十二铺席房间”。孩子们经常听到这种故事：古代的武士会从铺底下用剑把坐卧在铺席连接处的人刺死。只有厚厚的、柔软的铺席最安全，而铺席的接缝处则很危险。母亲常常用“危险”和“不行”来规劝幼儿，其中就包含这类感情。第三个常用规劝词是“脏”。日本家庭的整洁是出了名的，儿童自幼就受到教育要重视整洁。

在下一个孩子出生以前，大多数婴儿都不断奶。近来政府在《母亲杂志》

---

[1] 日文应当为《母子手账》。——译者注

上提倡婴儿最好在八个月上断奶。中等阶级的母亲经常有人照此实行，但还远没有成为日本人的普遍习惯。哺奶非常符合日本人的感情，他们认为那是母亲的最大快乐。逐渐采用新习惯的人们把缩短哺乳期看成是母亲为孩子幸福而忍受的牺牲，他们同意新规定，认为“长期喂奶对孩子身体不好”，并批评不让孩子断奶的母亲是自我放纵，没有自制力。他们说：“她说没办法让孩子断奶，没有那回事”，“那是她下不了决心”，“她就是想让孩子一直吃她的奶”，“是为了她自己快乐”。由于这种态度，八个月断奶的习惯当然不可能普及。除此之外，还有一个断奶晚的实际原因，即日本人没有给刚断奶幼儿吃特别食品的习惯。断奶的孩子应该喂稀粥，但大部分婴儿都是从吃母奶一下子就转到吃成人普通食品。日本人的饮食中不包括牛奶，另外他们也不为婴儿准备特殊蔬菜。在这种情况下，自然有理由怀疑政府倡导的“长时间哺乳对孩子身体不好”是否正确。

婴儿一般在能够听懂别人说话以后才断奶。在这以前，吃饭时母亲抱着婴儿坐在全家饭桌旁喂一点食物。断奶后他们吃的食物量开始增多，这时，有些孩子还是要吃母奶，喂养就成了问题。对于有了下一个孩子而不得不断奶的孩子来说，就更容易理解。母亲不时地给他们吃点心，让他不要恋奶；有时也在乳头上涂胡椒面。但所有的母亲都糊弄幼儿说，如果要吃奶，那就还只是个小娃娃。她们说：“看你表弟，他才是个大人哩！他的年纪和你一样小，却不要吃奶”；“瞧，那小孩在笑话你嘿，你已经当哥哥了还要吃奶。”两岁、三岁甚至四岁还玩妈妈乳头的孩子一旦发现年纪大一点的孩子走近，就会突然放开乳头，装出一副没那回事的样子。

用这种调侃的办法敦促孩子早点成人，并不仅限于断奶。从孩子能听懂说话时起，任何情况都用这些方法。例如，当男孩哭鼻子时，母亲就会说：“你又不是个女孩子”，“要知道你是个男孩！”等等。或者说：“看那个小孩就不哭。”当客人带小孩来串门时，母亲就会当着自己孩子的面亲客人的孩子。并且说：“我要这个小宝宝，我就喜欢要这样聪明伶俐的好宝宝，你都长大了，还净淘气。”这时，她自己的孩子就会飞奔到妈妈跟前，一边用拳头打母亲，一边哭着说：“我不乐意，我不乐意！我不喜欢这个宝宝，我听妈妈的话。”当一两岁的孩子吵闹或不认真听话时，母亲就会对男客人说：“请把我这孩子带走，我们家里已经不要他了。”客人也会扮起这个角色，并开始把孩子从家里带走。于是孩子就像疯了一般，哭喊着向母亲求救。母亲看到吓唬已经完全达到目的，就和颜悦色地把孩子拉到自己身边，并要求仍在抽泣的孩子发誓今后再也不调皮。这种小型滑稽剧有时也演给五六岁的孩子看。

嘲弄还有其他形式。母亲走到父亲的身旁对孩子说：“我不爱你，我爱你爸爸，因为你爸爸是好人。”孩子就非常嫉妒，要把父亲和母亲分开。母亲就说：“爸爸不像你，不在家里乱喊乱叫，也不乱跑。”于是，孩子跺着脚说：“你撒谎，骗人！我并没有那样做，我是好孩子。你不喜欢我吗？”玩笑开够了，父母相视而笑，他们不仅用这种办法戏弄男孩，也同样戏弄女孩。

这种经验对培养日本成年人明显害怕嘲笑和轻蔑是一种肥沃的土壤。我们无法肯定幼儿到几岁时才懂得哪种嘲笑戏弄是拿他开玩笑，但他早晚会懂得的。在懂得了以后，这种受人嘲弄的意识就与害怕失去所有安全与亲密的恐惧感结合在一起；在长大成人后受到别人嘲弄时，幼儿时期的这种恐惧仍然留有阴影。

这种嘲弄之所以会在二岁至五岁的孩子心灵中引起更大的恐慌，是因为家庭确实是安全与自在的天堂。父亲与母亲之间，无论在体力上还是在感情上都有明确的分工，他们很少在孩子面前以竞争者的姿态出现。母亲或祖母承担家务、教育孩子，她们都鞠躬如仪地侍候、崇拜父亲。家庭等级制中的座次非常明确。孩子们知道，年长者有特权，男人有女人没有的特权，兄长有弟弟没有的特权。但是，一个孩子在他幼儿期间则受到家庭内所有人的娇宠，男孩子尤其如此。无论对男孩还是对女孩，妈妈永远是一个答应满足所有愿望的人。一个三岁男孩可以向母亲发泄无名怒火。他对父亲绝不敢表示出任何反抗，却可以对母亲和祖母暴跳如雷，发泄受父母嘲弄以及要被“送给别人”的郁闷和气愤。当然，并不是所有的男孩都脾气暴躁。但是，无论是在农村还是在上流家庭，脾气暴躁是三岁到六岁孩子的通病。幼儿一个劲地用拳头打母亲，又哭又闹，极尽粗暴之能事，最后把母亲珍惜的发髻弄乱。母亲是女人，而他即便只有三岁，也显然是个男子。他甚至以粗暴发泄、无端攻击为乐。

孩子对父亲，只能表现出尊敬。对孩子而言，父亲是等级制上高层次的代表。用日本人的常用术语来说，就是“为了训练”，孩子必须学习对父亲表示应有的尊敬。日本的父亲几乎比西方任何国家的父亲都更少承担教育子女的责任，将教育孩子的事完全交给妇女。日本的父亲对孩子有什么要求，一般只是用眼神示意或者只是讲几句训诫的话；而且，由于这种情况很少见，孩子们都立刻听从。在工作之余，父亲会给孩子做点玩具；在孩子早已学会走路后，父亲才会有时抱抱孩子，背着他来回走动（母亲当然也抱）。对于这段年龄的幼儿，日本的父亲有时也做些育儿的工作，而美国的父亲一般都委托给孩子母亲。

孩子可以对祖父母纵情撒娇，虽然祖父母同时也是受尊敬的对象，但他们并不承担教育孩子的角色。虽然有的祖父母也因对幼儿教育松弛不满，而自己来承担教养的角色，但这毕竟会产生一大堆矛盾。祖母通常一天到晚守在孩子旁边，而且在日本家庭里，婆婆与媳妇争夺孩子的事非常普遍。从孩子的角度来看，他可以获得双方的宠爱，从祖母的角度来看，她常常利用孙子来压制儿媳。年轻的母亲要讨取婆婆的欢心，这是她一生中最大的义务。因此，不管祖父母怎样娇纵孙子，媳妇也不能提出异议。通常是，妈妈说不能再给糖果吃了，祖母却马上又给，还要含沙射影地说：“奶奶给的点心没有毒。”在许多家庭里，祖母给孩子的东西都是母亲弄不到的，她也比母亲有更多的闲暇时间陪孩子玩。

哥哥和姐姐都奉命要宠爱弟弟和妹妹。日本幼儿在妈妈生下另一个孩子时，会充分地感到被“夺宠”的危险。失宠的孩子很容易联想到自己时常亲昵的母乳和母亲的床榻，如今就要让给新生的婴儿了。在新宝宝诞生之前，母亲会告诉孩子：这次，你会有一个活娃娃而不是“假”宝宝了。以后你就不是跟妈妈睡觉，而是跟爸爸睡了，而且把这说成似乎是一种特权。孩子对为新宝宝出生做的各种准备很感兴趣，新婴儿出生时，孩子通常都真心感到激动和喜悦，但这种激动和喜悦很快就会消失，一切都是早就预料到的，并不觉得特别难受。失宠的幼儿总想把婴儿抱到别的地方去，他对母亲说，“把这个宝宝送给别人吧”。于是母亲回答说：“不，这是我们家的宝宝呀！让我们大家都来喜欢他吧。小宝宝爱宝宝，你得帮妈妈照顾小宝宝，好吗？”这种场面有时会反复持续很长时间，母亲对此似乎也不介意。在多子女家庭中会自动出现一种调节办法，孩子们会按间隔次序结成伙伴，老大会照顾老三，老二则照顾老四。弟妹们也是与隔一个次序的兄姐亲密。直到七八岁之前，男女差别对这种安排关系不大。

日本的孩子都有玩具。父母和亲友都给孩子们送布娃娃及其他玩具，有的自己做，有的则是买的。穷人们则几乎都是不花钱，自己亲手做。幼儿用布娃娃及其他玩具做游戏，如摆家家、当新娘、过节日，等等。游戏之前先辩论：大人是怎么做的？有时争论不休，就请母亲裁决。孩子吵架母亲就说：“贵人度量大”，劝大孩子要忍让，常用的话就是：“吃亏者占便宜”，意思是大孩子先把玩具让给小孩子，等过一会儿他玩腻了，又想玩别的时，这个玩具还是你的。母亲这个意思，三岁的孩子都能很快领悟。或者，在玩主仆游戏时，母亲会让大孩子当仆人，说大家都高兴，你也有乐趣。在日本人生活中，这种“吃亏者占便宜”的原则，即使是在成年以后也受到广泛尊重。

除训诫与嘲弄之外，日本人教育孩子的另一个重要手段就是转移孩子的注意力，甚至随时给孩子吃糖果也被认为是转移注意力的办法之一。随着孩子接近上学的年龄，家长就会采用各种“治疗”方法。如果孩子脾气暴躁、极不听话、喜欢吵闹，无法管束，母亲就把他们带到神社或寺院去。母亲的态度是“让我们求神佛给治疗吧”，但多数情况却相当于一次愉快的郊游。施行治疗的神官或僧侣与孩子严肃地谈话，问孩子的生日和他的坏毛病。然后他退到后屋祈祷，再回来后就宣布病已治好。有时则说，孩子淘气是因为肚子里有虫子。于是，他给孩子作祓，清除虫子，然后让他回家。日本人说这种方法“短时有效”。艾灸也被认为是“良药”。把一种盛满干艾粉的小型圆锥形容器放在小孩的皮肤上，点火燃烧，叫作“灸”；其斑痕，终生都会留在身上。艾灸是东亚一带古老的流行疗法，日本也有这种传统，用它来治疗各种疾患。艾灸还可以治脾气暴躁和固执己见，六七岁的小孩就是像这样接受母亲或祖母的“治疗”。难治之症甚至要治两次，但很少需要用三次来“治”孩子淘气的。艾灸并不是惩罚，不是美国人所说的“你这么干，我可要揍你！”那才是惩罚；但艾灸的苦痛比挨打更甚，孩子们于是懂得，不能淘气，否则就要受惩罚。

除了上述对付调皮孩子的各种办法以外，还有很多习惯，培养孩子具有必要的身体技能。他们非常强调教师要手把手地教孩子如何动作，孩子则必须老老实实地模仿。在两岁之前，父亲就让孩子盘腿端坐，两腿盘起来，脚背贴着地板。刚开始时，孩子一般都很难做到，通常都会仰面朝天。尤其是，端坐的要领之一是强调身子要稳定，不能乱动，不能改变姿势。日本人说，掌握端坐的诀窍就是全身放松，处于被动状态。这种被动性要靠父亲亲手按着摆正孩子的腿。不仅要学坐的姿势，还要学睡觉的姿势。日本妇女重视睡姿优美，其严肃性就像美国妇女不能被人看到裸体一样。日本政府为了争取外国人承认，曾经把裸浴列为陋习，在此以前，日本人并不以公开裸浴为羞，但却特别重视妇女的睡姿；而男孩怎么睡都没关系，女孩却必须双脚并紧，直身而睡。这是训练男女有别的早期规则之一，就像其他几乎所有的规则一样，这种要求也是对上层阶级比对下层阶级更严格。杉本夫人（悦子）谈及她自身的武士家庭教养时说："自从我记事时起，我晚上总是小心静静地躺在小小的木枕上。……武士的女儿无论在什么情况下，即使睡觉时也要做到身心不乱。男孩子睡觉可以四肢叉开呈'大'字形，手脚乱放。女孩子睡觉则必须小心谨慎，曲身庄重地呈现'**き**'字形。这表现了一种'自制'的精神。"日本妇女告诉我，晚上睡觉时，母亲或奶妈要帮她们把手脚放规矩。

教授传统的书法时也是由老师把着小孩的手教，这是为了让孩子"体会感受"。在孩子还不会写字甚至还不认字之前，就让他们体会那种慢条斯理、有板有眼的运笔方法。在近代大班教学中，这种教授法不像以前那么常见了，但仍时有所闻。行礼、用箸、射箭以及背枕头来代替背婴儿，都是手把手地教孩子运指并摆正身体。

除上层阶级外，孩子在上学以前就与附近的孩子们一起自由玩耍。在农村，孩子们不满三岁就开始有小小的游戏集团。甚至在乡镇和城市里，他们也在行人拥挤的街头和车辆出入的地方自由玩耍。他们是有特权的人，可以在商店周围乱转，或者站在旁边听大人说话，或者玩踢石子和橡皮球。他们聚集在村社玩耍嬉戏，氏神保护他们的安全。上学之前以及上学后的头两三年内，男孩与女孩一起结伴玩。但多数是同性之间最亲近，特别是同龄的孩子最容易结成密友。这样的同龄集团，特别是在农村可以持续终生，其持续性超过其他集团。在须惠村，上了年纪的人，“随着性关系的逐渐减退，同龄人的集会便成为人生的真正乐趣。须惠村俗话说：‘同龄比老婆还要近。’”❶

这种学龄前的儿童集团相互之间毫无拘束。在西方人眼中，他们有许多游戏是毫不害臊地干一些猥亵事情。孩子们有性的知识，是因为大人随便谈论，也由于日本家庭居室狭窄。而且，母亲逗孩子、给孩子洗澡时，也常常指戳生殖器，尤其是男孩的阴茎。只要注意场合和对象，日本人一般不会责备孩子的性游戏，手淫也不认为是危险的事情。伙伴之间随便相互揭丑（如果是大人，这种揭丑就会是侮辱），相互炫耀（如果是大人，这种自炫就会引起耻辱感）。而对孩子，日本人却平静地笑着说，“孩子是不知道什么叫羞耻的”，并补充说，“因而他们才如此幸福”。这就是幼儿与成人之间的鸿沟。因为，如果说哪位成年人“不知羞耻”，就等于骂那个人死不要脸。

这种年龄的孩子们经常互相议论对方的家庭和财产，他们特别炫耀自己的父亲。比如说：“我爸爸比你爸爸本事大”，“我爸爸比你爸爸聪明”，等等。这都是他们经常的话题，甚至为了夸耀各自的父亲而打架。这类行动，在美国人看来都是不值得介意的事情。而在日本，孩子们自己这类说法与他们所听到的完全不同。大人都谦称自己家是“敝宅”，尊称邻居的家为“府上”；如今称自己的家庭为“寒舍”，称邻居家庭为“贵府”。日本人都承认，在幼儿时期的数年间，从形成游伴到小学三年级，也就是一直到九岁左右，是强烈主张个人本位主义的。他们有时说“我当主君，你当家臣”，“不行，

❶ 约翰·恩布里：《须惠村》，第 190 页。——原注

我不当家臣，我要当主君”，有时炫耀自己，贬低别人。总之，孩子想说什么就可以说什么。随着年龄的增长，他们知道这些话不能说，于是，他们就静静地等着，不问就不说，再也不炫耀了。

对超自然神灵的态度，孩子们是在家里学的，神官和僧侣并不“教”孩子。一般说来，孩子有组织地接触宗教只是在民族节日或祭日，同其他参拜者一起接受神官洒的祓灾水。有些孩子被带去参加佛教仪式，也大都是在特别祭祀日。经常的也是最深刻的宗教经验，常常来自于以家庭佛坛和神龛为中心而举行的家庭祭祀。尤其突出的是祭祀家族祖先牌位的佛坛，那里供着鲜花、香火和某种树枝，而且每天还要供奉食品。家庭中的年长者要向祖先报告家里发生的一切大事，每天跪拜，傍晚还要点上小小的油灯。人们常说，不愿意在外面过夜，因为离开家里这一套祭告，心里不踏实。神龛是一个简单的棚架，供奉从伊势神宫取来的神符之类，也可以放各种各样的供品；厨房里还有被烟熏黑的灶神，窗户和墙壁上贴着许多护符，这些护符都是保证全家安全的。村里的镇守神殿同样是安全的地方，因为有大慈大悲的众神镇守。母亲们喜欢让孩子到安全的神殿内玩耍，孩子们的经验中没有害怕神一说，也没有必要使自己的行为符合神意之类。众神受人礼拜，又转而赐福人间。他们不是当权者。

男孩在入学两三年之后才真正开始训练，把他们纳入成年人那种谨慎的生活模式。在这以前，孩子学习控制身体。如果太淘气，就“治疗”他的淘气，分散他们的注意力。他受到的多是和蔼的规劝，有时也受点嘲笑。但他可以任意行事，包括对母亲粗暴。他的小自我中心得到助长，刚开始上学变化不大。最初三年是男女同校，而且，男女老师对孩子都很喜爱，与孩子平等相待。不过，家庭和学校都一再叮嘱他们不要使自己陷入“难堪”。孩子年龄尚小，不知道“羞耻”，但却必须教导他们不要使自己“难堪”。

比如，有个故事里的男孩，本来没有狼，竟然瞎喊“狼来了！狼来了！”来愚弄别人。“如果你们也这样，人们就会不相信你。那确实是很难堪的事。”许多日本人说，他们做错事的时候，第一个嘲笑他们的是同学，而不是老师或家长。确实如此，在这段期间，家里年长者的工作不是嘲笑自己的孩子，而是逐渐把受人嘲笑和必须根据“对社会的情义”而生活的这种道德教育结合起来。在孩子六岁左右时，以忠义献身的故事形式（即前文所引六岁儿童读本中义犬报答主人恩情的感人故事）而提倡的义务，才开始变成对他们的一系列约束。长辈对孩子说，“如此下去，世人会耻笑你”。规则很多，因时间和事情不同而各异，大多数规则与我们所说的礼节有关。这些规则要求个人意志服从于逐渐扩大的对邻居、家庭和国家的义务。他必须自我抑制，必须认识自己所承担的“债务”，并逐渐处于欠恩负债的地位，如果他打算还清恩情债，就必须谨慎处世。

这种地位的变化是把幼儿时期进行的嘲弄方式以新的严肃认真的态度传导给正在成长的少年男孩心中。到了八九岁，孩子有时就要受到家里人真正的排斥、打击。如果老师向家里报告说他不听话或有傲慢的举动，或者操行分不及格，家里的人就不理睬他。如果店主人指责他做了某种淘气的事，那就意味着“侮辱了家庭名声”，全家人都会批评指责他。我认识的两个日本人在十岁以前曾经两次遭到父亲逐出家门，又因为羞耻，也不敢到亲戚家去，因为他们在学校受到老师的处罚。当时，这两个人都只好待在外边的窝棚里，后来被母亲发现，经母亲调解才得以回家。小学的高年级孩子有时被迫关在家里“谨慎”，即“悔过”，专心致志地写日本人十分重视的日记。总之，家里人都把这个男孩看作他们在社会上的代表。如果小孩遭到了社会的非难，全家人就会反对他；他违背了“对社会的情义”，就别指望得到家庭的支持，也不能指望得到同龄人的支持。他犯了错误，同学就疏远他，他必须赔不是并发誓不再犯，否则伙伴们就不会理他。

正如杰佛里·格拉所论述的那样："值得大书特书的是，从社会学角度看来，上述种种约束达到了极不寻常的程度。在有大家族或其他宗派集团活动的大多数社会中，当集团成员受到其他集团成员的非难和攻击时，该集团一般都会一起袒护他。只要他能继续得到所在集团的赞同，在必要时或者在遭到袭击时，他就坚信能得到所在集团的充分支持，而敢于与该集团以外的所有人对抗。而在日本的情况则似乎刚好相反，也就是说，只有得到其他集团的承认，才能指望得到本集团的支持。如果外部人不赞成或加以非难，那么本集团也会反对他、惩罚他，除非他能使其他集团撤销这一非难或直到撤销这一非难。由于这种机制，'外部世界'赞同的重要地位也许是其他任何社会不能相比的。"

在这段年龄以前，女孩子的教育与男孩子的教育没有本质区别，只是在细微之处略有差异。女孩子在家里要比兄弟受更多的约束，事情也要多做一些，即使小男孩有时也得看护婴儿。在接受赠礼和关怀时，女孩子总得屈居末位。她们也不能像男孩子那样脾气暴躁，但是，从亚洲少女来说，她们有惊人的自由。她们可以穿鲜红的衣服，与男孩子一起在外面玩耍吵闹，而且经常毫不服输。她们在幼儿时期也"不知耻"。从六岁起到九岁，她们逐渐懂得对社会的责任，其情况和体验与男孩大致相同。九岁以后，学校根据男女分班，男孩子们逐渐重视新建立的男性团结。他们排斥女孩子，害怕被人看见和女孩子说话，而母亲也告诫女孩子不要与男孩子交往。据说，这种年龄的少女动辄郁郁寡欢，不喜欢外出，难于教育，日本的妇女说这是"童欢"的终结。女孩的幼年时期因为被男孩子排挤而结束，此后多少年来，她们的人生道路只能是"自重再自重"。这一教导将会永远持续，无论是订婚时还是结婚后。

男孩子在懂得“自重”和“对社会的情义”时，还不能说已经懂得日本男子应负的全部义务。日本人说：“男孩子从十岁起开始学习‘对名分的情义’。”这句话的意思当然是“义在憎恶受辱”。他还必须学习这类规矩：在什么情况下可以直接攻击对方，在什么情况下采用间接手段来洗刷污名，我并不认为他们的意思是要孩子学会在遭受侮辱时进行反击。男孩子小时候就已经学会对母亲粗暴，与年龄相仿的孩子们争相诽谤、抗辩，无须在十岁以后再学习怎么样攻击对手。然而，“对名分的情义”的规范要求十几岁的少年也要服从其规定，从而把他们的攻击方式纳入公认的模式，并提供特定的处理方法。如前所述，日本人往往把攻击指向自己而不是对别人行使暴力，即使学童也不例外。

六年制小学毕业后继续升学的少年（其人数约占人口的15%，男孩子比例较高），立刻就进入激烈的中学入学考试竞争。竞争涉及到每个考生和每门学科，这些少年也就马上要承担“对名分的情义”的责任。对于这种竞争，他们并无逐渐积累的经验，因为在小学和家庭里都是尽量把竞争降低到最低程度的。这种突然而来的新经验，使竞争更加激烈和令人担忧。普遍竞争名次，怀疑别人有私情，等等。但是，日本人在缅怀往事时谈得比较多的却不是这种激烈的竞争，而是中学高年级学生欺侮低年级学生的习惯。高年级学生对低年级学生颐指气使，想尽办法欺侮。他们让低年级学生表演各种受捉弄的屈辱噱头，低年级学生一般对此都非常憎恨。因为，日本的男孩子是不会把这些事当作开玩笑的。一个男孩子被迫在高年级学生面前奴颜婢膝、四脚爬行，事后，他会咬牙切齿，蓄谋报复。而且，由于不能立即报复，就更加怀恨在心，耿耿于怀。他认为这件事关系到“对名分的情义”，是道德问题。也许几年之后，他会利用家庭势力把对方从职位上拉下来；或者钻研剑术或柔道，毕业之后在通衢大道上当众报仇，使对方出丑。总之，如果不能有朝一日报此仇，就觉得“心事未了”。这正是日本人崇尚复仇的一个主要原因。

那些没有升入中学的少年，在军队训练中也有同样的体验。在平时，每四个青年中就有一人被征兵入伍。而且，二年兵对一年兵的侮辱，远比中学里高年级生欺侮低年级生更厉害。军官对此根本不过问，甚至士官也只是在特殊例外下才干预。日本军队规范的第一条就是，向军官申诉是丢脸的。争执都是在士兵之间自行解决，军官认为这是“锻炼”部队的一种方法，但并不参与其事。二年兵把上一年的积恨一股脑儿地向一年兵发泄，想方设法侮辱一年兵以显示他们受“锻炼”的水平。据说征集兵一旦接受了军队教育,往往就变成另外一个人,变成“真正黩武的国家主义者”。但是，这种变化并不是因为他们接受了极权主义国家理论的教育，也不是由于被灌输了忠于天皇的思想，而更重要的原因是因为经受各种屈辱刺痛的体验。在日本家庭生活中，受日本式教养并对“自尊”极其敏感的青年，一旦陷入这种环境，就极易变得野蛮。他们不能忍受屈辱，他们把这种折磨解释为排斥，这就使他们变成精于折磨别人的人。

不用说，近代日本的中学和军队中上述事态之所以具有这种性质，是因为其来自于日本古老的嘲笑和侮辱习俗。日本人对这类习俗的反应，也并非中等以上学校和军队所创造。不难看出,在日本由于有“对名分的情义”的传统规范，嘲弄行为的折磨人就比在美国更难以忍受。尽管受嘲弄的集团到时候会依次虐待另一个受难集团，但这并不能防止那个被侮辱的少年千方百计要对虐待者进行报复，这种行为方式也和日本的古老模式相一致。在许多西方国家中，找替罪羊来发泄积愤是常见的民间习俗，而日本则不是这样。例如，在波兰，一个新学徒或年轻的收割手被嘲弄以后，他不是向嘲弄者泄恨，而是对下一代徒弟或收割手发泄。日本的少年当然也有用这种方法消除怨恨的，但他们最关心的还是直接复仇。被虐待者必须直接报复虐待者才“感到痛快”。

在战后重建日本的事业中，关心日本前途的领导者们，对战前日本成年学校和军队中这种侮辱青少年、戏弄青少年的习俗应当给予特别注意，应当充分强调“爱校精神”以至“老同学关系”来消除大欺小、高压低的习俗。在军队中必须切实禁止虐待新兵。虽然老兵应当如同日本各级军官一样对新兵进行严格训练，因为坚持严格要求在日本不算侮辱，但嘲弄、虐待则是侮辱。在学校和军队中，凡是上级生或老兵让下级生或新兵摇尾装狗、学蝉鸣或者在别人吃饭时间让他们“立大顶”，都必须受到惩罚。如果能有这种变化，那对日本的再教育将比否定天皇的神格以及从教科书中删除国家主义内容更加有效。

少女不学习“对名分的情义”的准则，没有男孩子那种在中等学校及军队训练中的体验，也没有类似的体验。她们的生活远比男子平稳。自从她们懂事时起，她们就受到一种教育：无论什么事情都是男孩当先，礼品和关怀都没有她们的份。她们必须尊重的处世规则是，不容许有公然表白自我主张的特权。尽管如此，她们在婴幼时期也和男孩子一样享受了日本幼儿的特权生活。特别是当她们还是幼女时，可以穿鲜红的衣物。长大成人后，那种颜色的衣物就不能再穿了，直到第二个特权时期开始，即六十岁后才能再穿。在家庭里，她们也像其兄弟一样，可以受到彼此不睦的母亲和祖母双方的宠爱。另外，弟弟或妹妹总是要姐姐还有家里的其他人跟他“最亲”。孩子们要求与她同睡，以表示最亲，而且她常常把祖母给予的恩惠分给两岁的幼儿。日本人不喜欢单独睡觉。夜里，幼儿可以把被子紧挨着他喜欢的年长者，因为“你对我最亲”的证据就是两个人的睡床紧挨在一起。九岁或十岁以后，女孩子被男孩子的游戏伙伴排除在外了，但还可以在其他方面得到补偿。她们可以炫耀新的发型，十四岁至十八岁姑娘的发型，在日本是最讲究的。她们可以穿上丝绸衣服，而以前只能穿棉布衣服。这时，家里人也千方百计打扮她们，让她们更加漂亮。这样，女孩子也得到了某种程度的满足。

女孩子必须遵守各种各样的约束，这种义务要她们自己直接承担，完全不用父母强制。父母亲对女孩子的家长权不是通过体罚，而是通过平静而坚定的期待，希望女儿按照要求来生活。下述事例是这种教养方法的一个极端例子，值得加以引用，它说明了女孩子所受的那种不甚严厉、似有特权的教养的特点，即一种无权威的压力。稻垣钺子[1]从六岁起就由一位博学的儒者教授汉文经典：

> “整整两小时的授课，老师纹丝不动，只有双手和嘴唇例外。我坐在老师面前的榻榻米上，也得同样端坐，纹丝不动。有一次正在上课，不知什么地方不合适，我稍微挪动了一下身子，屈起的双膝角度稍有偏移，老师脸上立刻微露不满的惊憎神色。他轻轻地合上书、慢条斯理但很严峻地说：‘姑娘，你今天的心情显然不适合学习，请回房间好好思考思考。’我小小的心灵羞得无地自容，但毫无办法。我先向孔子像行礼，接着向老师行礼道歉，然后毕恭毕敬地退出书房。我小心翼翼地来到父亲跟前，跟平常上完课时那样向父亲报告。爸爸很吃惊，因为时间还未到。他似乎不在意地说：‘你的功课学得这么快啊？’这句话简直就像是丧钟。直到今天，想起这件事仍然似有隐痛之感。”[2]

---

❶ 即杉本钺子，嫁前姓稻垣。——译者注

❷ 杉本－稻垣钺子：《武士的女儿》，第 20 页。——原注

杉本夫人在另外一个地方描写她的祖母，言简意赅地说明了日本父母态度的一个最显著的特点：

> “祖母态度安祥，她希望每个人都按照她的想法去做。既没有叱责，也没有争辩，但祖母的希望像真丝一样柔软却很坚韧，使她的小家族保持着她认为正确的前进方向。”

这种“像真丝一样柔软却很坚韧”的“希望”之所以能够收到如此好的效果，原因之一就是每一种工艺和技术的训练都非常明确。女孩子学到的是习惯，而不仅仅是规则。幼儿期用筷子的正确方法，进入房间时的姿态以及成年后学习茶道和按摩，全都由长辈手把手教，反复不断地练习，直至娴熟形成习惯。长辈们从不认为孩子们到时候就“会自然而然地学到”正确习惯。杉本夫人描写她十四岁订婚后如何学习伺候未来的丈夫用餐。在此之前，她一次也没见过未来的丈夫。丈夫在美国，她在（日本的）越后。可是，在母亲和祖母的亲自监厨之下，她一而再、再而三地“亲自下厨做几样据我哥哥说是松雄（未来的丈夫）特别爱吃的食品。我假设他就坐在我身旁，我为他夹菜，并且总是劝他先吃。这样，我学习关心未来的丈夫，使他感到愉悦。祖母、母亲也总是装作松雄就在眼前的问这问那。我也很注意自己的服饰和动作，好像丈夫真的在房间里。如此这般，使我学会尊重丈夫，尊重我作为他妻子的地位”。

男孩子虽然不像女孩子那么严格，但也要通过实例和模仿接受细致的习惯训练，“学了”习惯之后就不能有任何违反。青年期以后，在他生活中的一个重要领域主要是靠他自己的主动性。长辈从不教他求爱的习惯，家庭禁止任何公开表现性爱的行动。而且，九岁或十岁时起，没有亲属关系的男孩与女孩之间就完全不同席。日本人的理想是，双亲要在男孩确实对性感兴趣之前为他订下婚约。因此，男孩接触女孩的态度最好就是“害羞”。农村的人常常用这个话题取笑男孩子，使他们总是“害羞”，但男孩子仍然设法学。过去，甚至最近，在偏僻的农村，许多姑娘，有时是大多数，在出嫁前就已经怀孕。这种婚前的性经验是不属于人生大事的“自由领域”，父母在商议婚嫁时也不在乎这些事。但是今天，就像须惠村一位日本人对恩布里博士所讲的那样，甚至连女佣人都受到教育，知道必须保持贞洁；而男孩子在进入中学后，也严禁与异性有任何交往。日本的教育和舆论都在竭力防止两性在婚前的亲密交往，日本的电影把那些对年轻妇女随便表示亲昵的青年视作“坏”青年，而所谓的“好”青年则是指那些对可爱的少女，采取一种在美国人看来是冷酷、甚至粗野态度的青年。对女人表示亲昵，就意味着这位青年“放荡”，或者是追逐艺伎、娼妇、咖啡女郎的人。到艺伎馆是学习色情艳事的“最好”方法，因为“艺伎会教你，男人只需悠然旁观。”他不用顾虑自己笨手笨脚，也不指望与艺伎发生性关系。但是，很少有日本青年能到艺伎馆去，多数青年是到咖啡馆去看男人怎样亲昵女人。但是，这种观察与他们在其他领域的训练不是同一类型。男孩子有很长时间担心自己笨拙，性行为是他们生活中无需由值得信任的年长者亲手指导而学会的极少数领域之一。有地位的家庭在年轻夫妇结婚时，会交给他们《枕草子》[1]和绘有各种姿态的画卷。正如一位日本人说的：“看书就可以学会。好比庭园布置，父亲并不教导如何布置日本式庭园，但你上了年纪就会学会这种嗜好。”他们把性行为和园艺都视为到时候看书就会，这很有趣，虽然日本大部分青年是通过其他办法学习性行为。但不管怎么说，

---

❶ 《枕草子》：日本古代随笔，成书当在11世纪以后，主要描绘宫廷风情。——译者注

他们不是靠成年人的细致教导。这种训练上的差异使青年深深相信，性属于另一领域，与人生大事无关，从而无需由长辈亲自指教、严格训练以培养习惯。这是一个可以自行掌握以求满足的领域，尽管他惴惴不安，经常感到迷惑，这两个领域有不同的规则。男子结婚后完全可以毫无顾忌地在外面享受性的欢乐，这样做丝毫不会侵犯妻子的权利，也不会威胁到家庭关系。

然而，妻子则没有同样的特权。她的义务是对丈夫保持忠贞，即使被勾引也只能偷偷进行，日本妇女很少能隐秘私恋而不被发现。神经过敏或心绪不宁的妇女被说成患有“歇斯底里”。“妇女最常受到的困难不是社会生活，而是性生活，很多精神不正常的妇女以及大多数的歇斯底里（神经过敏、心绪不宁）患者，显然是由于缺乏性协调。妇女只能靠丈夫随意来满足性欲。”[1]须惠村的农民们说，大多数妇女病“始于子宫”，而后蔓延至头部。丈夫如果只迷恋其他女人，妻子就会求助于日本人都认可的手淫习惯。从农村以至高贵家庭，妇女都秘密藏有用于这种事的传统器具。在农村，妇女如果生过孩子，就可以相当随便地谈论性。在当母亲以前，关于性的玩笑她一句也不说；当了母亲以后，随着年龄的增长，这种玩笑就充斥于男女混杂宴会之时。她们还会配合猥亵小曲的节拍，扭腰摆臀，毫无顾忌地跳色情舞蹈，以飨座客。“这种余兴必定引起哄堂大笑”。在须惠村，士兵服役期满回乡时，村里人都到村外迎接。这时，妇女们女扮男装，互相开下流玩笑，假装要强奸年轻姑娘。

这样，日本妇女在关于性问题上也有某种自由，出身越是低微，自由越大。她们一生在大部分期间都必须遵从许多禁忌，但绝不忌讳男女之事。在满足

[1] 约翰·恩布里：《须惠村》，第 175 页。——原注

男人性欲时，她们是淫荡的；同样地，在满足男人性要求时，她们又是克制性欲的。女人到了成熟年龄，就抛开禁忌，如果出身低微，她的淫荡就丝毫不逊于男人。日本人对妇女行为端正的要求因年龄和场合而异，并不要求一成不变的性格，不像西方人，把妇女简单地分成“贞女”和“淫妇”。

男人们也是既有时恣情放纵，也有时节制谨慎，也视不同情况而定。男人的最大乐趣是与男友人一起喝酒，如果有艺伎陪座则更惬意。日本人乐于醉酒，没有必须节制饮酒的规矩。两三杯酒下肚以后，就会解除平常严肃拘谨的姿态，喜欢相互倚躺，亲密无间。醉酒者除了极少数“难以相处的人”会发生吵闹以外，一般很少看见粗暴行为或打架。除了在喝酒这种“自由领域”之外，日本人说，男人绝不能干别人讨厌的事。如果一个人在其生活的重要方面被人指责为讨厌，那就是仅次于日本人常用的骂人话“马鹿”（混蛋）。

从前所有西方人所描绘的日本人的矛盾性格，都可以从日本人的儿童教养中得到理解。这种育儿方式使日本人的人生观中具有两面性，每一面都不应该忽视。他们在幼儿时期过的是有特权和娇纵的生活，此后在接受各种训练过程中，他们始终保持着那种“不知耻”年代欢乐生活的记忆。他们不需要为未来描绘天堂，因为，他们过去曾有过天堂。他们描绘童年时代时所用的是他们的术语，说人性本善，众神慈悲以及作为一个日本人最光荣。这使他们很容易把自己的道德建立在一种极端观念上，即认为人人身上都有“佛种”（成佛的可能性），死后都能成神。这种观念使他们固执，相当自信，是愿意干起任何工作而不顾自己的能力是否与之差距很远的思想基础，是使他们敢于坚持己见，甚至反对政府、以死力谏来证明自己正确的思想基础。有时，这种自信使他们陷入集体性的狂妄自大之中。

六七岁以后，“谨言慎行”“知耻”这类责任逐渐加在他们身上，而且背后有强大的压力；如果有过错，家庭就会反对他。这种压力虽然不是普鲁士式的纪律，但却无法逃避。在具有特权的幼儿时代，有两件事情为这种必须履行义务奠定了基础：一件是父母固执地训练其便溺习惯和纠正各种姿势，另一件是父母常常嘲弄孩子，吓唬说要遗弃他。这些幼年时代的经验使孩子们有所准备，能够接受严格的约束，以免被“世人”耻笑、遗弃。他要抑制幼儿时期无拘无束、公开表达的那些冲动，那些冲动并非不好，只是因为已经不合时宜了，因为他现在正进入严肃的生活。随着童年特权的逐渐遭受否定，他被允许享受成人的更大享乐，但幼年时代的那些经验绝不会真正消失。他们的人生哲学随时从童年吸取经验，他承认“人情”，这也是回到幼时的经验。整个成年期间，在其生活的“自由领域”内，他又重新体验幼年时代。

日本儿童生活有一个显著的连续性连接其前期和后期，这就是获得伙伴的承认具有非常重要的意义。正是这一点，而不是绝对的道德标准，深深根植于儿童心中。在儿童时代的前期，当他长大到会向母亲撒娇时，母亲就把他放在自己的床上睡觉，他就会计较自己与兄弟姐妹们所得点心的多少，来判断自己在母亲心目中的地位。他能敏感地察觉遭到冷淡，甚至会问姐姐：“你是不是最疼爱我？”在童年的后期，他日益要放弃个人的满足，其补偿是得到“世人”的赞许和接纳，其惩罚则是遭“世人”的讥笑。这当然是大多数文化对教育儿童所施加的压力。但在日本，这种压力则尤其沉重。在孩子心目中，这种被“世人”抛弃的形象就是母亲嘲弄威胁要丢弃他。因此，在他一生中，被伙伴排斥要比挨打还可怕。他对嘲笑和排斥的威胁都异常敏感，即使仅仅浮现在脑海中也感到可怕。实际上，由于日本社会很少能保持秘密，“世间”对一个人的所作所为几乎无所不知，如果不同意，就可能把他排斥掉，这绝不是主观想象。更何况日本的房屋板壁很薄，既不隔音，白天又敞着。因此，那些没有能力修筑围墙和庭院的人家，私生活就完全露在外面。

日本人使用的某些象征，有助于了解因儿童教养的不连续性而造成的两面性格。幼年时期建立的一面是“不知耻的自我”，这使他们成年后常对镜自照，以窥测自己还保存多少儿时的天真。他们说，镜子“反映永恒的纯洁”，既不会培养虚荣心，也不会反映“妨我”，而是反映灵魂的深处。人会从中看到自己“不知耻的自我”，在镜子中，他把自己的眼睛视作灵魂之“窗”，这有助于使他作为一个“不知耻的自我”而生活。他在镜子中看到理想的父母形象。据说有不少人为此而镜不离身，甚至有人在佛坛上放一面特别的镜子，以静观自身，反省自己的灵魂。他“自己祭自己”，“自己拜自己”。这虽然不寻常，但并不费事。因为所有家庭的神龛上都放有镜子作为神器。战争期间，日本的广播电台曾经特意播送过一首歌，赞扬几位女学生自己掏钱买一面镜子放在教室里。人们毫不认为这是虚荣心的表现，而说这是她们心灵深处重新焕发的，为沉毅的目标而献身的精神。对镜自照是一种测试精神高尚的外观活动。

在孩子心目中培植“观我”观念以前，日本人就已经发生对镜子的感情。他们照镜时并未看见“观我”，但镜中所反映的自我恰如他们自己的童年时代一样，自然是善良的，不需要用“耻”来开导。他们赋予镜子的这种象征性也成为自我修养以求“圆熟”的基础。在这种自我修养中，他们坚持不懈地消除“观我”，以求再次回到儿时的直率与天真。

尽管幼儿时期的特权生活对日本人有各种影响，但他们并不认为童年后期以耻感为道德基础的各种约束纯粹是剥夺特权。如前所述，自我牺牲是基督教的概念之一，日本人则常常攻击这种看法，否认所谓他们牺牲自己的观念。即便在生命的最后时刻，他们也说是“自觉自愿”为“尽忠”、“尽孝”或为“情义”而死，并不认为是属于自我牺牲的范畴。他们说，这样自愿死去正是达到他所要达到的目标，否则就是“犬死”，意思是无价值的死。

在英语中，“dog's death”是指穷愁潦倒而死，日本人不是这个意思。至于那些不太极端的行为，在英语中也称作 self-sacrificing（自我牺牲），日语中则属于“自重”范畴。“自重”常常意味着克制，克制与自重具有同等价值。大事业只有克制才能做到。美国人强调，自由是实现目标的必要条件，生活体验不同的日本人则认为仅仅这样是不够的。他们认为克制才能使自我更有价值，这种观念是他们道德律的一个主要信条，否则，他们怎么能控制那种充满冲动的危险的自我？这些冲动是有可能冲出来搅乱正常生活的！正如一位日本人所说：

> “经年累月，漆坯上的漆层涂得越厚，做出来的漆器就越贵重。一个民族也同样如此。……人们讲到俄罗斯人时说：‘剥开俄罗斯人的外表，出现的是鞑靼人’；对于日本人，人们也可以说，‘剥掉日本人的外皮，除掉它的漆层，露出来的是海盗’。但请不要忘记：日本的漆是珍品，是制作工艺品的材料。它不是掩盖瑕疵的涂料，没有丝毫杂质，至少与坯质同样精美。”

使西方人感到诧异的日本男子行为的矛盾性，是日本儿童教养的不连贯性造成的。他们深深地记得有这样一个时期，那时他们在自己的小世界里就是神，可以纵情恣意，甚至可以恣意攻击别人，似乎所有欲望都能得到满足，这种记忆虽然几经涂饰，但仍然留存在意识深处。这种根深蒂固的二元性，使他们长大成人后既可以沉溺于罗曼蒂克的恋爱，又可以一变而绝对顺从家庭安排的婚姻；既可以沉缅于享乐和安逸，又可以不计一切而承受极端的义务。谨慎的教育往往使他们行动怯懦，但他们却又能勇敢得几近鲁莽。在等级制下他们可以表现出极为驯服，但却又很不轻易接受上级的驾驭。他们非常殷勤有礼，但却又保留着傲慢无礼；在军队里，他们可以接受盲从的训练，但却又顽固不易驯服；他们是坚定的保守主义者，但却又很容易被新的方式吸引；他们曾经学习中国习俗，继而又吸取西方学说，这就是证明。

日本人性格的二元性造成种种紧张。对于这种种紧张，日本人的反应并不同。虽然每个人都要对同一个基本问题做出自己的决定，即如何协调儿时那种纵情无虑、处处受人宽容的经验与后来生活中那种动辄关系到自身安危的种种束缚，许多人都感到难以解决这个问题。一些人像道学家那样，一丝不苟地约束自己的生活，唯恐纵情无虑会与实际生活发生冲突。正因为这种纵情无虑并不是幻想，而是确实曾有过的经历，这种恐惧也就更加严重。他们态度超然，墨守自己制定的规则，并由此认为自己就是能发号施令的权威。有些人则更加意识分裂，他们害怕自己心中郁积的反抗情绪，而用表面的温顺来加以掩饰；他们把思虑耽溺于日常琐事，以防止意识到自己的真实感情；每天，他们只是机械地演习那些基本上毫无意义的生活常规。另外还有些人，由于对儿时生活感情更深，以致长大成人后，面临社会对他们的一切要求感到严重焦虑。他们试图更依赖别人，但年龄已经不允许了。他们感到任何失败都是对权威的背叛，从而动辄陷入紧张激动，凡是不能以常规处理的意外情况都使他们感到恐惧。

以上就是日本人在极度担心遭受排斥或非难时所面临的特殊危险。如果不是感到压力过度，他们在生活中会表现出既享受生活乐趣，也能保持幼年所培育的注意不刺伤他人的情感，这是相当了不起的成功。他们的幼年时代使他们具有了自信，罪感意识尚未形成沉重负担；后来所受的各种束缚是为了与伙伴协调一致，义务也是相互的。尽管在某些事情上，个人愿望会受到他人的干涉，但在一些规定的“自由领域”中，感情冲动仍然可以得到满足。日本人一向以陶醉于自然乐趣而闻名，诸如观樱、赏月、赏菊、远眺新雪，在室内悬挂虫笼子以听虫鸣，以及咏和歌、俳句，修饰庭院，插花，品茗，等等。这些绝不像一个深怀烦恼和侵略心理的民族所应有的活动。他们在追逐享乐时，也并非消沉颓废。在日本还未从事那种不幸“使命”以前的幸福时代里，农村闲暇生活的活泼愉快，工作时的勤劳奋勉绝不逊于现代任何民族。

但是，日本人的自我要求却非常多。为了避免遭受世人疏远和毁谤等重大威胁，他们必须放弃刚刚尝到甜头的个人乐趣。在人生重大事情上，他们必须抑制这些冲动，而极少数违背这些规矩的人甚至将会有丧失自尊的危险。自尊（自重）的人，其生活准绳不是明辨“善”与“恶”，而是迎合世人的“期望”，避免让世人“失望”，在群体的“期望”之中牺牲自己的个人要求。这样的人才是“知耻”而谨慎的善人，才能为自己的门庭、家乡和国家增光。如此产生的紧张感非常强烈，表现为一种巨大力量，使日本成为东方领袖和世界一大强国。但对于个人来说，这种紧张感则成了沉重负担。人们高度紧张，唯恐失败，唯恐自己付出巨大牺牲从事的工作仍难免不遭人轻视。有时他们会爆发积愤，表现为极端的攻击性行动。当他们被激起进行攻击之时，并不是像美国人那样出自自己的主张或自由受到威胁，而是因为察觉到自己受到侮辱或诽谤。这时，他们那种危险的自我，如果可能，就会向诽谤者发泄；如果不可能，就向自己发泄。

日本人为他们的生活方式付出了很高的代价，他们自愿放弃了各种最基本的自由。这些自由，美国人视为理所当然，就像呼吸空气。我们必须切记，自从战败以来，日本人正在追求民主。一旦他们能够率直而没有顾虑地恣意行动，他们将会何等狂喜！杉本夫人曾经生动地描述过她在东京一所教会学校学习英语时能够随意种花植树的喜悦心情。老师分配给每个女学生一块园圃并供给所需的种子。

“这块可以随意种植的园圃赋予我一种关于个人权利的全新感觉。……人的心中能有这种幸福感，这件事本身就使我惊异。……我这种人，从不违背传统，从不玷污家族名声，从不惹父母、老师、邻居生气，从不损害世上任何事物，现在竟然也能自由行动了。”

其他女学生都种花，而她却打算种马铃薯。

“谁也不理解这种近乎荒谬的行为给我以莽撞自由的心情，自由之神在叩我的心扉。”

这是一个崭新的世界。

“我家花园中有一块土地特意让它荒芜以保持天然野趣，但又总有人修剪松枝，整饰树篱。每天早晨老大爷还要清扫石阶，把松树下那块地方扫干净，然后把从林中采来的嫩绿松针细心撒在上面。”

这种伪装的天然野趣对于杉本夫人来说，象征着她被教训的那种伪装的意志自由，这种伪装在日本随处可见。日本庭园中一半埋在地下的巨石都经过精心挑选，从别处运来，并以小石块铺底。巨石的布置要与流泉、屋宇、矮丛、树木相衬。菊花也是盆栽，准备参加每年到处都要举办的菊展。每个花瓣都经过栽培者的细心修整，并且常常用看不见的金属线圈维系，以保持其形状和姿态。

杉本夫人有幸摘掉了菊花上的这些细线圈，这时，她的激动心情是欢悦而纯真的。盆栽的菊花，其花瓣一直受人摆弄，一旦回复自然，就显出满心欢悦。但是今天，在日本人当中，这种不考虑他人的期望，质疑对“耻”的压力的自由，可能破坏他们生活方式的微妙平衡。在新的局面下，他们必须学习新的制约方式。变化是要付出代价的，建立新观点和新道德也是不容易的。西方人不能设想日本人会立即采用新道德，并真正变成他们自己的东西，但也不应该以为日本最终不会建立一套比较自由、比较宽容的伦理规范。生活在美国的“二世”日本人已经没有日本道德的知识和实践，他们的血液中也丝毫不存在要墨守其父母出生国日本习惯的东西。同样，生活在日本国内的日本人，也有可能在新时代里建立起一种不要求过去那样自制义务的生活方式。菊花完全可以摘除金属线圈，不经人工摆布而照样秀丽多姿。

在转入扩大精神自由的过渡时期，日本人或许可以借助两三种古老的传统而保持平稳。其中之一就是“自我负责”精神，也就是他们所说的自己负责擦掉“身上的锈”。这一形象的语言把身体比作刀，正如佩刀者有责任保护刀的光洁，人也要对自己行为的后果负责。他必须承认并且接受由于自己的弱点、不坚定和无效性而产生的所有自然后果。在日本，对自我负责的解释远比自由的美国更严格。在这种意义上，刀不是进攻的象征，而是理想和敢于自我负责者的比喻。在尊重个人自由的社会，这种德性将起着最有效的平衡轮的作用。而且，日本的儿童教养和行为哲学已经使自我负责的德性深入人心，成为日本精神的一部分。现在日本人已经在西方意义上提出了“放下刀”（投降），但在日本意义上，他们仍然将继续努力关注如何才能使心中那把易被锈蚀的刀保持光洁。就他们的道德术语而言，这把刀是一种即使在自由、和平世界也能保存的象征。

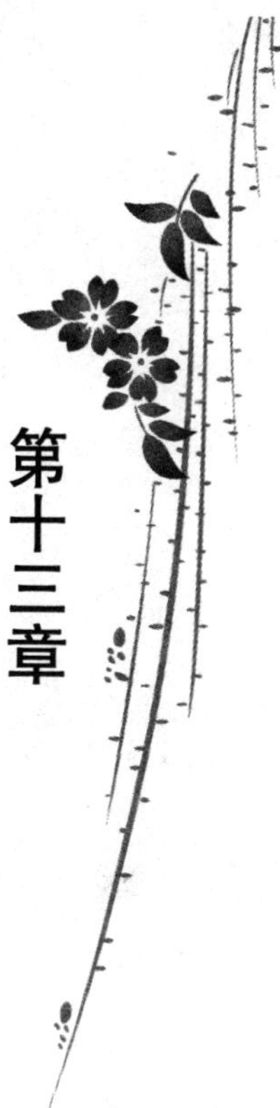

第十三章 投降后的日本人

美国人有充分理由对其战胜以后在管理日本方面所发挥的作用感到自豪。美国的政策是 8 月 29 日通过电台发布的国务院、陆军部、海军部的联合指令，并由麦克阿瑟将军卓越地付诸实施的。但是，引以自豪的理由却往往被美国报刊、电台中的党派性的赞扬或批评而弄得暧昧不清，只有极少数对日本文化有足够了解的人才能明确既定政策的恰当与否。

日本投降时的一个重大问题是占领的性质。战胜国是应该利用包括天皇在内的现存政府，还是应该把它废弃？是否应该在美国军政府官员指挥下管理每个县市的行政？对意大利和德国的占领方式是在每个地区设立 A.M.G.（盟军军政府）总部以作为战斗部队的一部分，把地方行政权掌握在盟军行政官员手中。战胜日本时，太平洋区域的 A.M.G. 官员仍然预计日本也将建立这种统治体制。日本人也不知道他们还能保留多少行政方面的职责。《波茨坦公告》上只是说："日本领土上经盟国指定之地点必须占领，以确保吾人于兹所示之根本目标"，以及必须永久排除"欺骗及错误领导日本人民使其妄欲征服世界之威权及势力"。

国务院、陆军部和海军部三部向麦克阿瑟将军发出的联合指令，对上述各节做出了重大决定，并获得麦克阿瑟将军司令部的全面支持。日本人将负责本国的行政管理和重建工作。“只要能促进满足美利坚合众国之目标，最高司令官将通过日本国政府的机构及包括天皇在内的诸机关行使其权力。日本国政府将在最高司令官（麦克阿瑟将军）的指令下，被允许就内政行使政府的正常职能。”因此，麦克阿瑟的对日管理与盟军对德或对意的管理有相当大的区别。它纯粹是一个最高司令部，自上而下地利用日本各级官僚机构。最高司令部的通告是发给日本帝国政府，而不是发给日本国民或某些县市的居民。它的任务是规定日本国政府的工作目标，如果某位日本内阁大臣认为不可能实施，则可以提出辞职；如果他的建议正确，也可以修改指令。

这种管理方式是一种大胆的措施。但从美国的角度来看，这一政策的好处非常明显。正如当时希德林将军（General Hilldring）所说：“利用日本国政府这种占领方式所取得的好处是巨大的。如果没有日本国政府可以利用，我们势必要有直接运转管理一个七千万人口国家所必需的全部复杂机构。他们的语言、习惯、态度与我们都不同。通过净化并利用日本国政府，我们节省了时间、人力和物力。换句话说，我们是要求日本人自己整顿自己的国家，而我们只是提供具体指导。”

当这一指令在华盛顿制定的时候，许多美国人仍然担心日本人也许会采取倨傲和敌对态度，一个怒目而视、伺机报复的民族将消极抵制所有和平计划。后来证明，这些担忧并未成为事实，其原因主要在于日本的特殊文化，而不在于有关战败民族和战败国的政治、经济等一般真理。也许没有一个民族能够像日本这样顺利地接受这种信义的政策。在日本人看来，这种政策是从严酷的战败现实中排除屈辱的象征，促使他们实行新的国策，而他们能够如此接受，恰恰在于特异文化所形成的特异性格。

在美国，我们曾不断争论媾和条件的宽严，但真正的问题并不在于宽严，而在于严如其分，恰恰足以摧毁传统的、危险的侵略性模式，建立起新的目标。至于选择什么样的手段，则应根据该国国民的性格和传统的社会秩序而定。普鲁士的权威主义不但在家庭生活中，而且在市民日常生活中根深蒂固，这就需要对德国制定某种媾和条件。明智的媾和条款对日本应该与对德国不同，德国人不像日本人，他们不认为自己对社会和历史亏欠恩情，他们努力奋斗不是为了偿还无穷的债务或恩情，而是避免沦为牺牲者。父亲是一个权威人物，像其他占据高位的人一样，按照德国人的说法，是“强迫别人尊敬他”的人，是得不到尊敬就不舒服的人。在德国人的生活中，每一代儿子在青年时期都反对权威的父亲，然而他们长大成人后，也和父母一样最终还是要屈服于单调无味、没有激情的生活中。他们一生中的最高峰，就是青年叛逆的狂飙年代。

日本文化中的问题并不是极端的权威主义。几乎所有的西方观察者都认为，在西方似乎很难见到日本的父亲对孩子的这种关怀和钟爱。日本的孩子认为，与父亲有某种真正的亲爱才是当然的，而且公开夸耀自己的父亲。因此，父亲只要稍许改变一下声调，孩子就会按照父亲的愿望行事。但是，父亲绝不是幼儿的严师，青年时期也绝不是反抗父母权力的时期。相反，孩子进入青年时期，就在世人判断面前，成为一位家庭责任的驯服代表。日本人说，他们尊重父亲是“为了学习”，“为了训练”，也就是说，作为尊敬的对象，父亲才是等级制和正确待人接物的超人格象征。

儿童早期在与父亲的接触中学到的这种态度，成为整个日本社会的一种模式。位居等级制上层而受到最高崇敬的人，其自身并不掌握专断权力，在等级制中居于首脑地位的官员并不行使实权。上自天皇下至底层，都有顾问和隐蔽势力在背后操纵。黑龙会式的超国粹团体的一位领袖，在 20 世纪 30 年代初期对东京一家英文报纸记者的谈话，最确切地说明了日本社会的这一侧面。他说："社会（当然是指日本）是一个三角，它被大头针固定住一角。"换句话说，三角形在桌面上，是大家都看得见的，而大头针则是看不见的。三角形有时往右偏，有时往左偏，但都是围绕着一个隐蔽的轴而摆动。借用西方人常用的一句话就是，凡事都要用"镜子"来反映。力求专制权力不要露在表面，任何行动都显示对象征性地位忠诚的姿态，这个象征性地位则经常不行使实权。日本人一旦发现那被剥掉假面具的权力的源泉时，他们就认为它是剥削，是与他们的制度不相称的，就像对高利贷者和暴发户的看法一样。

正由于日本人这样观察他们的社会，所以他们能够反抗剥削和不义而不会成为革命者。他们并不打算破坏他们的社会组织，他们可以像明治时代那样实现最彻底的变革，而毫不批判其制度本身。他们把这种变革称为"复古"，即回到过去。他们不是革命者，在西方的著述家中，有的寄希望于日本在意识形态方面掀起群众运动，有的夸大了战争期间日本地下势力并指望他们能在投降前夕掌握领导权，还有的预言激进政策将在战后的选举中获胜，但他们都严重地错误估计了形势。保守派的首相币原男爵 1945 年 10 月组阁时发表的下述演讲，最准确地表达了日本人的想法：

> "新的日本政府具有尊重全体国民意愿的民主主义形态……我国自古以来，天皇就把自己的意志作为国民的意志。这就是明治天皇宪法的精神，我所讲的民主政治可以认为正是这种精神的真正体现。"

对民主做出如此解释，在美国读者看来，简直毫无意义。但是，在这种复古解说的基础上，日本显然将比立足于西方意识形态更易于扩大国民的自由范围，增进国民的福利。

当然，日本将试行西方民主政治体制。但是，西方的制度，正如在美国那样，并不能成为改善世界的可以信赖的工具。普选和由选举产生的立法机关虽然能解决许多问题，但同时也会产生许多困难。当这些困难持续下去时，日本人就会修改我们所赖以实现民主的方式。那时，美国人将愤然宣称这场战争白打了。我们相信我们的办法是最好的，但是充其量来说，普选在日本重建和平国家的过程中最多只能占次要地位。自 19 世纪 90 年代试行第一次选举以来，日本并没有发生根本性变化。小泉八云（Lafcadio Hearn）当时所记述的那些传统困难今后还会重复。

> “在牺牲了许多生命的激烈选举战中，确实丝毫不存在个人仇恨。议会中的激烈论战以至使用暴力，往往使外人惊愕，但它很少属于个人之间的对抗。政治斗争并非真是个人与个人之间的斗争，而是藩阀之间、党派之间利害的斗争。而且，每一个藩阀或党派的热诚追随者对新的政治只理解为新的战争——一种忠于领袖利益的斗争。”

在较近的 20 世纪 20 年代的选举中，农村人投票之前总是说：“洗好脑袋准备砍头。”这句话把选举战比作过去有特权的武士对平民的攻击。直到今天，日本选举所包含的意义与美国仍然不同，无论日本是否推行危险的侵略政策，情况都是如此。

日本赖以重新建设一个和平国家的真正力量在于日本人敢于承认他们过去的行动方针“失败了”，从而把精力转向另一方面。日本有一种善变的伦理，他们曾试图通过战争赢得它在世界上的“适当地位”，结果失败了。于是，他们就可以抛弃这种方针，因为他们以往所接受的训练使他们能够改变方向。怀抱更加绝对性伦理观的民族总是相信自己是在为原则而战，他们在向胜利者投降时会说：“我们失败了，正义也就不存在了。”他们的自尊心要求继续努力使“正义”在下次获胜，或者，他们承认自己犯了罪，并进行忏悔。然而，日本人则非如此。在投降后的第五天，当时美军尚无一兵一卒登陆，东京的一家大报《每日新闻》即已著文评论战败及其所带来的政治变化。它说：“然而，这对最终解救日本是大有好处的。”这篇社论强调每个人都必须不能忘记日本彻底失败了，既然企图单凭武力来建设日本的努力已经彻底失败，今后就必须走和平国家的道路。另一家东京大报《朝日新闻》也在同一星期发表文章，认为日本近年来“过分相信军事力量”是日本国内外政策中的“重大错误”，说“过去的态度使我们几乎一无所获而损失惨重，我们必须抛弃它而采取扎根于国际协调与爱好和平的新态度”。

西方人认为这种转变是原则性的转变，因此心存疑虑。但这却是日本人为人处世的完整组成部分，在人际关系上是这样，在国际关系上也是如此。日本人在采取某种行动方针而未能达到其目标时，便认为是犯了“错误”。如果失败，他们就把它作为失败的方针予以抛弃，因为，他们没有必要固守失败的方针。日本人常说：“噬脐莫及。”20 世纪 30 年代，他们普遍认为军国主义是争取全世界尊敬的手段，是一种凭借武力猎取的崇拜，他们忍受了这一纲领所要求的一切牺牲。1945 年 8 月 14 日，日本最神圣的发言者天皇向他们宣布日本已经战败，他们接受了战败所包括的一切。这意味着美军要占领日本，于是他们欢迎美军；这意味着日本侵略企图的失败，于是他们主动考虑制定一部摈弃战争的宪法。在日本投降后的第十天，《读卖报知》以《新艺术与新文化的起步》为题发表社论，其中写道：“我们必须坚定地相信，军事的失败与一个民族的文化价值是两码事，应当把军事失败作为一种动力。……因为，只有这种全民族失败的惨重牺牲，才能使日本国民提高自己的思想，放眼世界，客观而如实地观察事物。过去所有歪曲日本人思想的非理性因素都应通过坦率的分析而予以消除。……我们需要拿出勇气来正视战败这一冷酷现实。但我们必须对日本文化的明天具有信心。”这就是说，他们曾试行一种行动方针而失败了，现在，他们将试行一种和平的处世艺术。日本各家报纸的社论都反复强调：“日本必须在世界各国中得到尊重。”日本国民的责任就是要在新的基础上赢得别人的尊重。

这些报纸的社论不只是少数知识分子阶层的心声，东京街头及偏远乡村的一般民众也同样发生大转变。美国占领军简直不相信如此友好的国民就是曾经发誓要用竹枪死战到底的国民。日本人的伦理中包含的许多东西是美国人所排斥的，但是，美国占领日本期间的经验确凿地证明，异质的伦理也包含有许多值得赞扬的方面。

以麦克阿瑟将军为首的美国对日管理，证实了日本人改变航程的能力。它没有采用令人屈辱的手段来阻碍这一进程。如果我们按照西方的伦理把这种手段强加给日本，在文化上也许能够接受。因为根据西方的伦理信条，侮辱和刑罚是使做过坏事的人认识到其罪孽的有效的社会手段，这种自我认罪是重新做人的第一步。如前所述，日本人对此的看法则不同。按照他们的伦理，一个人必须对自己行为的一切后果负责，过错所产生的自然后果会使他确认不再这样去做，这些自然后果也可能包括总体战的失败。但是，日本人对这些情况并不视为屈辱而憎恶。按照日本人的说法，某人或某国对他人或他国进行侮辱，是采用诽谤、嘲笑、鄙视、侮蔑以及揭露其不名誉等手段。日本人如果认为受到侮辱，那么复仇就是一种道德。尽管西方的伦理如何强烈谴责这种信条，美国占领的有效性却取决于在这一点上的自制。因为，日本人非常憎恶嘲笑，认为这与因投降而带来的必然后果，包括解除军备、负担苛刻的赔偿义务等等是截然不同的。

日本曾经战胜过一个强国。在敌国最终投降而且日本认为它并未嘲笑过日本时，日本作为战胜者曾谨慎地避免侮辱失败的敌人。1905 年俄军在旅顺口投降时，有一张日本妇孺皆知的著名照片。在照片中，战胜者和战败者的区别只是军服不同，俄国军人并没有解除武器，依然佩带着军刀。据日本人流传的著名故事说，当俄军司令官斯提塞尔将军表示同意日方提出的投降条件时，一位日本大尉和一名翻译带着食品来到俄军司令部。当时，“除了斯提塞尔将军的坐骑外，所有军马已全被宰杀吃掉。因此，日本人带来的五十只鸡和一百个生鸡蛋受到了由衷的欢迎”。次日，斯提塞尔将军和乃木将军如约会见。“两位将军握手，斯提塞尔将军赞扬日本军队的英勇……乃木将军则称颂俄军长期的坚强防御。斯提塞尔将军对乃木将军在这次战争中失去两个儿子表示同情。……斯提塞尔将军把自己心爱的阿拉伯种白马送给了乃木将军。乃木将军说，虽然极其希望从阁下手中得到这匹马，却必须首先献给天皇陛下。他相信，这匹马一定会下赐给他。他许诺，如果那样，他一定要像爱护自己的爱马一样格外爱护它。”[1]日本人都知道，乃木将军为斯提塞尔将军的爱马在住宅前院建了一所马厩。据描述，它比乃木将军自己的住房还要讲究，将军死后，马厩成为乃木神社的一部分。

有人说，日本人自上次俄国投降后性格已经完全改变，比如，他们在菲律宾的肆意破坏和残暴是世界共知的。不过，对于像日本这样极易随着

---

❶ 引自 Upton Close, Behind the Face of Japan, 1942, 第 294 页。这个俄军投降的故事未必完全真实，但并不影响它具有文化上的重要价值。——原注

情况而改变道德标准的民族来说，上述结论未必是必然的。首先，敌军在巴丹战役之后并没有全面投降，只有局部地区投降了；后来，菲律宾的日军虽然投降了，但其他日军仍在战斗。第二，日本人从不认为俄国人在本世纪初曾经“侮辱”过他们；相反，20 世纪二三十年代，所有日本人几乎都认为美国的政策是“蔑视日本”,或者用他们的话说是“根本瞧不起日本”。他们对排日的移民法、对美国在《朴茨茅斯和约》及第二次裁军条约中扮演的角色就是这样反应的。美国在远东经济中影响的扩大以及我们对世界上有色人种的种族歧视态度，也促使日本人采取了同样的反应。因此，日本对俄国的胜利和日本在菲律宾对美国的胜利，显示了日本人行为中明显对立的两面性格：受过侮辱时是一面，否则是另一面。

美国取得最终胜利，使日本人所处的环境再次发生了变化。正如日本人生活中的通例一样，他们的最终失败使他们放弃了此前所采取的方针。日本人这种独特的伦理观，使他们能够自行洗涤清除积留的污垢。美国的政策和麦克阿瑟将军的对日管理没有增添需要清洗的新的屈辱，他们只坚持那些在日本人看来仅属于接受战败“当然结果”的事情，这种做法显然很奏效。

保留天皇具有非常重大的意义，这件事处理得很好。天皇先是访问麦克阿瑟将军，而不是麦克阿瑟将军先访问天皇，这件事给日本人上了一堂生动的课，其意义是西方人难以估计的。据说，在建议天皇否认神格时，天皇曾提出异议，说让他抛弃他自己本来就没有的东西，他感到很为难。他真诚地说，日本人并没有把他看作西方意义上的神。但是麦克阿瑟司令部劝他说，西方人关于天皇仍在坚持神格的想法将影响到日本的国际声誉。于是天皇强忍这种为难，同意发表否认神格的声明。天皇在元旦发表了声明，并要求把世界各国对此事的评论全部翻译给他看。在读了这些评论后，天皇致函麦克阿瑟司令部表示满意。外国人在此以前显然不理解，天皇对发表声明一事感到高兴。

美国的政策还允许日本人得到了某种满足。国务院、陆军部和海军部三部联合指令上明确写道：“对于在民主基础上组织起来的劳动、工业、农业诸团体，应鼓励其发展并提供便利。”因此，日本工人在许多产业中组织起来了，20 世纪 20 年代以及 30 年代积极活动的农民组合也重新抬头。对许多日本人来说，他们能够主动地努力改善自己的生活环境，这就是日本在这次战争后果中有所收获的证明。美国一位特派记者告诉我，东京一位参加罢工的人盯着美国士兵喜气洋洋地说：“日本‘胜利’了！是吗？”今天日本的罢工与战前日本的农民起义很相似，那时农民常常因为年贡、赋役过重，妨碍正常生产而请愿。它们不是西方意义上的阶级斗争，不是企图变革制度本身。今天，日本各地的罢工也没有降低生产。罢工者喜欢采取的办法是由工人“占领工厂，继续工作，增加生产，使经营者丢脸。在三井系统一家煤矿中，‘罢工’的工人把管理人员全部赶出矿井，把日产量从 250 吨提高到 620 吨。足尾铜矿的工人在‘罢工’中也增加了生产，并把工资提高了两倍。”[1]

当然，无论管理政策怎样具有好意，战败国的行政都是困难的。在日本，粮食、住宅、国民再教育等问题必然很尖锐；如果不利用日本政府的官员，那么问题势必同样尖锐。军队复员是美国当局在战争结束前非常担忧的一个大问题，由于保留了日本官员，这个问题的威胁虽然明显减轻了，但也并不容易解决。日本人深知这种困难，去年秋天，日本报纸以同情的语气讲到，对于那些历尽艰辛而战败的日本士兵来说，战败这杯苦酒

---

[1] 《时代周刊》，1946 年 2 月 18 日。——原注

该是多么难喝。报纸请求他们不要因此而影响自己的“判断”。一般来说，遣返军人表现了相当正确的“判断”，但失业和战败也使其中一些人参加了追逐国家主义目标的旧式秘密结社，他们动辄对他们现在的地位感到愤慨。日本人已不再赋予他们曾经的那种特权地位。以前，伤残军人身穿白色衣服，街上行人遇见时都要行礼；入伍时村里要开欢送会，退伍要开欢迎会，以美酒佳肴款待，以美女歌舞相伴，士兵则在首席就座。如今，复员军人根本得不到那种优厚待遇，只有家里人安置他们而已。在许多城市和村镇，他们受到冷遇。了解了这种骤然变化对日本人是多么苦痛，你就不难想象，这些军人是多么喜欢与旧日同伙相聚，缅怀过去那种日本名誉寄托给军人的时代了。而且，他的战友中可能有人告诉他，有些幸运的日本军人已经在爪哇、山西和“满洲”与盟军作战。他们会说：为什么要绝望？他将再度打仗！国家主义的秘密结社在日本早就存在。这些团体要“洗刷日本的污名”。那些因复仇夙愿未了而感到“世界不平衡”的人，极可能参加这种秘密团体。这类团体如黑龙会、玄洋社等使用的暴力，在日本的道德中是“对名分的情义”，是被允许使用的。为了消灭这种暴力，今后若干年内，日本政府还必须继续以往长时期的努力，即强调“义务”而贬抑对名分的“情义”。

因此，仅仅号召（不要）“判断”（错误）还不够，还必须重建日本的经济，使目前二三十岁的人有生活的出路，能“各得其所”。首先，必须改善农民的状况，因为每当经济不景气，日本人就回到农村故乡。但很多地方土地狭小，加上债务重负，很难养活众多的人口。其次，工业也必须开始发展，因为反对平分遗产的情绪非常强烈，只有长子能够继承遗产，其他幼子只能到城市中去寻找机会。

日本人今后无疑要走很漫长的困难道路，但是，如果国家预算中不包含重整军备的费用，他们就有机会提高国民的生活水平。珍珠港事件前大约十年间，日本每年的国家财政收入有一半花在军备及维持军队上。这样的国家如果停止这类支出并逐步减轻取自农民的租税，是有可能为健全的经济建立基础的。如前所述，日本农产品的分配是耕种者得 60%，其余 40%用于支付租税及佃租。这与同是种稻国的缅甸、泰国相比情况大不相同，那些国家传统的分配方式是耕种者得 90%。归根结底，日本耕种者所交纳的巨额税金还是是用来支付军费的。

今后十年间，欧洲或亚洲任何不扩充军备的国家，都将比搞军备的国家具有潜在的优势，因为这类国家可以把财富用来建设健全、繁荣的经济。在美国，我们在推行亚洲政策及欧洲政策时几乎没有注意到这种情况。因为我们知道，我国不会因国防计划的巨大费用而陷入贫困，我国没有蒙受战争灾祸；我们不是以农业为主的国家，我们的重大问题是工业生产过剩，我们的大量生产和机械设备已经如此完善，如果不从事大规模军备、奢侈品生产、福利事业和研究设施，我们的人就将失业。盈利投资的需求也十分迫切，而其他国家的情况则完全不同，即便西欧也很不同。德国尽管要负担巨大的赔偿，但因不能重新武装，所以在今后十年左右，如果法国推行扩充军备政策，那么德国就有可能建设起法国所不能做到的健全而繁荣的经济基础。日本也将利用同样的优势超过中国。中国的当前目标是军事化，而希望得到美国的支持。日本的国家预算中如果不包含军事化目标，那么它将在不远的将来奠定繁荣的基础，并成为东方贸易中的主角。它的经济将建立在和平利益的基础上，并将提高国民的生活水平。和平的日本将在世界各国中获得有声誉的地位，如果美国能利用其势力支持这项计划，将对日本帮助很大。

想用命令方式创造一个自由民主的日本，美国做不到，任何外国也做不到。无论在哪一个被统治国家，这种办法从未成功过。任何外国都不能强迫一个具有不同习惯和观念的民族按照外国的模式去生活。法律不能使日本人承认选举出来的人们的权威，不能使他们无视其等级制中的“各得其所”；法律也不能使他们具有我们美国人所习惯的那种自由随便的人际交往、自我独立的强烈要求以及自行选择配偶、职业、住宅和承担各种义务的热情。但是日本人已经明确认为需要向这个方向改变，在日本投降后，他们的执政者说，日本必须鼓励男女国民掌握自己的生活，尊重自己的良心。他们虽然没有这样说，但每个日本人心里都明白，他们已经在怀疑“耻”在日本社会中的作用，从而希望在同胞中发展新的自由，也就是从对“社会”谴责和追究的恐惧中解放出来。

这也是因为，无论如何心甘情愿，日本的社会压力对个人要求都太苛刻了。社会压力要求他隐藏个人感情、抛弃个人欲望，而以家庭、团体或民族代表的身份面对社会。日本人曾经证明，他们能够忍耐这种生活方式所要求的一切自我训练。但是，负担实在太沉重，他们必须高度抑制自己以求得好的结果。他们不敢要求过那种心理压力较轻的生活，结果则被军国主义者引上一条牺牲累累、漫无止境的道路。在付出如此高昂代价以后，他们变得自以为是了，并且鄙视那种道德观念比较宽容的民族。

日本人走向社会变革迈出的第一大步是承认侵略战争是个“错误”，是失败。他们非常希望在和平国家中重新取得受尊重的地位，这就必须实现世界和平。今后数年间，如果俄国和美国致力于扩充军备，准备进攻，那么日本将利用其军事知识参加那场战争。但是，承认这一点并不能怀疑日本会成为和平国家的内在可能性。日本的行为动机是随机应变的，如果情况允许，日本将在和平的世界中谋求其地位；如若不然，他们也会成为武装阵营的一员。

现在日本人认识到军国主义已经失败，他们还将注视，军国主义在世界其他国家是否也失败。如果没有，那么日本就会再次燃起自己的好战热情并显示其对战争如何能做出贡献；如果军国主义在其他国家也失败了，日本则将证明，它汲取了一项教训，即帝国主义的侵略企图绝不是到达荣誉的坦途大道。